New HSK Vocabulary Graded by Frequency

新HSK 分级分频词汇

汉英

6级

杨莹 傅思泉 主编

SinolinguA
华语教学出版社

First Edition 2024

ISBN 978-7-5138-2483-5

Published by Sinolingua Co., Ltd
24 Baiwanzhuang Street, Beijing 100037, China
Tel: (86) 10-68320585 68997826
Fax: (86) 10-68997826 68326333
http://www.sinolingua.com.cn
E-mail: hyjx@sinolingua.com.cn
Facebook: www.facebook.com/sinolingua
Printed by Tangshan Xicheng Printing Co., Ltd

Printed in the People's Republic of China

编 委 会

主　编

杨　莹　傅思泉

编　委

孙燕琳　周新新

郑云心　罗穗燕　郭珊珊

Editorial Committee

Chief Compilers

Yang Ying   Fu Siquan

Members

Sun Yanlin   Zhou Xinxin

Zheng Yunxin   Luo Suiyan   Guo Shanshan

前　言

为了帮助考生顺利通过新汉语水平考试（HSK），提高汉语词汇水平，我们根据2021版《新汉语水平考试大纲》《国际中文教育中文水平等级标准》（以下简称《标准》）和历次新汉语水平考试真题，有针对性地策划了“新HSK分级分频词汇”系列丛书。

本丛书依据《标准》三等九级的要求，包含初等（1～3级）、中等（4级）、中等（5级）、中等（6级）和高等（7～9级）共五册。我们将首先推出汉英版，后陆续推出汉法、汉西、汉俄、汉阿、汉日、汉韩、汉泰等多个语种版本。本丛书以历次新汉语水平考试真题词汇出现频率为依据，共收录大纲词汇及新标准词汇1万余个。这些词汇通过数据库分频准确地统计出出现次数，并按照其出现的高低频次进行编排，便于考生确定科学合理的记忆顺序，从而快捷高效地掌握核心词汇。

作为一套考试词汇用书，本丛书具有以下几个方面的特点：

1. 数据库科学分频，记忆顺序合理。本丛书打破了按字母顺序罗列大纲词汇的传统做法，以历次真题词汇出现的频率作为统计依据，对历次真题词汇进行精确统计和分析，按照词频高低进行排列，为考生在记忆词汇过程中分配时间和安排记忆顺序提供了科学依据。

2. 汉字、拼音、词性、释义布局合理。本丛书对每条词汇下的各项内容进行了精心布局，更符合学生记忆、背诵需要，无需借用外物遮挡释义记忆中文词汇，遮挡拼音记忆汉字。本书设计时在初等（1～3级）分册中不仅增加了拼音，还加入了汉字笔顺，以帮助学生在初级阶段学写汉字时准确地掌握书写笔顺。

3. 短语搭配、例句贴近真题，科学、实用。每个词汇有若干短语搭配和1～2个例句，均贴近真题语言，可以帮助考生适应真题，了解真题考点，将词汇的记忆与考试科学地结合起来。

特别需要提醒的是，超高频和高频词汇固然重要，但还有很多真题中仍未出现的“低频”大纲词汇需要考生注意，将来的试题很可能会特殊“关照”一下这类词汇。

对于多音字词和同形字词，本丛书均按照其在《新汉语水平考试大纲》中出现的方式（根据注音或词性的不同而区分成不同的词）编排设计，考生不必为这些特殊词汇烦恼，按部就班地学习即可。

最后，祝愿所有考生能够借助本丛书科学地记忆汉语词汇，顺利通过新汉语水平考试！

Preface

To help students in enhancing their Chinese vocabulary and in passing the HSK test, the series titled *New HSK Vocabulary Graded by Frequency* has been compiled. It is based upon the *Chinese Proficiency Test Syllabus 2021*, the Chinese Proficiency Grading Standards for International Chinese Language Education (hereinafter abbreviated as the "Standards"), and the test papers of the HSK examinations.

This series adheres to the "Standards" in its design of levels. It consists of five volumes: one Elementary Volume (Levels 1-3), three Intermediate Volumes (Levels 4, 5, and 6), and one Advanced Volume (Levels 7-9). The Chinese-English version will be published prior to other bilingual versions, including Chinese-French, Chinese-Spanish, Chinese-Russian, Chinese-Arabic, Chinese-Japanese, Chinese-Korean, and Chinese-Thai versions. Incorporating over 10,000 words and expressions, the series is based upon the test syllabus and the "Standards", emphasizing terms based on their frequency in HSK examinations. Using a database, the exact number of times each word appears is tabulated, shaping the sequence within the books. By setting the reasonable memory sequence for students, this approach aids them in promptly and efficiently learning key terms.

The series, as a set of vocabulary books tailored for the HSK examinations, has the following features:

1. It breaks the traditional way of listing the syllabus vocabulary in alphabetical order by giving an accurate count and analysis of the words and expressions that have appeared on the past HSK tests and sequencing them based on their frequency of appearance to provide a methodical basis for students to allocate their time and highlight the emphases when it comes to mastering these vocabulary words.

2. It provides a reasonable layout for Chinese characters, pinyin, part-of-speech and English explanations. These items under each vocabulary entry are meticulously designed to make it more convenient for students to memorize the new words; they don't need anything to cover the English explanations while trying to remember the words, nor do they have to cover the pinyin as they learn the Chinese characters. Besides pinyin, the Elementary Volume (Levels 1-3) includes the stroke orders of Chinese characters to help students better understand the stroke orders in the early stage of character learning.

3. Phrase collocation and practical sample sentences closely following the structure of those in real tests are provided. Each entry is accompanied by phrases and one or two sample sentences that are quite similar in language style to those in HSK examinations. Hence the students can easily adapt to the real tests and obtain a deeper understanding of the key test points. In this sense, vocabulary memorization will directly yield good examination results.

While "super high frequency" and "high frequency" vocabulary words are admittedly of great importance, there are still many "low frequency" vocabulary words that are required by the test syllabus but have never appeared in HSK examinations before. Students should be alerted to these words, as it's likely that in future examinations, such words and expressions may appear in tests.

Furthermore, polyphonic and polysemic words are organized according to the *Chinese Proficiency Test Syllabus*, offering students clarity on these special words.

In conclusion, we hope this series will be instrumental in aiding students in mastering Chinese vocabulary and achieving success in the HSK examinations.

超高频词汇

除 chú *prep. & v.*

除了……以外 / 除掉 / 除湿 except; get rid of

❶画儿上除了这一处，其余都是空白。
❷他正在花园里除草。

标题 biāotí *n.*

文章标题 / 新闻标题 title, heading, headline

❶爸爸读报，总是先浏览一下各版的标题，然后再仔细阅读重要新闻。
❷标题请自拟。

盛 chéng *v.*

盛米饭 / 盛满 hold

❶请帮客人盛碗米饭。
❷水缸里盛满了水。

创作 chuàngzuò *v.*

创作剧本 / 创作思路 / 创作目的 create, produce, write

❶那个剧本是两位作者共同创作的。
❷这首歌的创作灵感来源于花园里鸟儿们的鸣叫。

刺 cì *n. & v.*

刺猬 / 刺伤了我的手 / thorn, splinter; prick

用针刺

❶很多植物都长着刺。
❷一位国王被路上的树枝刺痛了脚。

端 duān *v.*

hold sth. level with both hands, carry

端碗 / 端盘子 / 端平

❶客人一来，妈妈赶紧端出点心和茶。
❷猎人端着枪，瞄准了渐渐远去的公狼，却没有扣下扳机。

拥有 yōngyǒu *v.*

拥有理想 / 拥有资格 / 拥有权利

have, possess

❶桂林拥有“甲天下”的山水风光。
❷人们往往因为追求完美而失去一些他们原本可以拥有的东西。

民间 mínjiān *n.*

民间神话 / 民间传说 / 民间艺术

folk

❶我们要努力发掘民间艺术的宝藏。
❷爷爷毕生致力于民间文学的搜集和整理，取得了丰硕的成果。

本身 běnshēn *pron.*

身体本身 / 经济本身 / 生命本身

itself

❶建筑本身就是技术与艺术两者的综合体现。
❷人本身有免疫力。

心态 xīntài *n.*

自然的心态 / 放平心态 / 心态良好

attitude, state of mind

❶ 要想保持好的心情，关键是要有一个好的心态。

❷ 与病魔抗争，治疗方法固然重要，但心态也起着关键作用。

挫折 cuòzhé *n.*

经历挫折 / 遭受挫折 / 感情挫折

setback, frustration

❶ 生活道路上的一次次挫折会成为我们宝贵的财富。

❷ 挫折是人生的一笔精神财富，没有经过挫折洗礼的人注定是浅薄的。

看待 kàndài *v.*

认真看待 / 如何看待 / 正确看待

look upon, treat

❶ 每个人看待问题的角度不同。

❷ 我们应该用辩证的眼光来看待问题。

意识 yìshi *n. & v.*

创新意识 / 责任意识 / 下意识

consciousness; realise

❶ 有些学生缺乏力争上游的意识，以为只要每科及格就万事大吉了。

❷ 我突然意识到自己很幸运，跟这位司机同车出游，真是太棒了。

事业 shìyè *n.*

教育事业 / 事业单位 / 慈善事业 career, undertaking, cause

❶ 他知道我提前退学一定是去从事自己所热爱的事业了。
❷ 如果自己的衣食住行都解决了，就要尽可能地去帮助别人，多做慈善事业。

素质 sùzhì *n.*

身体素质 / 个人素质 / 素质教育 inner quality

❶ 科技的发展，国家的振兴，乃至整个社会的进步，都取决于劳动者素质的提高和大量合格人才的培养。
❷ 素质教育就是要让学生各得其所，各展所长。

消除 xiāochú *v.*

消除隔阂 / 消除误会 / 全面消除 eliminate, remove

❶ 赞美别人有助于加深友谊，消除误会，还可以让自己觉得快乐。
❷ 在景色优美的园林中散步，有助于消除长时间工作带来的紧张和疲乏，使脑力、体力得到恢复。

需求 xūqiú *n.*

生活需求 / 市场需求 / 需求量 requirement, demand

❶ 不管你是出售产品还是出售服务，最主要还是看有没有市场需求。
❷ 储备人才是为了满足企业发展的需求。

生物 shēngwù *n.*

生物学 / 生物因素 / 陆地生物

organism, living creature

❶地球上的生物种类一天天减少，拯救濒危物种迫在眉睫。
❷鲸是海洋中最大的生物。

调节 tiáojié *v.*

调节情绪 / 心理调节 / 调节气氛

adjust, regulate, harmonize

❶这个加湿器可以自动调节湿度。
❷作为一个优秀的主持人，他很擅长调节现场气氛。

思维 sīwéi *n.*

批判性思维 / 创新思维 / 思维方式

thought, thinking

❶从事音乐事业主要运用的是形象思维和艺术语言。
❷语言的使用促进了人类思维的发展，使得大脑更加发达。

财富 cáifù *n.*

宝贵的财富 / 创造财富 / 精神财富

wealth, riches

❶员工是一个团队最宝贵的财富。
❷对作家来说财富有两笔，一笔是稿费，一笔是作品。

技巧 jìqiǎo *n.*

说话的技巧 / 解题的技巧 /

skill, technique

学习技巧

❶有一些实用的销售技巧全凭在实战当中领悟，书本上是学不到的。
❷奶奶剪纸的技巧很高超。

生存 shēngcún *n. & v.*

学会生存 / 生存法则 / 生存环境 survival; survive

❶家务既能教会孩子实际生存的技能，又能使孩子领悟到一些人生的道理。
❷这个世界的生存法则是物竞天择，适者生存，并非强者生存。

副 fù *adj. & m.w.*

deputy; (measure word for glasses, gloves, etc.)

副校长 / 一副对联 / 一副手套

❶坐在我身边的是欢乐谷的副总经理郑先生。
❷他戴着一副眼镜。

激发 jīfā *v.*

激发灵感 / 激发活力 / 激发兴趣 arouse, excite

❶老师的称赞激发了我的积极性。
❷那些受外界阻力而激发、升温的爱情，往往经受不住考验。

来源 láiyuán *n. & v.*

灵感来源 / 经济来源 / 来源于生活 source, origin; come from

❶河水的来源除了地下水之外，还有雨水。

❷我写作的灵感来源于生活中的细节。

灵感 língɡǎn *n.*

设计灵感 / 创作灵感 / 独特的灵感 inspiration

❶作家只有深入地体验生活，才能找到创作灵感。
❷我们一直致力于将世界领先的设计灵感体现于我们的产品中。

州 zhōu *n.*

神州 / 州长 state

❶美国各个州的大小都不一样。
❷州政府所在地是当地的经济文化中心。

注重 zhùzhònɡ *v.*

注重细节 / 注重个人隐私 / 注重能力 attach importance to, emphasize

❶一个人只有拥有了可与外界进行交换的价值，才能吸引金钱，所以我们要注重培养自己的一技之长。
❷中国向来注重发展农业生产。

乘 chénɡ *v.*

乘务员 / 乘坐 / 转乘 ride, take

❶我们乘坐的这列火车准点到达西安。
❷他们是乘船来上海的。

创新 chuànɡxīn *n. & v.*

开拓创新 / 创新发展 / 创新精神 innovation; bring forth new ideas

❶继承永远是创新的基础。
❷在每部作品里，我都尽量尝试创新。

心灵 xīnlíng *n.*

受伤的心灵 / 心灵安慰 heart, soul

❶时间能慢慢抚平心灵的创伤，因此人们常说时间是最好的医生。
❷拔苗助长式的教育方式必然会造成孩子身体和心灵的双重伤害。

并非 bìngfēi *adv.*

并非所愿 / 并非如此 be actually not

❶钱的流动并非杂乱无序，而是遵循着价值交换的原则。
❷现在情况太复杂，并非一句话能说清。

跨 kuà *v.*

跨过去 / 跨越 / 跨年度 step across, stride over

❶请大家向前跨一步。
❷太高了，我跨不过去。

频繁 pínfán *adj.*

频繁出现 / 活动频繁 frequent

❶经过两个人频繁约会，她发现他其实是一个很好的男人。
❷货架调整不需要太频繁。

擅长 shàncháng *v.*

最擅长 / 不擅长 / 擅长唱歌 be good at, be expert in

❶大学毕业后，我又回到了自己擅长的魔术轨道。
❷王老师擅长书法。

超高频

意味着 yìwèizhe *v.*

意味着风险 / 意味着承担责任 signify, mean

❶每一本博士论文都意味着我们在科学研究上的一个进步，在培养人才上的一个收获。
❷信用的缺失意味着可能让钱有去无回。

饮食 yǐnshí *n.*

饮食习惯 / 健康饮食 / 饮食文化 food and drink

❶东西方在饮食习惯上存在着比较大的差异。
❷医生说我应该注意饮食，不要吃辣的。

展示 zhǎnshì *v.*

展示成果 / 现场展示 / 勇敢地展示 reveal, display

❶这次展示的工艺品吸引了大批观众。
❷我们展厅主要是展示雕刻工艺的产品，展品都是纯手工制作的。

孤独 gūdú *adj.*

忍受孤独 / 孤独的人生 / 孤独寂寞 lonely

❶王大妈的儿女都在外地，她一个人很孤独。
❷人们时常会感到孤独。

超高频

模式 móshì *n.*

生产模式 / 思维模式 / 运动模式 mode

❶经营模式对企业的发展至关重要。
❷人人都有属于自己的生活模式。

能量 néngliàng *n.*

正能量 / 补充能量 / 吸收能量 energy, capability

❶物质运动时会产生能量。
❷他爆发出的能量甚至是成年人无法想象的。

姿态 zītài *n.*

姿态万千 / 积极的姿态 / 优雅的姿态 attitude, posture

❶她总是以积极的姿态对待生活。
❷不同个性的模特展示出了不同的姿态。

尝试 chángshì *n. & v.*

勇于尝试 / 尝试各种方法 / 尝试写作 attempt; try

❶写小说的好处之一就是可以有很多新的尝试。
❷人们可以亲自尝试制作一部电影。

番 fān *m.w.*

(measure word for actions, deeds, etc.)

别有一番天地 / 翻了一番

❶经过大海的一番磨砺，卵石才变得更加美丽光滑。

❷至诚守信，做事勤勉，这样才能成就一番大事业。

疾病 jíbìng *n.*

身患疾病 / 各种疾病 / 治疗疾病 disease, sickness

❶眼泪中的有害物质可能引起哮喘、胃溃疡、心脏病及血液循环系统的疾病。

❷在人类所患的各种疾病中，没有比感冒更常见更普遍的了。

品种 pǐnzhǒng *n.*

新品种 / 优良品种 / 品种多样 breed, variety

❶这个花园里有各种各样的花卉品种，它们散发着迷人的芳香。

❷正是桃子成熟上市的季节，市场上的桃子品种繁多，香气扑鼻。

气质 qìzhì *n.*

优雅的气质 / 气质良好 / 气质不凡 temperament, disposition

❶这种打扮适合她的气质。

❷他有一种诗人的气质。

倾听 qīngtīng *v.*

倾听意见 / 认真倾听 / 倾听自然的声音 listen attentively

❶交谈时认真倾听对方的话是最基本的礼貌。

❷认真倾听不仅仅表明你很尊重对方，同时也在告诉对方，他应该用同样的方式尊重你。

染 rǎn *v.*

染头发 / 染布料 / 传染 dye, catch (a disease)

❶他给这块布染上了红色。
❷现在正流行感冒，我也染上了。

神奇 shénqí *adj.*

好神奇 / 神奇的现象 / 神奇的世界 magical, miraculous

❶在神奇的魔术表演中，他从杯子里变出了一只兔子，让观众惊讶不已。
❷只要处理得当，就可能败中取胜，化腐朽为神奇。

外界 wàijiè *n.*

与外界的联系 / 外界的压力 / 接触外界 the outside world, external

❶让人失去理智的，常常是外界的诱惑；让人耗尽心力的，往往是自己的欲望。
❷做这件事，外界阻力较大。

危机 wēijī *n.*

金融危机 / 生态危机 / 危机感 crisis

❶面对经济危机，我们该如何发展？
❷有的人和什么人都能称兄道弟，但当他遭遇危机时，却没有一个人施以援手。

习俗 xísú *n.*

custom, local tradition, convention

传统习俗 / 地方习俗 / 民间习俗

❶每个民族的习俗都应受到尊重。

❷ 习俗是一个国家的文化传承，它可以反映出一个民族的特色与习惯。

依靠 yīkào *v.*

依靠群众 / 依靠组织 / 依靠家人 rely on, depend on

❶ 你应该出去找份工作，不能总是依靠父母。

❷ 他们依靠政府的救济生活。

场合 chǎnghé *n.*

公共场合 / 合适的场合 / 正式场合 situation, occasion

❶ 在公共场合不要大声打电话。

❷ 赞美也要分场合。

充足 chōngzú *adj.*

营养充足 / 充足的时间 adequate

❶ 回去多喝开水，并保证睡眠充足，你很快就会好起来的。

❷ 这样的结构使所有叶子都能得到充足的阳光。

创业 chuàngyè *v.*

创业方案 / 创业计划 / 自主创业 start a business

❶ 回头看我的创业历程，是不断寻找、不断纠正的过程。

❷ 这几年，中国的青年非常渴望创业。

固然 gùrán *adv.*

方案固然可以 / 工作固然重要 admittedly

❶ 经验多固然是好事，但如果只靠经验工作，也是不行的。
❷ 学习固然重要，可我们也要注意身体。

毫无 háowú *v.*

毫无印象 / 毫无疑问 / 毫无保留 not in the least, none whatsoever

❶ 虽然他是个新手，但他毫无畏惧地挑战了高难度的技巧。
❷ 他毫无保留地说出了自己的看法。

皇帝 huángdì *n.*

历代皇帝 / 开明的皇帝 / 皇帝的儿子 emperor

❶ 同仁堂几乎和清朝的每一任皇帝都有故事。
❷ 战争结束之后，皇帝召见有功的将士，论功行赏。

给予 jǐyǔ *v.*

给予帮助 / 给予支持 / 给予力量 give, render

❶ 在成长的过程中，谁给予你的帮助最大？
❷ 家庭会给予你事业很大的支持。

记载 jìzǎi *n. & v.*

据文字记载 / 记载历史 / 相关记载 record; write down

❶ 在我的日记里，记载着生活中每一个幸福的片段。

❷他发现以前编写的药物书有不少缺点，比如许多有用的药物没有记载。

继承 jìchéng *v.*

继承权 / 继承财产 / 继承与发展 carry forward, inherit

❶没有继承的话，改革只能是空谈。
❷老王的财产由两个儿子共同继承。

惊讶 jīngyà *adj.*

感到惊讶 / 惊讶的事 surprised, amazed

❶他真是难得的亲切，我有些惊讶。
❷他做出如此轻率的举动，让人感到十分惊讶！

宽容 kuānróng *v.*

学会宽容 / 宽容他人 tolerate, bear with

❶善待别人的最好方法就是宽容别人。
❷我能有今天，要特别感激父亲对我的宽容。

乐趣 lèqù *n.*

生活的乐趣 / 充满乐趣 / 学习的乐趣 delight, pleasure

❶弹钢琴是她最大的乐趣。
❷人们在这里可以充分感受电影的魅力，还可以体验电影制作的乐趣。

粒 lì *n. & m.w.*

颗粒 / 果粒 / 一粒米 grain; a grain of

❶雨点儿有豆粒那么大。

❷老人从脚下的沙滩上捡起了一粒沙子。

目光 mùguāng *n.*

吸引目光 / 诧异的目光 / 坚定的目光 gaze, vision

❶老师用安详的目光看着我们。
❷与人交谈时，目光应和善、友好，还应不时注视对方的眼睛。

期望 qīwàng *n. & v.*

未来的期望 / 美好的期望 / 给予期望 expectation; expect

❶期望能给人勇气，但也容易引起沮丧。
❷你不能期望所有人都对你满意。

情形 qíngxíng *n.*

严重的情形 / 糟糕的情形 / 几种情形 circumstance, situation

❶当时的情形我记得很清楚。
❷刚才你讲到创业过程中遇到了很多困难，最难的情形是怎样的？

时光 shíguāng *n.*

过去的时光 / 旧时光 / 珍惜时光 time, period of time

❶请珍惜眼前的大好时光。
❷正因为时光流逝，一去不复返，每一天都不可追回，所以我们更要珍惜每一寸光阴。

超高频

俗话 súhuà *n.*

中国有句俗话 / 俗话说得好 — common saying, proverb

❶ 俗话说得好：知子莫若父。
❷ 中国人有这么一句俗话：不当家不知柴米贵。

意志 yìzhì *n.*

坚强的意志 / 意志坚定 / 锻炼意志 — will, willpower

❶ 你必须有非常坚定的意志，才能承受一次又一次的失败。
❷ 通过这次比赛，大家的意志得到了锻炼。

呈现 chéngxiàn *v.*

呈现生机 / 呈现在我们面前 / 呈现出来 — appear, present

❶ 经过几个小时的车程，呈现在我们眼前的是茫茫草原。
❷ 祖国到处呈现出一派欣欣向荣的景象。

诞生 dànshēng *v.*

生命的诞生 / 品牌诞生 / 诞生于 2000 年 — be born

❶ 听爸爸说，我诞生在一个初春的早晨。
❷ 一个婴儿呱呱坠地，就意味着一个新生命的诞生。

队伍 duìwu *n.*

优秀的队伍 / 整齐的队伍 / — team, troops

队伍建设

❶我们的队伍还得扩充一些新生力量。
❷游行的队伍如大海的怒涛，势不可挡。

防止 fángzhǐ *v.*

防止意外发生 / 防止疾病传染

prevent, guard against

❶为了防止在野外活动中迷路，你必须掌握定位和测向的方法。
❷为了防止环境污染，政府没有批准在这里建造纸厂。

故乡 gùxiāng *n.*

思念故乡 / 回到故乡 / 我的故乡

home, homeland

❶中国潍坊是风筝的故乡。
❷每次回到故乡，我都会被那熟悉的风景和亲人的笑容所感动。

过于 guòyú *adv.*

过于完美 / 过于冒险 / 过于激进

too much, excessively

❶我能处理好这件事，你不要过于担心。
❷劲爆的乐曲和过于舒缓的乐曲都会在你的驾驶中“帮倒忙”。

皆 jiē *adv.*

人尽皆知 / 比比皆是 / 皆有

all, each and every, in all cases

❶麦芽糖香甜可口，营养丰富，是老少皆宜的食品。

❷与高手过招，常常是一步失策，满盘皆输。

客户 kèhù *n.*

老客户 / 客户经理 client, customer

❶每次穿上漂亮的衣服，我都会特别自信，客户也会对我产生良好的感觉，这对我的工作有很大的帮助。
❷今天我接到了很多客户的电话。

内涵 nèihán *n.*

深刻的内涵 / 精神内涵 / 内涵丰富 meaning, connotation

❶他是个内涵很深厚的青年。
❷成语的内涵很丰富。

气象 qìxiàng *n.*

新气象 / 气象万千 / 气象变化 meteorological phenomena

❶航空气象预报与一般的天气预报差异很大。
❷气象学家认为台风是人类生存所必需的。

收藏 shōucáng *v.*

国家收藏 / 收藏古董 / 收藏价值 collect

❶经鉴定，这幅画儿出自著名画家齐白石之手，有着极高的收藏价值。
❷老张从小就喜欢收藏东西。

土壤 tǔrǎng *n.*

土壤环境 / 肥沃的土壤 / 潮湿的土壤 soil

❶中国南方的土壤多是红色的。
❷这一带土壤肥沃，适合发展农业。

维持 wéichí *v.*

维持秩序 / 维持生活 / 维持现状 keep, preserve

❶一定要吃早饭，它可以帮助你维持血糖水平的稳定。
❷盐不仅仅是重要的调味品，也是维持人体正常发育的不可或缺的物质之一。

文物 wénwù *n.*

珍贵的文物 / 文物修复 / 保护文物 cultural relic, historical relic

❶苏州既有自然山水之胜，又有历史文物之雅，是兼具古今文明的园林化城市。
❷他收藏的原则很特别，收与不收，全凭自己的喜好，并不管它们的文物价值。

氧气 yǎngqì *n.*

氧气充足 / 提供氧气 / 纯净的氧气 oxygen

❶树木不但可以提供氧气，而且是造纸的原料。
❷水是由氢气和氧气化合而成的。

依赖 yīlài *v.*

过分依赖 / 依赖心理 / 互相依赖 depend on

❶他没有工作，生活完全依赖父母。
❷由于自然资源匮乏，这个国家的主要工业原料大多依赖进口。

障碍 zhàng'ài *n.*

学习障碍 / 清除障碍 / 思想障碍 barrier, obstruction

❶有时候，学习的最大障碍来自我们已知的部分，而不是未知的部分。

❷面对障碍，他从来没有丧失过信心。

智力 zhìlì *n.*

智力发展 / 智力测试 / 开发智力 intelligence

❶这个玩具能开发儿童的智力。

❷这个孩子智力超常，要好好培养。

高频词汇

高频

暗示 ànshì *v.*

直接暗示 / 间接暗示 / 心理暗示 hint, indicate

❶他用眼神暗示我马上离开。
❷这个讲话暗示着公司将发生很大的变化。

比喻 bǐyù *n. & v.*

比喻句 / 比喻手法 metaphor; compare to

❶我非常欣赏他在诗歌中用的比喻。
❷成语"昙花一现"比喻事物出现后很快就消失了。

部位 bùwèi *n.*

重要部位 / 明显部位 / 关键部位 position, place

❶医生决定尽快切除患者的病变部位。
❷人脑左右半球各部位的功能不相同。

策略 cèlüè *n.*

基本策略 / 调整策略 / 简单的策略 tactics

❶我想了一个下午，终于想好了各种应对策略。
❷这是一种重要的营销策略。

串 chuàn *m.w.*

一串葡萄 / 一串珠子 / 一串串 (measure word for rows or strings)

❶他从国外给我带了两串珍珠项链。
❷我小时候最喜欢放学后在学校门口买一串冰糖葫芦吃。

规划 guīhuà *v.*

全面规划 / 城市规划 / 规划方案 plan

❶游客可以自主规划游玩路线。
❷他欠缺整体规划的能力。

和谐 héxié *adj.*

和谐的生活 / 颜色和谐 / 十分和谐 harmonious

❶我们班的同学团结友爱，非常和谐。
❷“保持距离”是人际和谐的关键。

回报 huíbào *v.*

不求回报 / 回报国家 / 回报父母 repay

❶付出了才会有回报。
❷赞美他人会使别人愉快，被赞美者的回报也会使自己觉得愉快。

节奏 jiézòu *n.*

音乐的节奏 / 控制节奏 / 节奏明快 rhythm, tempo

❶我们每天都在按照一成不变的节奏生活。
❷我必须跟上他们的节奏，做到翻译准确、流畅、快速。

精致 jīngzhì *adj.*

精致的工艺品 / 十分精致 / delicate, exquisite

做工精致

❶这套瓷器做工非常精致。
❷国外的产品工艺上做得非常精致，但中国人更需要的是温馨感，一种家的感觉。

境界 jìngjiè *n.*

最高境界 / 崇高的境界 / 完美境界

extent reached, state

❶优美的音乐把听众带入美好的艺术境界。
❷一个人的心理年龄与实际年龄相吻合应该是一种比较理想的境界。

类似 lèisì *adj.*

类似的事件 / 类似的错误 / 类似的问题

similar, analogous

❶希望你记住上次的教训，不要犯类似的错误。
❷我的想法和你类似。

灵敏 língmǐn *adj.*

灵敏度 / 反应灵敏 / 灵敏的兔子

sensitive, agile

❶警犬的嗅觉异常灵敏。
❷记者对社会热点特别灵敏，总能闻风而动。

弥补 míbǔ *v.*

complement, make up for a deficiency

弥补缺陷 / 弥补遗憾 / 尽力弥补

❶努力可以在一定程度上弥补笨拙。

高频

❷我们要虚心学习别人的长处，来弥补自己的不足。

默默 mòmò *adv.*

默默无闻 / 默默无声 in silence

❶他的善行被人们广为传颂，他的名字被人们默默敬仰。
❷作为一名军人的妻子，多年来她一直默默地支持丈夫的工作。

内在 nèizài *adj.*

内在联系 / 内在规律 / 内在美 intrinsic, innate

❶人类对于很多天气现象的发生、演变及其内在规律尚未完全掌握。
❷如果一个女人气质美，男士们会忽视其容貌而关注其内在美。

情节 qíngjié *n.*

故事情节 / 感人的情节 / 情节严重 plot

❶这部电影，从开始到结束，大量的音乐使故事情节变得更丰富、更曲折了。
❷曲折的故事情节引人入胜。

人家 rénjia *pron.*

人家的优点 / 人家喜欢 / 打扰人家 other person

❶借了人家的东西要及时还。
❷咱们说话小点儿声，别影响人家休息。

题材 tícái *n.*

作品题材 / 当代的题材 / subject matter

都市题材

❶这些壁画既有宗教题材的，也有反映当时一些生产劳动场面、社会生活场景的。
❷我写过很多农村题材的作品。

天生 tiānshēng *adj.*

天生的能力 / 天生的缺陷 / 天生一对

innate, natural, born

❶我觉得我天生对音乐敏感。
❷人的本领不是天生的，是在实践中学来的。

现场 xiànchǎng *n.*

会议现场 / 事故现场 / 现场环境

scene, site

❶现在在我们现场的嘉宾是著名漫画家蔡先生。
❷在现场直播中，他生动地描绘了这个城市的繁华与美丽。

现状 xiànzhuàng *n.*

生活现状 / 满足现状 / 维持现状

current situation

❶不管生活有多艰难，我们都要靠自己的努力来改变现状并获得幸福。
❷农村的现状比我想象的好。

信念 xìnniàn *n.*

强大的信念 / 理想信念 / 坚定信念

faith, belief

❶信念一旦形成，就可以产生强大的推动力，使人们为实现某个目标而持之以

恒地奋斗。
❷他依靠坚定的信念取得成功。

不妨 bùfáng *adv.*

不妨大胆一点儿 / 不妨慢慢来 / 不妨直说 might as well

❶对于年轻人，不妨稍微夸张地赞扬他的才能和勇气。
❷你不妨反其道而行，利用中午时间安排一些户外活动。

成本 chéngběn *n.*

降低成本 / 节约成本 / 生产成本 cost

❶产品的价格必然会受到成本的影响。
❷要扭转经营局面，不能只靠降低成本。

充沛 chōngpèi *adj.*

精力充沛 / 充沛的物资 / 雨水充沛 abundant, plentiful

❶雨水充沛、热量稳定的地区是竹子生长最理想的生态环境。
❷一觉醒来，我觉得精力充沛。

充实 chōngshí *adj. & v.*

充实内容 / 充实自己 / 充实的生活 rich; enrich

❶他建立了自己的家庭，过上了忙碌而充实的生活。
❷我现在的生活充实而有意义。

大臣 dàchén *n.*

外交大臣 / 国防大臣 / cabinet minister

钦差大臣

❶李白才华横溢，很受皇帝的喜爱；在宴席上，他常常跟大臣们一起谈笑风生。
❷钦差大臣来检查工作了。

跌 diē *v.*

跌倒了 / 跌了一跤 / 跌入困境 drop, tumble

❶初学滑冰的人偶尔跌倒也不足为奇。
❷风雨中，弟弟跌跌撞撞地往学校赶。

动力 dònglì *n.*

学习的动力 / 动力十足 / 充满动力 power, driving force

❶适度的压力不仅能成为我们前进的动力，还会促使我们在工作中发挥出最高水平。
❷如果调节得当的话，压力就会转变成前进的动力。

肺 fèi *n.*

肺部 / 狼心狗肺 / 肺炎 lung

❶潜水可以帮助改善心肺功能。
❷肺是重要的呼吸器官。

覆盖 fùgài *v.*

全面覆盖 / 被草地覆盖 / 覆盖率 cover

❶微风轻轻地吹，暖暖的阳光覆盖着大地。
❷冬天，白雪覆盖大地，非常美丽。

横 héng *n.*

horizontal, stroke

❶写汉字时，笔画的顺序是先横后竖。
❷汉字的基本笔画有五种：横、竖、撇、点、折。

忽略 hūlüè *v.*

neglect, overlook

忽略不计 / 忽略细节 / 被人们忽略

❶学习书本知识固然重要，但不可忽略了参加社会实践。
❷人们常常把交往看作一种能力，却忽略了独处也是一种能力。

机遇 jīyù *n.*

opportunity, favorable circumstance

创造机遇 / 错过机遇 / 成功的机遇

❶如果自己不努力，机遇再多也没用。
❷在人的一生中，思前想后、犹豫不决固然可以避免一些做错事的可能，但也会失去很多成功的机遇。

吉祥 jíxiáng *adj.*

lucky, auspicious

吉祥如意 / 吉祥话

❶龙在中国人的心目中代表着吉祥，象征着神圣，还是力量的化身。
❷祝大家新年吉祥，万事如意！

家喻户晓 jiāyù-hùxiǎo *idiom*

known by everyone

家喻户晓的故事 / 家喻户晓的人物

❶孙悟空是一个家喻户晓的形象。
❷大禹治水的故事家喻户晓，妇孺皆知。

漫长 mànchánq *adj.*

漫长的岁月 / 漫长的等待 / 十分漫长 very long, endless

❶人类历史经过了一个漫长的演变发展的过程。
❷人生的道路虽然漫长，关键的却只有那几步。

高频

描绘 miáohuì *v.*

描绘风景 / 描绘图画 / 形象地描绘 describe, portray

❶这幅画以精湛的技巧描绘了一场盛大的宴会，令人流连忘返。
❷你需要向他们描绘出一个美好的蓝图。

魔术 móshù *n.*

变魔术 / 魔术表演 / 神奇的魔术 magic

❶很多人喜欢上了这种近距离魔术。
❷虽然我喜欢魔术，但一开始我并没有打算把魔术当成自己未来的职业。

偶像 ǒuxiàng *n.*

优质的偶像 / 偶像明星 / 偶像的力量 idol

❶作为今天的明星企业家，他成了众多年轻创业者追捧的偶像。
❷现在的青年需要“偶像”或“人生导师”吗？答案是肯定的。

捧 pěng *v.*

捧起来 / 用手捧着 / 捧腹大笑 hold in both hands

❶那个小女孩儿捧走了一个大西瓜。
❷冠军捧着奖杯走下了领奖台。

品质 pǐnzhì *n.*

美好的品质 / 高尚的品质 / 个人品质 quality

❶他舍己为人的高贵品质值得人们学习。
❷睡眠品质的好坏比睡眠时间的长短更加重要。

人士 rénshì *n.*

成功人士 / 优秀人士 / 专业人士 personage

❶现在的形势超出了分析人士此前的预期。
❷今天来参加会议的有很多社会各界知名人士。

生态 shēngtài *n.*

生态环境 / 生态发展 / 生态平衡 ecology

❶我们正在积极发展生态农业。
❷保卫地球的生态环境，是我们每个人义不容辞的责任。

视野 shìyě *n.*

开拓视野 / 最佳的视野 / 视野广阔 view, horizon

❶站得越高，视野越广阔。
❷旅行可以开阔人的视野。

高频

高频

释放 shìfàng *v.*

释放能量 / 释放光芒 / 释放气体 — release, set free

❶有些人把购物当成一种释放压力的手段。
❷他坐了十年牢，昨天刚刚被释放。

天文 tiānwén *n.*

天文望远镜 / 天文学科 / 天文知识 — astronomy

❶要想观测月球上的环行山，就得借助天文望远镜。
❷我们是一群天文爱好者。

挖掘 wājué *v.*

挖掘潜力 / 挖掘人才 / 拼命挖掘 — excavate, dig

❶考古工作者从这座汉墓中挖掘出不少珍贵文物。
❷大家的潜力还没有被挖掘出来。

牺牲 xīshēng *v.*

牺牲生命 / 壮烈牺牲 / 流血牺牲 — sacrifice, die a martyr's death

❶志愿者经常牺牲休息时间去照顾孤独的老人。
❷他父亲在战斗中牺牲了。

相应 xiāngyìng *v.*

相应的措施 / 相应减少 — correspond, be relevant to

❶他四处向农民们打听，得知今年油料作物获得了大丰收，因此对油桶的需求量

也相应增大了。
❷一个人的交际范围广，他获得财富的机会也会相应增加。

意料 yìliào *v.*

出人意料 / 意料之中 / 意料之外 anticipate, expect

❶我没意料到事情的结果会是这样。
❷他考上大学是意料之中的事。

园林 yuánlín *n.*

美丽的园林 / 苏州园林 / 建造园林 park, landscape garden

❶这个园林设计巧妙，游客仿佛置身于一个童话般的世界。
❷医院坐落在小山之上，是一座典型的中国古代园林式建筑。

在意 zàiyì *v.*

不在意 / 在意别人的感受 care about, mind

❶他的表情非常冷淡，仿佛对病人的痛苦毫不在意，缺少同情心。
❷他非常在意别人的看法，总是试图让自己表现得完美无缺。

展现 zhǎnxiàn *v.*

展现出来 / 展现能力 / 成功地展现 show, display

❶《舌尖上的中国》聚焦在烹饪上的时间并不多，更多的画面是在展现劳动者如何捕猎、采掘、加工和制作自然馈赠的

食材。
❷这部电影成功地展现了一个科学家奋斗的一生。

折 zhé *v.*

折断 / 折纸 / 折起来 break, snap

❶他从树上折了一根树枝。
❷他用力一折，筷子就断了。

珍贵 zhēnguì *adj.*

珍贵的文物 / 珍贵的回忆 / 无比珍贵 precious

❶熊猫是一种十分珍贵的动物，是中国的国宝。
❷这本相册里存放着我最珍贵的回忆。

种子 zhǒngzi *n.*

一粒种子 / 播种子 seed

❶种子发芽了。
❷种子的储存是需要一定条件的。

种植 zhòngzhí *v.*

种植蔬菜 / 种植技术 / 种植业 plant, grow

❶旱金莲单独种植时，花期仅有一天。
❷北方冬季寒冷，不宜种植柑橘。

舟 zhōu *n.*

小舟 / 轻舟 / 扁舟 boat

❶江上有一叶扁舟，一个老翁坐在小舟上垂钓。
❷一叶小舟在波涛汹涌的大海中颠簸不已。

昂贵 ángguì *adj.*

昂贵的代价 / 昂贵的价格 / 十分昂贵 expensive

❶花样滑冰是一种比较昂贵的运动。
❷牛奶的价格并不昂贵。

爆发 bàofā *v.*

战争爆发 / 爆发出 / 爆发出热烈的掌声 break out, explode

❶火山爆发了。
❷父亲的怒火一下子爆发了。

便于 biànyú *v.*

便于携带 / 便于记忆 / 便于逃跑 be easy to, be convenient for

❶她买了一台跑步机，便于在家锻炼。
❷为了便于居民看病，社区建立了医院。

产业 chǎnyè *n.*

特色产业 / 促进产业发展 / 产业化 industry

❶我们发展本地特色产业一定要因地制宜啊。
❷创意会逐渐变成一种很职业化的产业。

沉重 chénzhòng *adj.*

心情沉重 / 沉重的打击 / 沉重的负担 heavy, hard

❶生命可以不必如此沉重。
❷主场选手会背负更多期待，压力也就更加沉重。

高频

传达 chuándá *v.*

传达思想 / 传达指令 / 传达消息 pass on, convey

❶漫画是一种非常有意思的表达方式，当内心有所感悟时，绘画者就用画面传达给读者。
❷秘书向我们传达了经理的指示。

搭 dā *v.*

搭档 / 搭配 / 搭话 match, build

❶很多人不会搭配色彩。
❷苗寨农民在艺术馆门口亲手搭建了自己的“生活空间”。

雕塑 diāosù *n.*

雕塑品 / 雕塑家 / 完整的雕塑 sculpture

❶这座城市的雕塑艺术展示了人们的创造力和艺术才华。
❷敦煌石窟是集建筑、雕塑、绘画于一体的伟大艺术遗产。

发扬 fāyáng *v.*

发扬风格 / 发扬传统 / 发扬光大 develop, make full use of

❶点心虽然不是由广东人发明的，却是由广东人发扬光大并传到世界各地的。
❷我们应善于发现自己的优点，并将之发扬光大，形成自己独特的亮点和优势，这样才能成为某一个方面的专家、强人。

繁殖 fánzhí *v.*

繁殖能力 / 繁殖地 / 繁殖后代 breed, reproduce

❶因为气温较高，细菌繁殖得很快。
❷鸟类在温带地区繁殖的好处是温带地区夏季白昼长黑夜短。

过度 guòdù *adj.*

过度干预 / 悲伤过度 / 过度开发 excessive

❶过度的压力有害健康。
❷由于过度捕捞，鱼虾的收成一年比一年少了。

含义 hányì *n.*

含义深刻 / 真正的含义 / 表明含义 meaning, implied meaning

❶对于幸福的含义，每个人都有自己不同的理解。
❷这篇小说虽然不长，可是含义却很深刻。

和蔼 hé'ǎi *adj.*

和蔼的人 / 待人和蔼 / 和蔼可亲 kindly, nice

❶他是一位和蔼的老教授。
❷这里的老师对学生很和蔼。

后代 hòudài *n.*

子孙后代 / 培养后代 / 人类的后代 posterity, later generations

❶他很希望自己的后代能在这个太平时期多读些书。

❷仙人掌能在干旱炎热的严酷环境中生存并繁衍后代。

患者 huànzhě *n.*

一名患者 / 年轻患者 / 癌症患者 patient

❶病情较轻的患者，由年轻医生诊断。
❷感冒患者应避免与别人握手。

高频

坚定 jiāndìng *adj.*

坚定信念 / 坚定目标 / 坚定不移 firm, steady

❶因为信念不够坚定，所以做事情时就容易做得不够彻底。
❷他用坚定的语气回绝了我。

艰难 jiānnán *adj.*

生活艰难 / 道路艰难 / 艰难前行 difficult, hard

❶不管生活多么艰难，我们都不应该一味地抱怨。
❷爷爷奶奶靠微薄的工资养育一双儿女，日子过得很艰难。

进而 jìn'ér *conj.*

进而提出解决办法 / 进而取得成功 and then

❶他丧失梦想，百无聊赖，没有理想，进而对生活日渐麻木。
❷林语堂曾经说过："幽默是一种心理状态，进而言之是一种观点，一种对人生的看法。"

居住 jūzhù *v.*

在此居住 / 无人居住 / 居住环境 reside, live

❶桂林是一个很适合人类居住的城市。
❷中国的哈尼族大多居住在向阳的山腰，他们依傍山势建立村寨。

开阔 kāikuò *adj. & v.*

很开阔 / 开阔视野 / 心胸开阔 / 视野开阔 wide; open

❶站在山顶，视野非常开阔。
❷多年的从商经历，使她尝尽了酸甜苦辣，但也使她开阔了眼界。

考察 kǎochá *v.*

考察环境 / 考察情况 / 田野考察 inspect, observe and study

❶考察的结果显示，这里的自然环境非常适合大熊猫的成长。
❷这次出国考察，我们的收获很大。

迷人 mírén *adj.*

迷人的景色 / 十分迷人 / 迷人的微笑 fascinating

❶小镇的夜被霓虹灯照亮，迷人的夜景令人流连忘返。
❷她有一双迷人的大眼睛。

品尝 pǐncháng *v.*

品尝食物 / 品尝一下 / 仔细品尝 taste, sample

❶这是本店新推出的一种糕点，欢迎品尝。

❷舌头可以品尝酒的味道。

扑 pū *v.*

扑打 / 扑闪 / 扑灭 pounce on, put out

❶一只狼迅速扑向猎物。
❷大火烧了数日，终于被扑灭了。

欺骗 qīpiàn *v.*

欺骗行为 / 欺骗顾客 / 被人欺骗 deceive, cheat

❶请原谅我一直都在欺骗你。
❷眼睛是会欺骗人的。

起源 qǐyuán *n. & v.*

生命的起源 / 起源于 origin; originate

❶科学家积极探索生命的起源。
❷创新有时起源于身边的小事情。

前提 qiántí *n.*

前提条件 / 前提基础 / 在……的前提下 premise, precondition

❶纸和墨的应用是印刷术发明的前提。
❷承担一项工作的前提条件是能够胜任。

潜力 qiánlì *n.*

发展的潜力 / 潜力巨大 potential, capacity

❶经济舱是航空公司最具社会影响力和市场潜力的舱位。
❷人的潜力是无限的。

缺陷 quēxiàn *n.*

生理缺陷 / 存在缺陷 / 明显的缺陷 　defect, flaw

❶这个方案存在缺陷，需要进一步完善。
❷该实验旨在观察人们对身体有缺陷的陌生人会如何反应。

人工 réngōng *adj. & n.*

人工智能 / 人工成本 / 人工湖 　artificial; manpower

❶昨天本市实施了人工降雨。
❷完成这个项目需要花费不少人工。

人间 rénjiān *n.*

人间正气 / 天上人间 / 在人间 　the earthly world

❶每年的七夕，人间所有的喜鹊都会飞上天河。
❷他们创造了人间奇迹。

荣誉 róngyù *n.*

最高荣誉 / 集体的荣誉 / 获得荣誉 　honor

❶那位同学的表现非常好，他为班里赢得了荣誉。
❷在你赢得收入、荣誉和声望背后，一定也有许多失去的东西。

丧失 sàngshī *v.*

丧失信心 / 丧失机会 / 丧失自由 　lose, forfeit

❶在困难面前我们不应丧失勇气。

❷他已经完全丧失了自理能力。

神经 shénjīng *n.*

一根神经 / 坚韧的神经 / 神经系统 nerve

❶章鱼有非常发达的神经系统。
❷音乐能刺激神经系统并使其保持适当兴奋，从而缓解驾车疲劳。

高频

生理 shēnglǐ *n.*

生理需要 / 生理发育 / 生理表现 physiology

❶所谓心“老”，说的就是心理年龄超过了生理年龄。
❷从有益于人的生理健康这个角度而言，侧卧是最为理想的。

视力 shìlì *n.*

视力问题 / 保护视力 / 视力模糊 vision, eyesight

❶鲸鱼的视力并不好。
❷眼睛距离书本太近的话，一是会损害视力，二是会影响读书速度。

瞬间 shùnjiān *n.*

一瞬间 / 难忘的瞬间 / 精彩瞬间 moment

❶这些照片记录了珍贵的历史瞬间。
❷人生最精彩的不是实现梦想的那一瞬间，而是坚持梦想的整个过程。

岁月 suìyuè *n.*

艰难的岁月 / years, passing of time

青春的岁月 / 岁月的痕迹

❶自由地玩耍不但有助于培养孩子们的社交能力、创造力，还能帮助他们在以后的人生岁月中应对挫折、克服困难。
❷他的脸上满是岁月的痕迹。

台风 táifēng *n.*

台风袭击 / 可怕的台风 / 刮台风 typhoon

❶天气预报说明天有台风。
❷人们往往诅咒台风带来的破坏。

童话 tónghuà *n.*

童话故事 / 童话书 / 童话世界 fairy tale

❶孩子每天睡觉前都让妈妈讲一个童话故事。
❷置身迪斯尼乐园，好像进入了一个梦幻般的童话世界。

统计 tǒngjì *v.*

统计数据 / 统计表 / 统计人数 count, add up

❶统计完选票，老师宣布选举结果。
❷据统计，每天都有一个物种从地球上永远地消失。

团体 tuántǐ *n.*

团体活动 / 小团体 group, organization

❶创业者大多都是团体创业，很多是懂技术的和懂市场的相结合。
❷在这个大型团体里，我们共同学习、分享，成为彼此的支持者。

高频

高频

维护 wéihù *v.*

共同维护 / 维护尊严 / 维护秩序

defend, safeguard, protect

❶作家应该维护自己的利益。
❷好的东西，人们都会不由自主地维护它。

喜悦 xǐyuè *n. & adj.*

喜悦的心情 / 胜利的喜悦

joy; happy

❶一个人的一生，只能经历自己所拥有的那一份喜悦，那一份苦难。
❷他的喜悦的笑容感染了每个人。

细胞 xìbāo *n.*

红细胞 / 白细胞 / 脑细胞

cell

❶指端上有成千上万个神经细胞。
❷核桃含有较多优质蛋白质和脂肪酸，所以有利于促进脑细胞的生长和发育。

循环 xúnhuán *v.*

循环利用 / 循环系统 / 血液循环

cycle, circulate

❶运动的时候，血液循环加快。
❷赞美他人会使别人愉快，被赞美者的回报也会使自己觉得愉快，这样就形成了人际关系的良性循环。

以免 yǐmiǎn *conj.*

以免发生意外 / 以免妨碍交通

in order to avoid, so as not to

❶锻炼的时候运动量要适当，以免对身体

造成损害。

❷下午茶选择的零食热量不宜太高，以免影响接下来的工作和下一餐的进食。

亦 yì *adv.*

亦敌亦友 / 亦正亦邪 also

❶不要人云亦云，凡事要有自己的主张和判断力。

❷学而时习之，不亦说乎。

元素 yuánsù *n.*

化学元素 / 基本元素 / 主要元素 element

❶每一种元素都有其特定的化学符号，方便人们识别和交流。

❷我觉得创新需要三个基本元素：好奇心、想象力和批判性思维能力。

原理 yuánlǐ *n.*

工作原理 / 基本原理 / 数学原理 principle, theory

❶科学家宣称，这个实验是基于条件反射的原理而设计的。

❷技术员把很多物理学原理应用到生产中。

源泉 yuánquán *n.*

生命的源泉 / 创作源泉 / 快乐的源泉 source

❶知识的源泉是无穷无尽的，我们要不断探索和学习。

❷书中的经验和知识对我们来说是取之不尽、用之不竭的源泉。

高频

高频

灾难 zāinàn *n.*

巨大的灾难 / 灾难现场 / 灾难突发 disaster, catastrophe

❶ 去年的那场灾难使很多人失去了家园。
❷ 孤独、寂寞、眼泪、灾难、痛苦，这些对人生都是有用的，它们能使我们的生命得到升华。

脂肪 zhīfáng *n.*

储存的脂肪 / 燃烧脂肪 / 动物脂肪 body fat

❶ 某些动物可以不吃不喝而沉睡一整个冬天，与它们消耗自身的脂肪是密不可分的。
❷ 运动可以帮助燃烧多余脂肪。

忠诚 zhōngchéng *adj.*

忠诚的品质 / 为人忠诚 loyal

❶ 钻石文化源远流长，到了今天，人们更多地把它看成是爱情和忠诚的象征。
❷ 他是我们最忠诚的朋友。

本人 běnrén *pron.*

本人承诺 / 本人允许 / 本人同意 oneself

❶ 做志愿者不仅可以帮助他人，而且也可以给志愿者本人带来身体上的健康和心理上的愉悦。
❷ 身份证必须本人来办理。

便利 biànlì *adj.*

交通便利 / 便利条件 / 十分便利 convenient

❶ 东道主可以获得更多夺冠的便利条件。

❷电脑的发明给人们的生活带来了极大的便利。

博大精深 bódà-jīngshēn *idiom*

博大精深的文化 / 博大精深的理论 wide-ranging and profound

❶李教授的学识称得上博大精深。
❷中国武术博大精深，需要一生去参悟。

不可思议 bùkěsīyì *idiom*

简直不可思议 / 不可思议的事 inconceivable, unimaginable

❶恋爱能引发很多不可思议的心理效应。
❷到了第六年，毛竹却以不可思议的速度快速生长。

差别 chābié *n.*

缩小差别 / 巨大的差别 / 没有差别 difference

❶科学与艺术的差别很大。
❷不同的文化之间存在着差别，我们要尊重和理解彼此的差异。

超越 chāoyuè *v.*

超越别人 / 无人超越 / 努力超越 surpass, exceed

❶他的学术成就至今没人能超越。
❷该片的受关注度瞬间超越近期所有电视剧。

成员 chéngyuán *n.*

主要成员 / 所有成员 / 各位成员 member

高频

❶团队成员允许各有其特点。
❷团队精神并不要求团队成员牺牲自我。

吃苦 chīkǔ *v.*

不怕吃苦 / 能吃苦 / 吃苦耐劳 bear hardships

❶我们需要不怕吃苦、能够拼搏的人，如果再有一定的经验会更好。
❷他在吃苦中学会了不少本领。

崇拜 chóngbài *v.*

崇拜偶像 / 个人崇拜 worship

❶我从小就很崇拜科学家。
❷我崇拜那些不图名利、默默奉献的无名英雄。

储存 chǔcún *v.*

储存文件 / 储存粮食 / 容易储存 keep in reserve, stockpile

❶这种醋储存的时间越长越香酸可口。
❷时间是世界上最宝贵的资源，既无法用金钱买到，也无法储存。

打击 dǎjī *v.*

严厉打击 / 遭受打击 strike, put down

❶老师从不打击学生的学习积极性。
❷能够坦然地接受各种打击是一种极高的境界。

蛋白质 dànbáizhì *n.*

充足的蛋白质 / 补充蛋白质 / protein

蛋白质的作用

❶牛奶中蛋白质的含量很高。
❷蛋白质是人体必不可少的营养成分。

当初 dāngchū *n.*

当初的表现 / 何必当初 / 回想当初　at that time

❶当初这里是一片荒滩，现在变成了高产的良田。
❷在你想要放弃的那一刻，想想当初为什么坚持走到了这里。

盯 dīng *v.*

盯着 / 盯上 / 盯紧　watch attentively

❶要看到别人的长处，不要总盯着人家的短处。
❷他盯着老师讲课，注意力很集中。

动手 dòngshǒu *v.*

不能动手 / 动手能力 / 动手制作　do, get to work

❶现在的年轻人都不是特别喜欢自己动手做东西吃。
❷只要你愿意付费，想要什么都可以随便拿，但是必须自己动手。

二氧化碳 èryǎnghuàtàn *n.*

制造二氧化碳 / 二氧化碳的排放 / 产生二氧化碳　carbon dioxide

❶作为最主要的温室气体，二氧化碳是全

球气候变暖的罪魁祸首。
❷绿色植物在阳光的照射下会吸收二氧化碳，然后进行光合作用。

分明 fēnmíng *adj.*

clearly demarcated, sharply contoured

层次分明 / 条理分明 / 黑白分明

❶流行音乐与高雅音乐二者之间并不是那么界线分明。
❷冬冷夏热，四季分明，是温带气候的显著特征。

高频

愤怒 fènnù *adj.*

愤怒的目光 / 非常愤怒 angry, indignant

❶说起那些暴徒的罪行，大家都非常愤怒。
❷一个容易焦虑或愤怒的人一般选择激昂亢奋的音乐。

风光 fēngguāng *n.*

自然风光 / 好风光 / 风光秀丽 scene, view, sight

❶美丽的三峡风光像一幅幅绚丽的图画。
❷站在山顶上俯瞰，整个城市的风光尽收眼底。

辐射 fúshè *n.*

热辐射 / 吸收辐射 / 辐射光 radiation

❶一旦受到核辐射污染，再好的良田也会变成不毛之地。
❷仙人掌可以吸收辐射。

感染 gǎnrǎn *v.*

感染病毒 / 受到感染 / 感染大家 infect

❶揉眼睛或擦鼻涕会使人感染上感冒。
❷手术后容易感染。

高涨 gāozhǎng *v.*

情绪高涨 / 气氛高涨 / 高涨的价格 upsurge, run high

❶随着经济的复苏，人们的消费热情高涨，推动了各行各业的发展。
❷食品价格持续高涨。

高频

构思 gòusī *v.*

构思巧妙 / 构思文章 / 构思计划 conceive

❶我将心中的构思画下来，向出版社投稿。
❷这部小说是作者精心构思的产物，充满了新奇的元素和扣人心弦的情节。

广阔 guǎngkuò *adj.*

广阔的草原 / 广阔的视野 / 特别广阔 wide, vast

❶世界上最广阔的是海洋，比海洋更广阔的是天空，比天空更广阔的是人的胸怀。
❷春风像一个美丽的少女一般，在广阔的大地上到处游玩。

华丽 huálì *adj.*

华丽的衣服 / 华丽的装饰 / 十分华丽 gorgeous

❶她的文字并不是很华丽，也不是很漂亮，

但就是特别干净。

❷ 笛子既能演奏悠长、高亢的旋律，又能表现辽阔、宽广的情调，还可以奏出欢快华丽的舞曲和婉转优美的小调。

辉煌 huīhuáng *adj.*

辉煌的历史 / 辉煌的成就 / 辉煌灿烂

splendid, glorious

❶ 改革开放以来，我国的航天事业取得了辉煌的成就。

❷ 工地上灯火辉煌，工人们彻夜奋战。

高频

机智 jīzhì *adj.*

机智灵敏 / 非常机智 / 机智过人

quick-witted, witty

❶ 他机智勇敢，本领高强，也敢于反抗。

❷ 由于他机智果断地关了电闸，才避免了一场重大事故发生。

激情 jīqíng *n.*

创作的激情 / 永恒的激情 / 投入激情

passion, enthusiasm

❶ 他们对音乐的激情和对艺术的热爱感染了无数人。

❷ 我认为只有工作娱乐两不误，我们才能长期保持对工作的激情。

交易 jiāoyì *v.*

公平交易 / 交易市场 / 现金交易

trade, transact

❶ 我们提倡公平交易。

❷公平交易是市场维持公平、自由、有效的秩序的原则之一。

借鉴 jièjiàn *v.*

借鉴历史 / 善于借鉴 / 值得借鉴

use as a reference, learn from

❶任何先进经验都要结合具体情况进行借鉴，而不能生搬硬套。
❷工作中要多借鉴他人的经验。

精华 jīnghuá *n.*

自然精华 / 吸收精华 / 取其精华

essence, quintessence

❶我们要继承传统文化的精华。
❷唐三彩是唐代陶器中的精华，在盛唐时期达到高峰。

精心 jīngxīn *adj.*

精心制作 / 精心照料 / 精心设计

meticulous, with utmost care

❶这些柱子，每个落点都经过了精心计算，以保证能把整座悬空寺支撑起来。
❷花园的主人比较看好长得高大的那棵树，天天精心照料它，它自然长得更好。

警惕 jǐngtì *v.*

时刻警惕 / 保持警惕 / 高度警惕

alert

❶政府要求市民警惕台风的袭击。
❷和不相识的人交往要提高警惕，防止上当受骗。

居民 jūmín *n.*

当地居民 / 居民楼 / 居民用水 resident, inhabitant

❶航天科技活动与人类生活的关系日益密切，居民电视、手机信号等都要依赖于天上卫星发来的信号。
❷有一个农夫划着小船给另一个村子的居民运输自己的农产品。

高频

局面 júmiàn *n.*

新局面 / 政治局面 / 改变局面 phase, situation

❶改革之后，全厂出现了生机勃勃的新局面。
❷我们必须尽快改变这种落后的局面。

卷 juǎn *v.& m.w.*

卷起来 / 卷尺 / 一卷纸 roll up; roll

❶她小心翼翼地把一幅古画卷起来，放进了保险柜。
❷桌子上放着一卷图纸。

课题 kètí *n.*

讨论课题 / 申报课题 / 新课题 problem, subject

❶这个课题难度很大，我们需要共同研究，互相学习。
❷这些一直是科学家高度关注的课题。

盲目 mángmù *adj.*

盲目行动 / 盲目乐观 / 盲目自信 blind, aimless

❶每个人都应该走自己的路，千万不要盲目崇拜偶像。
❷你最好先制订个计划，不要盲目行动。

命名 mìngmíng *v.*

重新命名 / 命名过程 / 以……命名 be named after

❶田径赛，顾名思义是田赛和径赛的合称，它们是根据场地特点来命名的。
❷温州的地名中很多都是以桥命名的。

疲倦 píjuàn *adj.& n.*

身体疲倦 / 感到疲倦 / 不知疲倦 wearily; fatigue

❶劳动了一天，我感到很疲倦，连饭也不想吃。
❷每当觉得疲倦时，我就会抬头休息一会儿，从而让身心得到放松。

平凡 píngfán *adj.*

平凡的生活 / 平凡人 / 平凡的岗位 / 平凡的日子 ordinary, commonplace

❶美术教育的终级目的是让学生对每一种平凡的事物都能有美的感触，都能欣赏到美。
❷一个人可以平凡，但不能平庸。

奇妙 qímiào *adj.*

奇妙的感觉 / 世界真奇妙 / 奇妙的现象 fantastic, wonderful

❶这部科幻小说把我们带进了一个奇妙的

世界。
❷这本小说故事情节非常奇妙，读起来令人大呼过瘾。

渠道 qúdào *n.*

信息渠道 / 开拓渠道 / 其他渠道 way, channel

❶要想得到幸福，只有一个渠道，就是多帮助别人。
❷对于怎样拓展营销渠道这一问题，大家都纷纷发表了自己的意见。

高频

人性 rénxìng *n.*

善良的人性 / 毫无人性 / 不通人性 human nature, humanity

❶他对于生死以及人性做了一次终极思考。
❷在这部作品中，人性得到了充分的体现。

忍受 rěnshòu *v.*

忍受痛苦 / 忍受饥饿 / 难以忍受 bear, endure

❶他忍受了极大的痛苦才取得今天的成绩。
❷这样的苦日子，我再也不能忍受了。

认可 rènkě *v.*

认可观点 / 被人认可 / 得到认可 approve, acknowledge

❶讨论会上，多数人认可我的看法。
❷他把险些造成舞台事故的错误扭转了过来，终于得到了大家的认可。

荣幸 róngxìng *adj.*

非常荣幸 / 感到荣幸 honored, with pleasure

❶很荣幸为您服务。
❷认识您，我感到非常荣幸。

融洽 róngqià *adj.*

融洽的气氛 / 融洽的关系 / 感情融洽 harmonious, friendly

❶他很快就适应了新环境，和同学们相处得非常融洽。
❷我说的话他们一般都会听，我们的关系比较融洽。

实力 shílì *n.*

经济实力 / 实力雄厚 / 增强实力 strength

❶这家公司经济实力雄厚。
❷这两位棋手的实力真可说是势均力敌，难分胜负。

实事求是 shíshì-qiúshì *idiom*

seek truth from facts, be practical and realistic

实事求是的精神 / 实事求是地说

❶人们更需要的是实事求是的称赞。
❷实事求是地讲，我不太赞同你的做法。

事故 shìgù *n.*

发生事故 / 意外事故 / 事故现场 accident

❶在大雾天气，飞机不能起飞和降落，汽车、船舶等也因能见度低而更容易发生事故。
❷今天早上，学校门口发生了一起交通事故。

高频

视线 shìxiàn *n.*

遮挡视线 / 转移视线 / 影响视线 sight, focus

❶ 大雾影响视线，司机要注意安全。
❷ 他们这么做，是为了转移公众的视线。

竖 shù *v.*

竖直 / 竖着 / 竖立 stand, stick up

❶ 教学楼门口竖着旗杆。
❷ 看了他的书法，人人竖起大拇指夸他写得好。

高频

随即 suíjí *adv.*

随即离开 / 随即消失 / 随即到达 immediately, presently

❶ 我们先把他送到医院，随即给他家人打了个电话。
❷ 你们先走，我随即动身。

随意 suíyì *adj.*

随意的举动 / 随意的言语 / 十分随意 as one wishes, random

❶ 创意常常是一件很随意的事情。
❷ 孩子小的时候，读书大多是随意的行为。

掏 tāo *v.*

掏出 / 掏钱 / 掏空 fish out (from pocket), scoop

❶ 我掏出钥匙，打开房门，放下书包，开始收拾房间。
❷ 我掏出作业本交给老师。

特定　tèdìng　*adj.*

特定的方式 / 特定的条件 / 特定的场合　special, specific

❶办理护照要填写特定的表格。
❷特定的气候环境决定四川人喜欢吃辣椒。

天才　tiāncái　*n.*

音乐天才 / 勤奋的天才 / 天才少年　talent, genius

❶天才也是通过勤奋刻苦而得来的。
❷展示自己对一个人很重要，有很多天才因此被埋没。

跳跃　tiàoyuè　*v.*

跳跃动作 / 跳跃的火焰 / 剧烈地跳跃　jump, leap

❶网络文学的语言更加具有跳跃性。
❷袋鼠用两条长长的后腿跳跃前进。

图案　tú'àn　*n.*

美丽的图案 / 简单的图案 / 图案精致　design, pattern

❶窗帘上的图案非常雅致。
❷苏州园林里的门和窗，图案的设计和精良的做工都是工艺美术的精品。

妥协　tuǒxié　*v.*

绝不妥协 / 选择妥协 / 妥协退让　compromise

❶事关国家尊严，我们决不能妥协。

❷面对命运不妥协，面对困难不退缩，这样才能做自己的英雄。

维生素 wéishēngsù *n.*

vitamin

补充维生素 / 维生素 B/ 大量的维生素

❶酵母中含有多种维生素、矿物质和酶类。
❷为了保持健康，我们应该摄取各种维生素。

高频

卫星 wèixīng *n.*

satellite

卫星信号 / 人造卫星 / 发射卫星

❶为了确保卫星发射圆满成功，科学家们制定了严密的计划。
❷我国也能够用卫星遥感技术进行地质普查了。

温带 wēndài *n.*

temperate zone

温带地区 / 温带气候 / 位于温带

❶竹子主要分布在热带及亚热带地区，也有少数分布在温带和寒带。
❷温带地区四季变化明显，给人们的生活带来了多彩多姿的体验。

物美价廉 wùměi-jiàlián *idiom*

cheap and fine, attractive in price and quality

商品物美价廉 / 物美价廉的超市

❶这个超市的东西物美价廉。
❷消费者追求的是物美价廉的商品。

系列 xìliè *n.*

一系列 / 系列产品 / 系列活动 series

❶ 国家采取了一系列有力措施，保持物价的稳定。

❷ 学校举办了关于中国文化的系列讲座。

细致 xìzhì *adj.*

细致地观察 / 细致地照料 / 做法细致 careful, meticulous

❶ 虽然年轻医生的经验不够丰富，但是他非常耐心、细致，并且关心病人。

❷ 拍卖师是需要特别细致和缜密的。

薪水 xīnshuǐ *n.*

降低薪水 / 发薪水 / 薪水高低 salary, wage

❶ 工程师的薪水比工人高。

❷ 老板毫不迟疑地答应了她关于提高薪水的要求。

选手 xuǎnshǒu *n.*

实力选手 / 职业选手 / 一名选手 athlete, contestant

❶ 在最后冲刺阶段，他超过了前面两个选手，获得了冠军。

❷ 某些实力强的选手不参加前几场比赛，到后面几场时再参加，这些选手被称为“种子选手”。

眼光 yǎnguāng *n.*

眼光独特 / 审美的眼光 / 缺乏眼光 vision, view

❶其实，用新的眼光去观察旧事物比观察新事物更为重要。
❷金子可能就埋在你的脚下，或者就在离你不远处闪烁着诱人的光芒，关键在于，你有没有善于发现金子的眼光。

演奏 yǎnzòu *v.*

演奏钢琴 / 演奏水平 / 演奏乐曲 play a musical instrument

❶他的小提琴演奏让人觉得余音绕梁，意犹未尽。
❷我是因为喜欢弹钢琴才去学的，如果演奏完全为了取悦观众，意义就不大了。

以便 yǐbiàn *conj.*

以便达到目的 / 以便完成任务 so that, so as to

❶我决定跟这位司机要个电话号码，以便以后有机会再联系他。
❷如果三餐不固定的话，作为替补品的零食当然是越早吃越好，以便及时为身体补充能量。

引导 yǐndǎo *v.*

引导方向 / 积极地引导 / 话题引导 guide, lead

❶导游在前面引导，我们在后面边走边看。
❷如果一定要让孩子在幼年时学点儿什么，那我建议引导孩子爱上阅读。

婴儿 yīng'ér *n.*

婴儿阶段 / 可爱的婴儿 / 抚养婴儿 infant, baby

高频

❶你知道吗，即使是婴儿也能分辨出友好和不友好的伙伴，并且知道该和谁一起玩儿。
❷婴儿的皮肤细腻而柔软。

勇于 yǒngyú *v.*

勇于挑战 / 勇于尝试 / 勇于承认

dare to, be brave enough to

❶发现犯错之后要勇于停步。
❷记者是不怕风吹雨打、勇于挖掘鲜为人知之事的、略带执着不屈精神的人。

诱惑 yòuhuò *v.*

巨大的诱惑 / 遭受诱惑 / 美食的诱惑

entice, lure

❶他在金钱的诱惑下做了错误的决定。
❷在外界因素的诱惑下，人们可能会做出错误的判断。

占据 zhànjù *v.*

占据时间 / 占据空间 / 占据领先地位

occupy, hold

❶这种水草的繁殖能力很强，如果放任不管，它可以占据整个水面。
❷我们占据着有利地形，不怕敌人的进攻。

照样 zhàoyàng *adv.*

照样安排 / 照样生活

as before, as usual

❶中国人有这么一句俗话，地球缺了谁都照样转。
❷章鱼能将水存在体内，依靠溶解在水中

的氧气生活，因此它离开海水也照样能活上几天。

真相 zhēnxiàng *n.*

事情的真相 / 揭露真相 / 残酷的真相 truth, fact

❶这件事通过调查，现在已经真相大白了。
❷很多社会记者用暗访的方式报道真相，这为他们赢得了尊敬。

高频

支撑 zhīchēng *v.*

支撑房子 / 支撑着我 / 无法支撑 prop up, support

❶这几根柱子支撑着整个房顶的重量。
❷他靠一个人的力量支撑起了这个家。

知足常乐 zhīzú-chánglè *idiom*

知足常乐的心态 / 凡事都要知足常乐 contentment brings happiness

❶爷爷常说知足常乐、心怀感恩的人更容易感受到人生的幸福。
❷做人应该知足常乐。

智商 zhìshāng *n.*

高智商 / 智商水平 IQ (intelligence quotient)

❶一直以来，人们习惯于将智商作为衡量人才的标准。
❷大猩猩的智商其实很高。

众所周知 zhòngsuǒzhōuzhī *idiom*

这是众所周知的 as everyone knows

❶众所周知，你的作品一直受到海内外读者的青睐。

❷众所周知，中国的四大发明是世界文化遗产的重要组成部分。

半途而废 bàntú'érfèi *idiom*

做事不能半途而废 give up halfway

❶千万别半途而废。

❷试验快成功了，怎么能半途而废！

包围 bāowéi *v.*

包围村子 / 被包围了 / 紧紧包围 surround

❶地球被厚厚的大气层包围着。

❷洪水包围了整个村庄。

保障 bǎozhàng *n. & v.*

生活保障 / 保障安全 / 提供保障 guarantee; safeguard

❶保障和改善民生要抓住人民最关心、最直接、最现实的利益问题。

❷心情好，身体健康才有保障。

暴露 bàolù *v.*

暴露问题 / 暴露缺点 / 充分暴露 expose

❶脚部动作往往会暴露一个人的真实心理。

❷不怕暴露自己短处的人更容易获得成功。

播种 bōzhǒng *v.*

正在播种 / 完成播种 sow seeds

❶聪明的农夫绝对不会错过春天这个播种的最佳季节。
❷早播种，早出苗。

不堪 bùkān *v.*

狼狈不堪 / 疲惫不堪 / 痛苦不堪 cannot bear, cannot stand

❶一旦工作上遇到麻烦，他就会感到狼狈不堪。
❷适合一个人穿的鞋，也许另一个人穿起来会觉得痛苦不堪。

舱 cāng *n.*

经济舱 / 舱门 / 机舱 cabin

❶登机的时候，全体乘务员都来到机舱门口迎接乘客。
❷机舱后方往往是最安全的。

操作 cāozuò *v.*

熟练操作 / 操作技术 / 示范操作 operate

❶这些操作方式都是不安全的。
❷违反操作规程容易造成事故。

策划 cèhuà *v.*

策划活动 / 策划书 / 策划方案 plot, scheme

❶超市策划了一次优惠活动。
❷我们不仅仅是设计者，还是策划者，要提供从开始到结束的全程服务。

高频

层次 céngcì *n.*

层次分明 / 高层次 / 年龄层次 level, stage

❶交往有时候是有层次的。
❷一个人的举止言谈，可以反映出其文化层次的高低。

畅销 chàngxiāo *adj.*

畅销书 / 畅销的产品 best-selling

❶看到自己的作品成了畅销书，他志得意满。
❷有人说她的作品非常畅销。

潮流 cháoliú *n.*

时代的潮流 / 历史潮流 / 追赶潮流 trend

❶改革的潮流给经济发展带来了巨大影响。
❷生活方式总是随着时代潮流变化的。

冲击 chōngjī *v.*

冲击了市场 / 心理冲击 / 猛烈地冲击 charge, shock

❶他冲击的目标是世界冠军。
❷时代的潮流冲击着陈旧的思想观念。

创立 chuànglì *v.*

创立公司 / 创立品牌 found, establish

❶品牌创立之初，确定品牌标志的过程，您还记得吗？
❷他创立了一家属于自己的公司，迈出了创业的第一步。

纯粹 chúncuì *adj. & adv.*

内心纯粹 / 纯粹的生命 / 追求纯粹 pure; purely

❶我觉得她的文字非常干净和纯粹。
❷这纯粹是个误会。

从容 cóngróng *adj.*

从容的姿态 / 从容面对 / 非常从容 calm

❶老先生以清醒的心智和从容的步履走过人生的岁月。
❷人生就应该过得从容不迫。

打猎 dǎliè *v.*

禁止打猎 / 上山打猎 go hunting

❶猎人带着儿子一起去打猎。
❷他是远近闻名的神枪手，打猎时总是弹无虚发，每次总能打到许多猎物。

代价 dàijià *n.*

生命的代价 / 沉重的代价 / 付出代价 cost, price

❶为了买到这块表，他花了很大的代价。
❷得到自由的代价是巨大的。

当代 dāngdài *n.*

当代小说 / 当代社会 contemporary era

❶今天我们非常荣幸地请到了当代画坛泰斗吴冠中先生。
❷人们应该从读书学做人，从那些历史名人以及当代才俊的著述中学得他们

高频

的人格。

得天独厚 détiān-dúhòu *idiom*

得天独厚的优势 / 得天独厚的环境 — enjoy exceptional advantages

❶小明的乐感特别强，有学习音乐的得天独厚的条件。
❷桂林风景优美，发展旅游业具有得天独厚的条件。

雕刻 diāokè *v.*

雕刻技术 / 雕刻图案 / 精心雕刻 — carve

❶我们这个展厅主要是展示雕刻工艺的产品。
❷这尊塑像的雕刻技术很高超。

反感 fǎngǎn *v. & n.*

引起反感 / 强烈的反感 / 反感的事 — be disgusted with; dislike

❶父亲对这件事十分反感。
❷他那傲慢的样子真令人反感。

反射 fǎnshè *v.*

反射阳光 / 条件反射 / 反射出光芒 — reflect

❶灰尘在吸收太阳部分光线的同时，也向四周反射光线。
❷这个实验遵循了条件反射的原理。

反思 fǎnsī *v.*

深刻反思 / 认真地反思 / — reflect, review

高频

作出反思

❶不断反思自己的弱点，是让自己获得成功的优良习惯。
❷学习要经常反思。

分歧 fēnqí *n.*

意见分歧 / 思想分歧 / 出现分歧 difference, divergence

❶我们必须把分歧放在一边，一起为共同的目标而努力。
❷双方对这个问题的分歧很大。

风味 fēngwèi *n.*

许多风味 / 独特的风味 / 风味极佳 local flavor, local style

❶有些菜加醋后会变得更有风味。
❷每次出差，他都会给孩子们带许多当地的风味小吃回来。

封闭 fēngbì *adj.*

封闭的空间 / 封闭的区域 / 封闭式学校 closed

❶我们要打破常规，从封闭的思维束缚中挣脱出来。
❷目前有两种基金会：一种是封闭式的，一种是开放式的。

夫人 fūrén *n.*

市长夫人 / 第一夫人 madame, wife

❶总统夫人参观了幼儿园。
❷我对我的夫人一直保持着一种仰慕之情。

幅度 fúdù *n.*

变化的幅度 / 大幅度增加 / 调整幅度 extent, range

❶这个舞蹈动作的幅度很大，需要舞者拥有很好的柔韧性和协调性。

❷北京最近的降温幅度明显增大。

赋予 fùyǔ *v.*

赋予的权利 / 赋予重任 / 赋予意义 assign, endow with

❶国家干部要正确行使人民赋予的权力。

❷人们常常赋予菊花以某种象征意义。

干旱 gānhàn *adj.*

干旱的土地 / 干旱气候 / 干旱极了 dry, arid

❶由于长期的干旱，这片土地已经变成了一片荒漠。

❷干旱地区用水很困难。

尴尬 gāngà *adj.*

气氛尴尬 / 神色尴尬 / 令人尴尬 awkward, embarrassed

❶两个人之间的气氛非常尴尬，没有什么话题。

❷她的言辞不当，使自己陷入了尴尬的境地。

个体 gètǐ *n.*

独立的个体 / 个体的行为 individual

❶每个人都是一个独特的个体，拥有自己

的思想、情感和经历。

❷同一族群中冬季不迁徙的个体就要面对食物缺乏的危机。

公认 gōngrèn *v.*

公认的品质 / 公认的真理 / 世界公认 generally acknowledge

❶他的成就得到了公众的认可，是一位公认的杰出人才。

❷这个理论被公认为科学界的重要突破。

功效 gōngxiào *n.*

神奇的功效 / 功效显著 / 见功效 efficacy, efficency

❶生姜具有暖胃驱寒的功效，是非常好的保健食材。

❷麦芽糖是由小麦和糯米制成的，香甜可口，营养丰富，具有健胃消食等功效。

跪 guì *v.*

跪下 / 跪在地上 / 罚跪 kneel

❶最早的时候，是没有椅子的，人们会客的时候都是跪坐在席子上。

❷我们都跪下来给长辈拜年。

海拔 hǎibá *n.*

平均海拔 / 海拔极高 height above sea level, elevation

❶青藏铁路是世界上海拔最高的铁路。

❷藏北地区的纳木错是世界上海拔最高的大湖。

高频

嗬 hē *interj.*

(used to indicate astonishment) oh

❶嗬，这儿真热闹啊！
❷嗬，一年不见，孩子长这么高了。

和睦 hémù *adj.*

家庭和睦 / 和睦相处 / 邻里和睦 harmonious

❶我们一定能和睦相处。
❷有的植物可以和睦相处，有的则难以共生。

痕迹 hénjì *n.*

遗留的痕迹 / 岁月的痕迹 / 抹去痕迹 trace, mark

❶化妆师用纸巾轻轻抹掉了化妆的痕迹。
❷人在岁月的磨砺中，往往会因习惯性的表情重复，而在面部留下难以隐藏的痕迹。

化妆 huàzhuāng *v.*

化妆师 / 化妆打扮 / 喜欢化妆 put on make-up

❶女孩子们都喜欢化妆。
❷她熟练地运用化妆技巧，使自己变得更加美丽动人。

欢乐 huānlè *adj.*

欢乐的节日 / 气氛很欢乐 / 追求欢乐 happy, joyous

❶全家人团聚在一起，享受着美食和欢乐

的时光。
❷希望每位游客都可以在欢乐谷充分享受欢乐。

基因 jīyīn *n.*

遗传基因 / 基因工程 / 改变基因 gene

❶转基因树木可以生长很快，这些树正被用来发展木材、造纸等工业。
❷科学家对人类基因的研究已经取得了显著的进展。

高频

激励 jīlì *v.*

精神激励 / 激励的口号 / 激励人心 encourage, urge

❶座右铭最早指的是古人写出来放在座位右边的格言，后来泛指人们激励、警戒自己并作为行动指南的格言。
❷他的成功故事激励了很多人。

急于求成 jíyú-qiúchéng *idiom*

不能急于求成 / 急于求成是不行的 anxious for quick results

❶凡事都不要急于求成。
❷为何越来越多的年青人急于求成？

寄托 jìtuō *v.*

place (hope, etc.) on, find sustenance in

寄托思念 / 寄托希望 / 得到寄托

❶她把全部希望都寄托在孩子的身上，期待他能够有一个美好的未来。
❷这个雕塑寄托了艺术家对和平的向往。

加工 jiāgōng *v.*

加工食品 / 加工的过程 process

❶我们负责加工木材，做成家具。
❷这个产品需要经过多道加工工序才能完成。

坚韧 jiānrèn *adj.*

意志坚韧 / 坚韧的信念 / 十分坚韧 tough and durable, tenacious

❶芦苇的茎和叶很坚韧，是造纸的好原料。
❷或许我的性格里面有坚韧的因素，我特别好强。

鉴定 jiàndìng *v.*

鉴定证书 / 鉴定文物 / 经过鉴定 appraise, evaluate

❶这张画是不是假的，让专家鉴定一下就知道了。
❷书画鉴定是一门综合学科，要求鉴定家有全面的学识和极高的艺术造诣。

杰出 jiéchū *adj.*

杰出的作品 / 杰出人才 / 杰出贡献 outstanding, distinguished

❶历史上的杰出人物大多具有不怕吃苦的精神。
❷他为我们公司做出了杰出的贡献。

进化 jìnhuà *v.*

进化过程 / 生命的进化 / 不断进化 evolve

❶现在优秀的小说少，可以说是时代的悲剧，也可以说是时代的进化。
❷鳄鱼的牙齿不断进化，威力无比。

茎 jīng *n.*

根茎 / 叶茎 stalk, stem

❶有趣的是，植物也有左右撇子，它们的叶、花、果、根、茎会向右或左旋转。
❷有位宝石专家把钻石受损的地方刻成了一朵美丽的花，把裂痕变成了花的茎。

高频

惊奇 jīngqí *adj.*

万分惊奇 / 令人惊奇的发现 / 感到惊奇 amazed, surprised

❶那些奇花异草让我感到非常惊奇。
❷故乡的变化太大了，真令人惊奇。

精确 jīngquè *adj.*

精确的计算 / 精确的数字 / 十分精确 accurate, precise

❶老师要求测量结果精确到小数点后两位数。
❷心理学家建议教育从业者们尽量使用一些更精确、更科学的“表扬词汇”，以促进孩子们接受更多具有挑战性的任务。

沮丧 jǔsàng *adj.*

神情沮丧 / 十分沮丧 / 沮丧的模样 dispirited, dejected

❶整整走了一天也没走出山谷，大家都沮

丧到了极点。

❷妈妈总是在我沮丧时陪我谈心。

考验 kǎoyàn *v.*

考验意志 / 严峻的考验 / 久经考验 test, put to test

❶体育竞赛是一项对身体素质和思想素质双重考验的活动。

❷日久见人心，我们的友情是经过时间考验的。

孔 kǒng *n.*

毛孔 / 气孔 / 孔洞 aperture, opening, hole

❶十七孔桥造型优美，将昆明湖的水面分出层次，千亩碧波尽收眼底。

❷姑苏城里，就单孔桥而言，没有一座能与吴门桥媲美的。

哭泣 kūqì *v.*

默默地哭泣 / 停止哭泣 / 哭泣的样子 cry, weep

❶偶尔哭泣一次有利于健康。

❷日记里面是我每一次跌倒时的哭泣、每一次受伤后的烦恼以及每一次孤寂时的痛苦。

联欢 liánhuān *v.*

联欢会 / 联欢活动 have a get-together

❶今年的春节联欢会搞得挺红火。

❷元旦，军人和当地居民举办了联欢活动。

高频

流通 liútōng *v.*

商品流通 / 流通速度 / 流通量 circulate

❶这是旧的货币，早就不流通了。
❷发展贸易能够促进商品流通。

迈 mài *v.*

迈步 / 迈进 / 迈上台阶 stride, take a step

❶请你向前迈一步。
❷再短的路，如果不迈开双脚也无法到达终点。

美妙 měimiào *adj.*

声音很美妙 / 美妙的音乐 / 美妙极了 beautiful, wonderful, splendid

❶主人敞开嗓子，向游客展示了哈尼人美妙动人的歌喉。
❷演唱会上，观众们陶醉在美妙的歌声中。

免疫 miǎnyì *v.*

免疫系统 / 免疫细胞 / 获得免疫 immunize

❶经常锻炼可以增强身体免疫力。
❷我们的身体具有解毒、排泄异物、免疫、组织再生等自净功能。

面子 miànzi *n.*

丢面子 / 没面子 / 给面子 face, reputation

❶很多人不好意思当众讲话，是怕说错话被人瞧不起，丢面子。
❷碍于面子，我不好意思拒绝他的要求。

莫名其妙 mòmíngqímiào *idiom*

莫名其妙的行为 / 莫名其妙地消失 inexplicable, be perplexed

❶他们怎么争论起来的，我也莫名其妙。
❷一旦人群中有一个人"领头"打个呵欠，其余人就会莫名其妙地"呼应"。

疲惫 píbèi *adj.*

十分疲惫 / 疲惫不堪 / 感觉疲惫 tired

❶忙碌于办公楼里的白领们午后难免疲惫，因此应该利用好这段时间睡一觉。
❷一连几天加班，他感到十分疲惫。

品德 pǐndé *n.*

品德高尚 / 崇高的品德 / 良好的品德 moral character

❶他品德高尚，为人也很正直。
❷家长要从小培养孩子良好的品德。

平面 píngmiàn *n.*

平面设计 / 平面广告 / 一个平面 plane, flat surface

❶平面几何是数学中的一个重要分支，它研究的是二维空间中的图形和结构。
❷冥王星的轨道平面与地球轨道平面呈很大夹角。

平庸 píngyōng *adj.*

接受平庸 / 平庸的岁月 / 十分平庸 mediocre

❶大多数人的失败并非由于他们才智平庸。

❷一块璞玉，可以平庸无奇地在石丛里沉睡下去，也可以成为稀世珍宝。

坡 pō *n.*

上坡 / 山坡 / 斜坡 slope

❶小心点儿，这个坡很陡。
❷一辆载满乘客的公共汽车沿着下坡路快速行驶。

铺 pū *v.*

铺路 / 铺床 / 铺平 pave

❶工人们在给新房子铺地板，明天就完工了。
❷反省并不是去后悔，而是在为前进铺路。

气味 qìwèi *n.*

特殊的气味 / 强烈的气味 / 气味浓烈 odor, scent

❶狗对气味特别敏感。
❷除了依靠眼睛，蚂蚁还能根据气味来辨认道路。

器官 qìguān *n.*

身体器官 / 重要的器官 organ, apparatus

❶汉语中常用人体的不同器官来比喻不同身份的人。
❷猫的尾巴是一个平衡器官，就如飞机的尾翼，可以使身体保持平衡。

前景 qiánjǐng *n.*

发展前景 / 光明的前景 / 前景广阔 prospect

❶公司目前的发展前景良好，预计未来几年会取得更大的发展。
❷大丰收的前景令人欣喜。

潜水 qiánshuǐ *v.*

潜水员 / 爱好潜水 / 潜水活动 dive, go underwater

❶潜水是一项令人兴奋的运动，可以让我们探索神秘的海底世界。
❷在一些国家，潜水运动甚至被作为治疗癌症的辅助手段。

亲密 qīnmì *adj.*

亲密关系 / 亲密接触 / 异常亲密 close, intimate

❶研究表明，放弃那些没有必要的掂量，直抒胸臆，反而能够促进人与人之间的沟通，使人们变得更加亲密。
❷家庭成员之间的拥抱能增强彼此间的亲密关系，大大减少家庭摩擦。

请教 qǐngjiào *v.*

虚心请教 / 请教问题 / 向老师请教 consult

❶我父亲是武术大师，每天前来向他请教或者拜师学艺的人总是络绎不绝。
❷我特地去请教我的老同学阿勇，他对做生意很有一套。

区域 qūyù *n.*

封闭的区域 / 区域治理 / 发展区域 region, area

❶植物主要是靠传播它们的种子或果实来扩大它们的区域。
❷辣椒中含有一种被称为辣椒素的物质，它能够刺激皮肤和舌头上感觉痛和热的区域，使大脑产生灼热疼痛的辛辣感觉。

高频

缺席 quēxí *v.*

缺席会议 / 缺席人员 / 中途缺席 be absent

❶现在,玩耍正从许多孩子的童年中缺席，这种情况不利于孩子的成长。
❷由于突发情况，他很遗憾地缺席了今天的会议。

设置 shèzhì *v.*

设置机关 / 设置条件 / 巧妙地设置 set up, install

❶这里不许设置广告牌。
❷科幻小说具有极其广阔的视野，允许作者在更漫长的时间跨度和更宏大的宇宙视野下设置舞台。

审美 shěnměi *v.*

审美意识 / 审美能力 / 审美水平 appreciate (arts, taste, beauty)

❶她的审美水平很高。
❷和现在以瘦为美的审美观念不同，唐代的时候以胖为美。

盛开 shèngkāi *v.*

百花盛开 / 盛开的花朵 / be in full bloom

缓缓盛开

❶有的花在春天盛开，而有的花则在夏天怒放。

❷春天，百花盛开。

收缩 shōusuō *v.*

快速地收缩 / 肌肉收缩 / 收缩起来 shrink, contract

❶含羞草稍被触碰，叶子就会自然地收缩起来。

❷心脏通过收缩来输出血液。

手法 shǒufǎ *n.*

艺术手法 / 写作的手法 / 表现手法 technique, trick

❶魔术，如果让观众看透了手法，知道了其中的诀窍，这门艺术也就寿终正寝了。

❷他在绘画中运用了独特的手法，令人眼前一亮。

授予 shòuyǔ *v.*

授予称号 / 授予学位 / 郑重地授予 award, confer

❶作为一个企业领导，必须学会把一定的权力授予适当的人。

❷他顺利地通过答辩，被授予博士学位。

书法 shūfǎ *n.*

书法家 / 书法作品 / 喜爱书法 calligraphy

❶他对书法情有独钟，每天都会抽出时间

来练习。

❷书法已经成为一种文化，潜移默化地融入到中国人的生活中。

书籍 shūjí *n.*

整理书籍 / 珍贵的书籍 / 保护书籍 — books, works

❶很大程度上，人类精神文明的成果是以书籍的形式保存下来的。

❷书籍是人类进步的阶梯。

思索 sīsuǒ *v.*

思索片刻 / 思索的时候 / 安静地思索 — think deeply, ponder

❶经理略加思索之后，爽快地答应了他们的要求。

❷管仲思索了好久，终于有了一个设想。

塌 tā *v.*

倒塌 / 塌了 / 塌下来 — collapse

❶那座古老的建筑在地震中倒塌了。

❷由于长期采矿，有一段路面塌陷了。

踏实 tāshi *adj.*

踏实工作 / 做事很踏实 / 踏实肯干 — steady, reliable

❶能否把工作做好，就要看是否具有踏实肯干、刻苦钻研的工作态度了。

❷信誉只能通过踏实的努力来获得，通过平时的日积月累而得来。

探测 tàncè *v.*

探测功能 / 自动探测 / 探测距离 probe, survey

❶我们用望远镜探测星空。
❷海洋科学家使用声呐探测器来研究海底地形和海洋生物。

探索 tànsuǒ *v.*

探索奥秘 / 勇于探索 / 积极探索 explore

❶我认为科学家是在为全人类探索未知的道路。
❷每一次科学探索的背后是无限的热情与梦想。

倘若 tǎngruò *conj.*

倘若有人问 / 倘若你不开心 if, in case

❶倘若有人问我怎么选择一本书，我一定会毫不犹豫地回答：快乐是选择的基本标准。
❷俗话说“隔行如隔山”，意思是倘若你不干这一行，就很难理解这一行的内容和规则。

挺拔 tǐngbá *adj.*

挺拔的身材 / 高大挺拔 / 身姿挺拔 tall and straight

❶人们称赞军人挺拔的身姿。
❷白杨树是西北最普通的一种树，它高大挺拔，而且适应性很强。

途径 tújìng *n.*

唯一的途径 / 途径很广 / way, channel

高频

错误的途径

❶这个问题只能通过外交途径去解决了。
❷人们找到了节约能源的新途径。

外表 wàibiǎo *n.*

external, outside, outward appearance

外表美丽 / 华丽的外表 / 英俊的外表

❶不要被一个人的外表所迷惑。
❷成功人士更加注重外表。

高频

无比 wúbǐ *v.*

无比快乐 / 无比光荣 / 奇妙无比 be matchless

❶观众惊喜的反应让我感到无比的快乐。
❷我为弟弟的成就感到无比的自豪。

无能为力 wúnéngwéilì *idiom*

感到无能为力 / 实在无能为力 be unable to help, powerless

❶面对这个状况，校长也感到无能为力。
❷这件事儿我实在无能为力。

狭窄 xiázhǎi *adj.*

狭窄的街道 / 范围狭窄 / 十分狭窄 narrow

❶心胸狭窄的人就像显微镜，会将小事过分放大，大事却看不见。
❷如果一直生活在同一个地方，对外面的世界充耳不闻，视野就会变得狭窄，人生也会变得无趣。

下属 xiàshǔ *n.*

一名下属 / 优秀的下属 / 我的下属 subordinate

❶ 作为一名合格的管理者，你可以不知道下属的缺点，却不能不知道下属的长处。
❷ 一个优秀的领导，应该清楚地了解其下属的长处，让他们各就各位，各司其能。

先进 xiānjìn *adj.*

很先进 / 先进个人 / 先进技术 / 思想先进 advanced

❶ 妈妈今年被评为先进生产者。
❷ 我们公司掌握了这一领域的先进技术，不怕竞争。

陷入 xiànrù *v.*

陷入循环 / 被迫陷入 / 陷入困境 sink into, be caught in

❶ 当妻子回家告诉他这些见闻时，他惊讶地张大了嘴巴，然后陷入了沉思中。
❷ 当陷入经济危机时，百姓的消费能力也会降低。

消耗 xiāohào *v.*

消耗能源 / 降低消耗 / 消耗精力 use up, consume

❶ 发酵的过程中要消耗碳水化合物的能量，所以发酵的面食热量较低，是减肥人士的首选健康食品。

❷ 父母就像一支蜡烛，消耗了自己，照亮了我们的一生。

小心翼翼 xiǎoxīn-yìyì *idiom*

discreetly, with the greatest care

小心翼翼地呵护 / 做事小心翼翼

❶ 爷爷小心翼翼地擦拭着这个祖传的瓷盘。
❷ 工作人员小心翼翼地端着化学药物的瓶子。

高频

协调 xiétiáo *v. & adj.*

coordinate; coordinated

协调各方 / 协调能力 / 协调一致

❶ 变色龙能随时变换自己皮肤的颜色，使之和周围的环境协调一致。
❷ 这双鞋和裤子搭配得不协调。

欣欣向荣 xīnxīn-xiàngróng *idiom*

thriving, flourishing

事业欣欣向荣 / 欣欣向荣的气象

❶ 在改革的大潮下，我们的工厂呈现出欣欣向荣的景象。
❷ 祝愿我们的事业欣欣向荣，健康发展。

信赖 xìnlài *v.*

trust, have confidence in

值得信赖 / 信赖朋友 / 完全信赖

❶ 李叔叔为人忠厚老实，是个值得信赖的人。
❷ 王教授非常信赖他的助手。

信誉 xìnyù *n.*

良好的信誉 / 重视信誉 / 提高信誉 reputation, credit

❶ 在这个世界上，用钱买不到的东西有很多，信誉就是其中之一。
❷ 这家银行以诚信赢得了信誉。

性能 xìngnéng *n.*

综合性能 / 性能指标 / 良好的性能 function, performance

❶ 这台机器已经使用五年了，仍性能良好。
❷ 灰尘大多具有吸湿的性能。

修建 xiūjiàn *v.*

修建公路 / 修建厂房 / 修建好 build, construct

❶ 为了方便附近孩子上学，这里将要修建一所学校。
❷ 云南的少数民族用竹子来修建房屋、引水，等等。

严厉 yánlì *adj.*

严厉打击 / 严厉批评 / 严厉的惩罚 severe, strict

❶ 我的老师是个严厉的人。
❷ 他因为不听指挥受到了严厉的惩罚。

演变 yǎnbiàn *v.*

历史的演变 / 不断演变 / 由……演变而来 develop, evolve

❶ 今天的点心，大部分是由古时的小吃渐

渐演变、不断改进而来的。

❷《舌尖上的中国》记录了中国菜谱的演变过程。

遗传 yíchuán *v.*

遗传病 / 遗传物质 / 得到遗传

pass on to the next generation

❶这种疾病是会遗传的。

❷心理年龄的高低，和人的遗传、性格、经历、环境等因素密切相关。

以往 yǐwǎng *n.*

以往说过 / 以往的记录 / 总结以往的经验

in the past, formerly

❶自从看了这本书，我改变了以往的观点。

❷以往人们认为，一个人是否能取得成功，智力水平是最重要的，即智商越高，取得成功的可能性越大。

异常 yìcháng *adv. & adj.*

异常情况 / 异常反应 / 十分异常

exceptionally; abnormal

❶小雏菊默默地绽放，将山林和田野点缀得异常美丽。

❷最近他的行为有点儿异常，不知发生了什么事。

隐蔽 yǐnbì *adj.*

手段隐蔽 / 隐蔽起来 / 隐蔽的地方

hidden, concealed

❶与脸上的伤痕相比，一个人心灵的伤痕虽

然隐蔽得多，但同样会通过言行显示出来。
❷指纹是非常隐蔽且难以分辨的。

玉 yù *n.*

玉做的 / 玉石 / 玉器 jade

❶自古以来，中国就是一个崇尚玉器的国家，人们对玉有着特殊的情感。
❷到了山顶的公路尽头，俯首回望，只见在阳光下，公路就像是一条洁白的玉带层层折叠在山腰之间。

欲望 yùwàng *n.*

有欲望 / 强烈的欲望 / 学习的欲望 desire, longing

❶她忽然有一种倾诉的欲望，就跟他说起了自己远在千里之外的故乡。
❷人的欲望是无止境的，需要自我控制和合理规划。

愈 yù *v. & adv.*

愈合 / 痊愈 / 愈来愈…… heal; the more... the more

❶他的病很快就全愈了。
❷棋子是愈下愈少的，人生也是愈来愈短的。

运行 yùnxíng *v.*

运行模式 / 正常运行 / 运行良好 move, run

❶时间不太长、强度不太大的活动，既可以缓解压力，舒展筋骨，增加气血的运行，又可以使大脑得到休息。
❷我认为，拥有一个优秀的管理层，以一

高频

种健康的方式令员工各尽其职，这是走向国际化的现代公司的基本运行模式。

砸 zá *v.*

砸下来 / 砸坏 / 砸玻璃 pound, smash

❶他家的玻璃窗被踢球的孩子不小心砸碎了。

❷他被树上掉下来的苹果砸了脚。

高频

造型 zàoxíng *n.*

产品造型 / 造型简单 / 复杂的造型 modeling, mould-making

❶新建成的歌剧院造型新颖别致。

❷这束花的造型赏心悦目。

真理 zhēnlǐ *n.*

追求真理 / 永恒的真理 / 真理的力量 truth

❶很多人都同意的不见得就是对的，真理往往掌握在少数人手中。

❷他为真理而奋斗，屡次遭到误解也毫无怨言。

镇定 zhèndìng *adj.*

恢复镇定 / 十分镇定 / 镇定下来 calm, composed

❶辩论会上，小王胸有成竹，谈笑风生，显得十分镇定。

❷丁俊晖虽然是首次参加这项顶级赛事，但他表现得十分镇定。

争议 zhēngyì *n.*

出现争议 / 争议事件 / 搁置争议 dispute, controversy

❶这本书一出版就引发了很多争议。
❷对有争议的问题展开辩论，既能活跃思想，又能提高认识。

挣扎 zhēngzhá *v.*

拼命挣扎 / 挣扎的痕迹 / 痛苦的挣扎 struggle

❶他在洪水中挣扎了很久才被救了上来。
❷正是这种挣扎的过程，才让蝴蝶的翅膀变得强壮，最终带它飞向天空。

证实 zhèngshí *v.*

实验证实 / 证实结果 / 被证实 confirm, verify

❶人们总说："穿暖和点，要不你会感冒的。"然而，医学家用科学实验证实了这种观点是错误的。
❷我们的研究证实了这一规律。

枝 zhī *n. & m.w.*

branch; (measure word for flowers, or something long and inflexible)

树枝 / 枝叶 / 一枝花

❶大风刮掉了许多树枝。
❷同样是一枝玫瑰，悲观者看到的是扎人的刺，乐观者看到的是美丽的花。

主义 zhǔyì *n.*

浪漫主义 / 理想主义 / 现实主义 doctrine, mentality

❶ 完美主义既有益也有害。
❷ 男尊女卑的思想是封建主义的残留。

转折 zhuǎnzhé *n.*

历史转折 / 开始转折 / 转折点 transition, turning point

❶ 遇到困难别气馁，终会有发生转折的时候。
❷ 他从超龄留级生到著名作家，其间的机缘转折，似乎看起来有些误打误撞。

传记 zhuànjì *n.*

人物传记 / 阅读传记 / 传记的内容 biography

❶ 在人物传记、报告文学等文学作品中，人们追求的是一种真实感，越是贴近生活本身，越能激起读者的共鸣。
❷ 你平时喜欢看人物传记类的电影吗？

自主 zìzhǔ *v.*

act on one's own initiative, decide for oneself

自主学习 / 婚姻自主 / 自主意识

❶ 我小时候因为家里房子多，大约从两三岁起就自己睡一个房间，渐渐养成了独立自主的个性。
❷ 看到这幅画，他不由自主地想起了家乡。

足以 zúyǐ *v.*

足以说明 / 足以击败困难 be enough

高频

❶我们公司的实力足以度过这次经济危机。
❷“孟母三迁”的故事足以说明环境对人的影响。

阻碍 zǔ'ài *v. & n.*

阻碍前进 / 阻碍别人 / 受到阻碍 / 严重阻碍 hinder; obstruction

❶沉迷于过去，只会阻碍我们前进的脚步。
❷误会只会成为朋友间友谊的阻碍。

爱不释手 àibúshìshǒu *idiom*

令人爱不释手 love sth. too much to part with it

❶他送给我的新手机让我爱不释手。
❷他们非常喜欢这幅画，一个个爱不释手。

安宁 ānníng *adj.*

社会安宁 / 带来安宁 / 安宁的生活 peaceful, tranquil

❶小镇上的人们一直过着安宁的日子。
❷工地上嘈杂的声音使人一天到晚不得安宁。

奥秘 àomì *n.*

宇宙的奥秘 / 探索奥秘 / 数学的奥秘 mystery

❶小孩子喜欢探索大自然的奥秘。
❷这本书揭示了电影制作的奥秘。

摆脱 bǎituō *v.*

摆脱烦恼 / break away from, get rid of

逐步摆脱 / 摆脱掉

❶现在，世界上还有不少人没有摆脱饥饿。
❷该纪录片摆脱了传统纪录片说教科普的套路。

扮演 bànyǎn *v.*

扮演角色 / 擅长扮演 / 主动扮演 play the part of, act

❶她扮演的白娘子形象深入人心。
❷他在这部戏中扮演了一个反面角色。

榜样 bǎngyàng *n.*

学习的榜样 / 榜样的力量 / 成为榜样 example, model

❶父亲是儿子最初的男子汉榜样。
❷管理者自己要成为大家的榜样，让大家向自己看齐。

饱经沧桑 bǎojīng-cāngsāng *idiom*

having lived through many hardships in one's life
饱经沧桑的样子 / 饱经沧桑的声音

❶他的一生颠沛流离，饱经沧桑。
❷这是一个饱经沧桑的汉子，眼角的皱纹细密如网。

保守 bǎoshǒu *adj. & v.*

思想保守 / 保守秘密 / 保守的观念 conservative; keep

❶面带笑容、积极乐观、平易近人的人，一定比呆板无趣、消极保守的人受欢迎。

高频

❷我能保守这个秘密。

本能 běnnéng *n.*

本能反应 / 生存本能 / 一种本能 instinct

❶打哈欠是人类的一种本能。
❷亲近大自然是人的本能。

边缘 biānyuán *n. & adj.*

死亡的边缘 / 边缘地带 / 边缘化 edge; marginal

❶他在公司的处境很差，越来越被边缘化，但他没有放弃希望。
❷如果工作不出色的话就会逐渐被边缘化。

辨认 biànrèn *v.*

仔细辨认 / 辨认方向 / 辨认出来 recognize, identify

❶太阳的位置和反射到地面的阳光，对于蚂蚁来说，都可以用来辨认方向。
❷这些字迹模糊不清，我辨认不出来。

补偿 bǔcháng *v.*

补偿损失 / 补偿方式 / 补偿亏欠 compensate

❶他们的巨大损失是不可补偿的。
❷商店补偿了顾客的经济损失，赢得了信誉。

补救 bǔjiù *v.*

补救措施 / 及时补救 / 补救损失 remedy

❶出了错要及时补救。
❷“亡羊补牢”比喻出了问题以后如果及时

高频

采取补救措施，就可以避免遭受更大的损失。

不言而喻 bùyán'éryù *idiom*

结果不言而喻 / 答案不言而喻 — it goes without saying

❶ 两个人在一起生活久了，很多事情都会不言而喻。
❷ 健康胜于财富，这是不言而喻的。

高频

才干 cáigàn *n.*

增长才干 / 才干超群 / 才干的体现 — ability, competence

❶ 处世行事时，正确运用知识就意味着才干。
❷ 那个女生看起来很有才干。

财务 cáiwù *n.*

财务报表 / 财务管理 / 财务状况 — financial affairs

❶ 人们会在财务困境中挣扎的一个原因是：他们在学校里学习多年，却没有学到任何关于金钱方面的知识。
❷ 白领精英如何才能发现家庭财务中的隐患呢？

灿烂 cànlàn *adj.*

灿烂的阳光 / 笑容灿烂 — brilliant, splendid

❶ 阳光灿烂的日子是属于你的。
❷ 刚才天空还是阳光灿烂，不一会儿，又是乌云翻滚了。

场所 chǎngsuǒ *n.*

公共场所 / 开放场所 / 娱乐场所 location, place

❶午饭后最好去写字楼附近的街心花园、绿化带等空气清新的场所散散步。
❷公共场所，请勿吸烟。

敞开 chǎngkāi *v.*

敞开大门 / 敞开心扉 open up

❶敞开门，让孩子们进来。
❷哈尼人敞开大门，迎接远方的客人。

冲动 chōngdòng *n. & v.*

容易冲动 / 冲动行为 impulse; have an urge

❶对手可以唤起我们挑战的冲动和渴望。
❷一番冲动消费之后，他发现这个月的工资又“白领”了。

出身 chūshēn *n.*

家庭出身 / 出身普通 / 良好的出身 family background

❶我是学习环保出身的，所以对环保方面的事了解得比较清楚。
❷爷爷是农民出身，是种田的行家里手。

脆弱 cuìruò *adj.*

性格脆弱 / 脆弱的心理 weak, frail

❶人的脆弱和坚强都超乎你的想象。
❷脆弱的小花在暴风雨后凋谢了。

等候 děnghòu *v.*

等候某人 / 等候区 / 排队等候 wait

❶在医院等候区等候就诊的时候，病人们就聊起天来。

❷士兵们暂时躲避到一个相对安全的地方，然后大开城门，等候敌人的到来。

高频

对立 duìlì *v.*

对立的关系 / 彼此对立 / 搞对立 oppose, set sth. against

❶个体与整体之间不一定是互相抑制、此消彼长的绝对对立关系。

❷所谓艺术和商业的对立与纠结，您对此有什么看法？

顿时 dùnshí *adv.*

顿时安静 / 顿时停止 / 顿时明白过来 at once, immediately

❶众人听了之后，顿时心有所悟。

❷听到这话，客人们顿时大笑起来。

而已 éryǐ *part.*

仅此而已 / 说说而已 that's all, nothing more

❶我只是一个普通的工人而已。

❷这本书他不过随便翻翻而已，并不想买。

发育 fāyù *v.*

发育正常 / 发育良好 develop, grow

❶青少年正处于生长发育期，一定要保证充足的睡眠时间。

❷挑食会影响儿童的生长发育，是不好的习惯。

繁忙 fánmáng *adj.*

工作繁忙 / 繁忙的工作 / 系统繁忙 busy, bustling

❶对于工作繁忙的人来说，时间似乎总是不够的。

❷抱歉，现在系统繁忙，您的申请未通过，请稍后再试。

访问 fǎngwèn *v.*

访问亲友 / 访问高层 visit, call on

❶总统先生的访问很成功。

❷互联网企业里面可能每天会有几千万的用户来访问你的平台。

放大 fàngdà *v.*

放大镜头 / 放大比例 / 慢慢放大 enlarge, magnify

❶如果你自己过分在意别人的眼光，反而会放大你的缺陷。

❷放大后的图像很清晰。

分解 fēnjiě *v.*

消化分解 / 分解方式 / 分解任务 resolve, decompose

❶化学家将复杂的物质分解为简单的元素或化合物。

❷对年龄较小的孩子的教育引导，尤其要使用目标分解法，还要遵循循序渐进原则。

高频

分裂 fēnliè *v.*

分裂两次 / 精神分裂 / 细胞分裂 split up, divide

❶ 生长素分布在花盘和茎部的背阳部分，以促进那里的细胞分裂增长。
❷ 细胞由一个迅速分裂成几十个。

分泌 fēnmì *v.*

分泌物 / 分泌失调 / 分泌激素 secrete

❶ 毒蛇的牙齿会分泌出一种有毒的液体。
❷ 一般来说，男性的汗液分泌比女性更旺盛，所以释放的尿素也更多。

风气 fēngqì *n.*

形成风气 / 良好的风气 / 社会风气 general mood, atmosphere

❶ 我们要抵制不良社会风气。
❷ 现在有一种文学风气，就是不重视读者的感受，不注重故事，老是要从小说的内容里寻找思想，寻找意义。

逢 féng *v.*

恰逢 / 逢迎 / 重逢 meet, come upon

❶ 这是个千载难逢的机会。
❷ 这里是著名的温泉胜地，每逢假日，都会有许多游客前来度假。

奉献 fèngxiàn *v.*

积极奉献 / 奉献的精神 / 无私的奉献 contribute, dedicate

❶我们每天都会给游客奉献精彩的演出。
❷他为教育事业奉献出了毕生的精力。

福利 fúlì *n.*

谋福利 / 社会福利 / 福利院 welfare, well-being

❶白领的福利好、收入高、职位稳定，是令人羡慕的职业。
❷我们需要提高员工的福利。

腐蚀 fǔshí *v.*

严重腐蚀 / 腐蚀墙壁 / 腐蚀的过程 corrode

❶他的灵魂被金钱腐蚀了。
❷酸的腐蚀性很强。

负担 fùdān *n.*

造成负担 / 经济负担 / 心理负担 burden

❶为了减轻家里的负担，上大学的小青在课余时间去打工。
❷自从爸爸出国以后，妈妈的家务负担更重了。

高超 gāochāo *adj.*

高超的技术 / 高超的水平 / 格外高超 excellent, superb

❶章鱼有非常高超的脱身技能。
❷他除了绘画之外，篆刻技艺也非常高超。

高峰 gāofēng *n.*

攀登高峰 / 高峰期 / 理想的高峰 summit, peak

❶因为是交通高峰时刻，没多久车子就堵在了路上。
❷今天是上海世博会开园后的第三个星期六，参观人数达到开园以来最高峰。

格局 géjú *n.*

放大格局 / 新格局 / 格局的变化 structure, layout

❶这个房子的格局不错。
❷这篇文章写得很乱，简直没个格局。

各抒己见 gèshū-jǐjiàn *idiom*

大家各抒己见 / 纷纷各抒己见 each gives his own views

❶让大家畅所欲言，各抒己见，有利于调动大家的积极性。
❷对老师提出的问题，同学们都各抒己见。

根源 gēnyuán *n.*

问题的根源 / 思想根源 / 痛苦的根源 origin, root

❶交通事故的根源往往是缺乏安全意识。
❷只有找到贫困的根源，我们才能富裕起来。

攻击 gōngjī *v.*

发动攻击 / 攻击别人 attack, accuse

❶鲨鱼的攻击性非常强。
❷拂晓前，我军向敌人阵地发起攻击。

宫殿 gōngdiàn *n.*

古代宫殿 / 修建宫殿 / 宫殿的主人 palace

❶从帝王宫殿到普通民居，从万里长城到亭台楼阁，每一处建筑都有它看不够、说不完的精致与美妙。
❷每个国家的宫殿都别具特色。

规范 guīfàn *n. & v.*

规范化 / 行为规范 / 统一的规范 standard; regulate

❶企业必须有统一的企业文化作为统领，有统一的生产经营管理标准，还要有明确的作业规范。
❷我们说话、写文章都必须合乎汉语的规范。

轨道 guǐdào *n.*

平行轨道 / 正常的轨道 / 轨道的形状 track, orbit

❶做人也有规则，只有遵守做人的规则，才能在正确的轨道上追求更高的人生价值。
❷两列火车在平行的轨道上同速并驾齐驱。

含糊 hánhu *adj.*

含糊不清 / 表达含糊 / 含糊的表述 ambiguous, vague

❶含糊的、笼统的、缺少针对性的简历往往会使求职者失去很多机会。
❷他的话很含糊，我不明白是什么意思。

高
频

恍然大悟 huǎngrán-dàwù *idiom*

realize suddenly

❶ 当老师把问题答案公布出来时，他才恍然大悟。
❷ 他们听了孩子的解释，方才恍然大悟，相视而笑。

混乱 hùnluàn *adj.*

混乱的局面 / 非常混乱 / 一片混乱

chaotic, confused

❶ 如果货架摆放改变得过于频繁，就会引起顾客反感，认为超市缺乏科学化管理，混乱不堪，从而产生烦躁的心理。
❷ 他思维混乱，语无伦次，是不是喝醉了？

活力 huólì *n.*

充满活力 / 青春活力 / 活力满满

energy, vitality

❶ 青年人总是充满了活力。
❷ 她全身都洋溢着青春的活力。

即将 jíjiāng *adv.*

即将开始 / 即将出现 / 即将到来

soon, about to

❶ 即将建成的水库，不仅能促进本地区工农业的发展，改善航运条件，还能起到防洪供水、调节气候的作用。
❷ 天气预报说即将有大暴雨。

坚实 jiānshí *adj.*

坚实的基础 / 坚实的步伐

firm and substantial, solid

❶吐鲁番大漠底下深处，沙砾石由黏土或钙质胶结，质地十分坚实。
❷民生和就业是经济发展的重要保障和坚实基础。

坚硬 jiānyìng *adj.*

坚硬的材料 / 质地坚硬 hard, solid

❶山上出产一种质地坚硬的木材。
❷寒风夹着细小坚硬的雪粒打在脸上。

见闻 jiànwén *n.*

见闻录 / 增长见闻 / 有趣的见闻 what one sees and hears

❶开学第一天，同学们都兴奋地谈论着各自的假期见闻。
❷知识在于积累，丰富的知识和广博的见闻能使幽默得心应手，左右逢源。

将军 jiāngjūn *n.*

一名将军 / 大将军 / 将军的指示 general, admiral

❶他爷爷是一位将军。
❷他是美国历史上最著名的将军之一。

解除 jiěchú *v.*

解除合同 / 自动解除 / 解除危机 remove, get rid of

❶他看到医生救死扶伤，解除病人的痛苦，就从小立志，要像父亲一样为穷人看病。
❷侧卧的时候，双腿微屈，全身放松，有利于解除疲劳。

借助 jièzhù *v.*

draw support from, proceed with the help of

借助工具 / 借助经验 / 借助……的力量

❶ 要想观测月球上的环形山，就得借助天文望远镜。

❷ 病人虽然可以借助拐杖的力量使自己暂时觉得舒服，但是时间长了，骨架就会退化。

金融 jīnróng *n.*

banking, finance

金融危机 / 金融市场 / 金融行业

❶ 目前，在全球金融危机的形势下，很多企业都在紧缩过冬。

❷ 现在是知识经济的时代，知识经济带来了一些新的机会，包括金融的机会，还有网络、计算机、生物工程带来的机会。

精通 jīngtōng *v.*

master, be proficient in

样样精通 / 精通绘画 / 精通医理

❶ 人的知识是有限的，没有人能够做到在任何领域都精通。

❷ 虽然他精通乐理和各种乐器，但缺乏创造力，艺术成就无法更进一步。

精益求精 jīngyìqiújīng *idiom*

perfect sth. that is already outstanding

对质量精益求精 / 精益求精的追求

❶ 我们做事情要精益求精。

❷由于他品德高尚，为人也十分正直，再加上对书法艺术精益求精，所以一直受到后人的推崇。

镜头 jìngtóu *n.*

放大镜头 / 在镜头里 / 高清镜头 scene, camera lens

❶照相机是由镜头、暗箱、快门等装置构成的摄影器械。
❷看到地震后灾区土崩瓦解的镜头，真是令人触目惊心。

纠正 jiūzhèng *v.*

纠正错误 / 当场纠正 / 彻底纠正 correct, make right

❶及时纠正孩子的一些不良的阅读习惯非常重要。
❷教练发现了这个问题之后，就一点一点地把我纠正过来。

剧本 jùběn *n.*

script (for a play, opera, movie, etc.)

电影剧本 / 写剧本 / 修改剧本

❶后来，我的剧本终于得到了赞助，我开始自己拿起了摄像机。
❷我和小王一起创作了这个剧本。

开朗 kāilǎng *adj.*

性格开朗 / 活泼开朗 / 特别开朗 optimistic, sanguine

❶我本来就是很活泼开朗的人。

❷开朗的人更喜欢流行音乐。

扛 káng *v.*

扛起 / 扛着 / 扛走麻袋 carry on the shoulder

❶天还没大亮，爷爷就扛起锄头下地了。
❷他扛起行李向火车站走去。

高频

可口 kěkǒu *adj.*

可口的晚餐 / 味道可口 / 十分可口 tasty

❶每次回家，妈妈都给我做一桌可口的饭菜。
❷熟透的哈密瓜吃起来香甜可口。

渴望 kěwàng *v.*

渴望自由 / 产生渴望 / 强烈的渴望 yearn for, long for

❶这几年中国的青年非常渴望创业，但是他们没有足够的经验把这个事情做好。
❷如果你渴望读得快一点，你真的就能够读快。

恐惧 kǒngjù *adj.*

感到恐惧 / 恐惧的表情 / 克服恐惧 fearful

❶我一直忘不了她恐惧的样子。
❷什么事情让你如此恐惧不安？

扣 kòu *v.*

扣帽子 / 扣上纽扣 button up, pull (the trigger)

❶我扣上大衣扣子，快步向不远处的汽车站走去。

❷猎人端着枪，瞄着渐渐远去的公狼，却始终没有扣下扳机。

枯燥 kūzào *adj.*

枯燥的生活 / 内容枯燥 / 枯燥极了 dry and dull, uninteresting

❶这本书写得枯燥无味，我们都不愿意读。
❷他每天都和那些枯燥的数字打交道。

愣 lèng *v.*

愣住 / 发愣 / 愣神 be stupefied, stare blankly

❶在他的办公室里，他抬头一看是我，愣了一下。
❷别愣在那儿，快进来吧。

历代 lìdài *n.*

历代皇帝 / 历代经商 / 历朝历代 past dynasties

❶他家真可谓是书香门第，历代都有读书人。
❷这本书收集了中国历代著名书法家的作品。

立场 lìchǎng *n.*

立场不同 / 基本立场 / 立场坚定 position, standpoint

❶学会体谅别人并不困难，只要你愿意站在对方的角度和立场来看待问题。
❷对改革，大家的立场都很坚定。

领悟 lǐngwù *v.*

领悟会议精神 / understand, comprehend

高频

领悟思想 / 领悟能力 / 深刻领悟

❶ 家务不仅能教会孩子实际生存的技能，还能使孩子领悟到一些人生的道理。

❷ 花样滑冰是一项竞技体育，需要技术和艺术的完美结合，所以需要刻苦地训练，还要不断提高对艺术的领悟。

高频

流露 liúlù *v.*

自然流露 / 流露情感 / 流露出 — reveal involuntarily

❶ 这次考试成绩很好，我不禁流露出喜悦的心情。

❷ 这位母亲流露出了从容自信的神态。

论证 lùnzhèng *v.*

论证观点 / 充分论证 / 进一步论证 — prove a point

❶ 您能否举一个您自己身上的事例来论证这个观点呢？

❷ 你提出的观点，还需要进一步论证。

络绎不绝 luòyì-bùjué *idiom*

continuously, in an endless stream

游客络绎不绝 / 络绎不绝的游客

❶ 每天前来向他请教或拜师学艺的人总是络绎不绝。

❷ 每天都有络绎不绝的各国游客来到此地观光。

蚂蚁 mǎyǐ *n.*

小蚂蚁 / 一只蚂蚁 / 捉蚂蚁 — ant

❶天气晴朗时，蚂蚁常要外出寻找食物，有时它们需要走很远的路。
❷雨过天晴，小蚂蚁又出来寻找食物了。

嘛 ma *part.*

好嘛 / 不错嘛 (a modal particle)

❶看来你今天心情很不错嘛。
❷那就不需要搬家了嘛。

媒介 méijiè *n.*

传播媒介 / 新媒介 / 广告媒介 medium, vehicle

❶造纸术，为文明传承带来了新载体；印刷术，造就了文明传播的新媒介。
❷在电子媒介出现以前，人们主要靠书本传递知识。

美观 měiguān *adj.*

美观的外表 / 美观大方 / 非常美观 beautiful, artistic

❶仙人掌是庭院美化的优质花卉品种，它不仅外形美观，还可入药和食用。
❷那家幼儿园布置得很美观。

迷惑 míhuò *v.*

令人迷惑 / 迷惑敌人 / 迷惑的神情 be puzzled

❶面对这么复杂的情况，我完全迷惑了。
❷这件事让他迷惑不已。

勉强 miǎnqiǎng *v.*

勉强答应 / 比较勉强 / force sb. to do sth.

高频

不能勉强

❶感情是不可以勉强的。
❷在情绪低落的时候就不要勉强自己。

敏锐 mǐnruì *adj.*

思想敏锐 / 反应敏锐 / 敏锐的眼睛

keen, sharp

❶培养敏锐的观察力和准确的判断力非常重要。
❷想要投资成功，你必须具备一双敏锐的、能够发现黄金的"慧眼"。

高频

名誉 míngyù *n.*

恢复名誉 / 个人的名誉 / 名誉权

fame, reputation

❶我觉得自己得到最多的并不是金钱，也不是名誉，而是丰富的经验。
❷名誉集中体现了人格尊严。

难得 nándé *adj.*

机会难得 / 难得休息 / 十分难得

rare, hard to come by

❶那里是休闲度假的好去处，更是难得的天然浴场，吸引着大量游客。
❷这次机会非常难得，你一定要好好珍惜。

农历 nónglì *n.*

农历时间 / 农历生日 / 农历新年

Chinese lunar calendar

❶农历九月初九是中国传统的重阳节。

❷每年的农历八月十五是中国传统的中秋佳节。

攀登 pāndēng *v.*

攀登高峰 / 继续攀登 / 勇敢地攀登 climb, ascend

❶只有把过去的挫折和辉煌作为今天的垫脚石，才能攀登美好的明天。
❷请他跟我们分享一下他攀登世界高峰的心路历程。

高频

培育 péiyù *v.*

培育种子 / 培育人才 / 精心地培育 breed

❶农业科学院又培育出一个大豆新品种。
❷这个学校培育出来的学生素质很高。

平坦 píngtǎn *adj.*

平坦的道路 / 舒适平坦 / 十分平坦 smooth, flat

❶明天的希望是美好的，但路途绝不是平坦的，到处布满荆棘。
❷过了这段山路，前面就是平坦的大道。

评估 pínggū *v.*

正确地评估 / 风险评估 / 评估结果 evaluate, assess

❶正确评估离不开长期的观察。
❷我们对公司的资产进行了评估。

高
频

普及 pǔjí *v.*

普及知识 / 推广普及 / 十分普及 popularize

❶政府提出要大力普及普通话。
❷随着互联网的日益普及，网购的便捷性等优势已经获得消费者的认同。

起码 qǐmǎ *adj.*

最起码 / 起码的要求 at least, basic, rudimentary

❶我觉得市场化相对来说是好的，起码它是比较公平的。
❷诚实是做人最起码的道德，也是做人的根本。

迄今为止 qìjīn-wéizhǐ

so far, up to now

❶这里的葡萄是迄今为止他所吃过的最甜的。
❷迄今为止，人类还没有明确发现其他宇宙文明。

抢救 qiǎngjiù *v.*

紧急抢救 / 抢救工作 / 抢救伤员 rescue

❶杭州城最繁华的街市突然失火，惊慌的人们纷纷冲进火海抢救自己店铺里的财物，以减少损失。
❷有一位医生，在战争中为了抢救伤病患，他连续奋战了几天几夜。

清澈 qīngchè *adj.*

清澈的泉水 / 眼神清澈 clear, limpid

❶清澈的溪水倒映出蓝天、白云和绿树的美丽景象。
❷在四面黄沙的包围中，泉水清澈明丽，且千年不干，非常神奇。

清理 qīnglǐ *v.*

清理杂草 / 清理衣柜 / 清理垃圾 clear, put in order

❶星期天，爸爸清理了书架上的图书和杂志。
❷我要好好清理一下我的衣柜。

清晰 qīngxī *adj.*

清晰的字迹 / 清晰地记得 / 条理清晰 clear, distinct

❶我清晰地记得当时的情景。
❷他讲话条理清晰。

晴朗 qínglǎng *adj.*

晴朗的天空 / 天气晴朗 / 晴朗的心情 sunny

❶今天天空晴朗无云，非常适于飞机航行。
❷今天的天气很晴朗，我想出去放风筝。

曲折 qūzhé *adj.*

过程曲折 / 曲折的情节 / 曲折的经历 complicated, winding

❶汽车在曲折的山路上行驶。
❷这部小说的故事情节惊险曲折，你应该买本看看。

全局 quánjú *n.*

全局观念 / 胸怀全局 / 回顾全局 — overall situation

❶ 一个环节出了问题就可能影响全局。
❷ 一个管理者要有全局意识。

人格 réngé *n.*

人格魅力 / 尊重人格 / 健全的人格 — personality, character

❶ 学龄前是孩子的行为习惯、情感等形成的重要时期，也是孩子养成良好的人格品质的关键时期。
❷ 我的老师人格高尚，学识渊博，令人敬佩。

任意 rènyì *adv.*

任意处置 / 任意球 / 任意搭配 — at will

❶ 这里的书，你可以任意挑选。
❷ 一个月后，科学家把鱼放入自然水域中，让它们任意畅游。

哨 shào *n.*

哨子 / 口哨 / 放哨 — whistle

❶ 他吹着口哨开始了自己的工作。
❷ 他一吹哨子，我们就立刻集合。

设立 shèlì *v.*

设立的条件 / 设立制度 / 强制设立 — set up, establish

❶ 我们学校设立了图书馆和阅览室。
❷ 两国建交后，各自在对方设立了大使馆。

设想 shèxiǎng *v.*

不堪设想 / 设想未来 / 初步的设想 imagine

❶一群人围绕一个特定的问题或兴趣领域不断产生新观点，使各种设想在脑海中相互碰撞，激起创造性风暴。

❷头脑风暴会议的目的是获得尽可能多的设想。

声誉 shēngyù *n.*

维护声誉 / 公司的声誉 / 声誉良好 reputation, fame

❶这个公司的声誉很好。

❷每一个公民都不应该做有损于国家声誉的事。

失误 shīwù *n.*

个人失误 / 避免失误 / 失误的后果 careless mistake, fault

❶无论是大师还是普通人，失误都是难免的。

❷这次失误完全可以避免。

时常 shícháng *adv.*

时常怀念 / 时常迟到 often, frequently

❶时常会有朋友到我这里来吃饭。

❷他时常会做噩梦。

事件 shìjiàn *n.*

偶然事件 / 突发事件 event, incident

❶这个偶然的事件使他从此出了名。

高频

❷在车多人多的市区道路上开车时，由于突发事件比较多，注意力需要高度集中，所以最好也不要听音乐。

事务 shìwù *n.*

事务所 / 日常事务 / 处理事务 affairs, work

❶我的工作就是处理这些琐碎的事务。
❷从现实的事务、尘嚣当中进入安静的状态，这时脑子里就常有灵感奔涌出来。

手势 shǒushì *n.*

演讲的手势 / 做手势 / 手势动作 gesture, sign

❶我对她的手势心领神会。
❷在强调某一论点时，可适当运用某些手势，但动作不宜过大，不可手舞足蹈。

守护 shǒuhù *v.*

守护孩子 / 守护祖国 / 日夜守护 guard, protect

❶奶奶有病住院时，爸爸彻夜守护在她身旁。
❷爷爷守护山林有功,被评为“护林模范”。

首要 shǒuyào *adj.*

首要任务 / 首要工作 / 首要条件 primary, of first importance

❶香港地域狭小，人口却很多，其首要问题就是交通问题。
❷作为学生，学习是我们的首要任务。

束缚 shùfù *v.*

摆脱束缚 / 紧紧地束缚 / 束缚思想 restrict, tie

❶ 你们要注意发展不同的思维方式，打破常规，从封闭的思维束缚中挣脱出来。

❷ 我们尊重传统，但不被传统所束缚。

树立 shùlì *v.*

树立理想 / 逐步树立 / 人格的树立 set up, establish

❶ 以后，我们会再树立几个新的品牌。

❷ 我们要树立远大的理想。

衰老 shuāilǎo *adj.*

逐渐衰老 / 衰老的细胞 / 加速衰老 aging, senile

❶ 维生素可帮助延缓大脑衰老。

❷ 坎坷的经历使他过早地衰老，稀疏的头发已经花白，就像被霜染过的枯草。

四肢 sìzhī *n.*

四肢健全 / 四肢协调 / 灵活的四肢 four limbs, arms and legs

❶ 仰卧是最常见的睡姿，四肢可以自由伸展。

❷ 猫在接近地面的时候，通常都能保证四肢着地。

塑造 sùzào *v.*

塑造品牌 / 性格塑造 / 塑造雕像 model, portray

高频

❶艺术家们用冰塑造了一个美丽的冰雕世界。
❷中国古典名著《水浒传》塑造了很多栩栩如生的人物形象。

体谅 tǐliàng *v.*

show understanding, give sympathetic consideration to

互相体谅 / 体谅别人 / 得到体谅

❶学会体谅别人并不难，只要你愿意站在对方的角度和立场看问题。
❷夫妻双方应该互相体谅。

天赋 tiānfù *n.*

音乐天赋 / 天赋条件 / 过人的天赋 talent, gift

❶我觉得每个人都有自己的一种天赋，都是天才，但也需要后天的努力。
❷王老师说咱孩子在音乐方面的天赋很高。

挑剔 tiāoti *v.*

无可挑剔 / 挑剔的嘴巴 be picky, be fussy

❶恋爱中的人会很挑剔。
❷他是个非常挑剔的食客，对食物的要求极高。

推销 tuīxiāo *v.*

推销产品 / 推销员 / 积极推销 market, promote sales

❶他常常挨家挨户地推销苏打汽水。
❷有些推销员在推销商品的时候，并不会直接让你买他的商品。

顽强 wánqiáng *adj.*

顽强的生命 / 顽强的毅力 / 十分顽强 　tenacious, tough

❶这朵不起眼的小黄花，在如此恶劣的气候下顽强地盛开着。
❷松树不怕寒冷，有着顽强的生命力。

温和 wēnhé *adj.*

温和的笑容 / 气候温和 / 温和的语气 　moderate, mild

❶老师温和地点头笑了笑。
❷这个地区的气候温和，非常适合居住。

武侠 wǔxiá *n.*

武侠小说 / 武侠世界 　chivalrous martial arts master

❶他是个武侠迷，对各种武侠小说如数家珍。
❷金庸创作的武侠小说构思奇特，开拓了武侠小说的新天地。

喜闻乐见 xǐwén-lèjiàn *idiom*

be delighted to see and hear, love

群众喜闻乐见 / 喜闻乐见的事情

❶相声是一种喜闻乐见的表演形式。
❷他的作品朴实，乡土气息浓厚，为广大群众喜闻乐见。

相差 xiāngchà *v.*

相差很大 / 相差无几 　differ

❶这本书，精装本和平装本的定价相差十几块钱。
❷一件事传来传去，到最后必定会和原来的事实相差很远。

巷 xiàng *n.*

巷口 / 街巷 / 小巷子 lane, alley

❶胡同，也叫“巷”，是指城镇或乡村主要街道之间的比较狭小的街道。
❷一般来说，苗族的房屋都是木质结构，但走进矮寨，无论是大街还是小巷，是墙壁还是房顶，全部都是青石板。

高频

削 xiāo *v.*

削皮 / 削铅笔 / 削面 peel, whittle

❶妈妈在给我削苹果。
❷哥哥，你帮我削铅笔吧。

消灭 xiāomiè *v.*

消灭病毒 / 彻底消灭 / 消灭干净 put an end to, annihilate

❶当现有的免疫细胞不足以消灭病毒时，机体就开始提升体温来抑制病毒的生长。
❷他在用杀虫剂消灭蚊子。

携带 xiédài *v.*

携带病毒 / 便于携带 / 严禁携带 carry

❶乘车时严谨携带危险物品。
❷抓螃蟹的渔民往往都会携带一个有小盖子的竹篓。

形态 xíngtài *n.*

他的形态 / 形态特征 / 奇怪的形态 shape, form

❶窑洞建筑形态各异。
❷菊花品种繁多，形态多样，非常迷人。

熏陶 xūntáo *v.*

文化熏陶 / 环境的熏陶 / 在……熏陶下 nurture, cultivate

❶家庭对孩子的成长有很大的熏陶作用。
❷由于家庭的熏陶，他从小就喜欢音乐。

延续 yánxù *v.*

延续历史 / 延续下去 / 生命的延续 continue, last

❶今年，高温天气整整延续了两个月。
❷这是我们中国人的一个传统，我们应该延续下去。

严寒 yánhán *n.*

严寒天气 / 严寒加剧 / 严寒酷暑 bitterly cold

❶他不怕山高路远，也不怕严寒酷暑，走遍了中国的名山大川。
❷天山雪莲是不畏严寒的。

炎热 yánrè *adj.*

天气炎热 / 炎热的夏天 / 十分炎热 scorching, burning hot

❶炎热的天气带来了空调的热销。
❷炎热的夏天让人们感到无比闷热。

高频

高
频

沿海 yánhǎi *n.*

沿海城市 / 沿海地区 / 靠近沿海 coastal areas

❶ 台风给沿海居民的生活造成了很严重的损失。
❷ 中国的沿海城市人口十分密集。

掩盖 yǎngài *v.*

掩盖真相 / 大雪掩盖田野 / 匆忙掩盖 conceal, hide

❶ 老板在面对下属的微小过失时，应该有所容忍和掩盖，这样既保全了他人的体面，也维护了企业的利益。
❷ 秋天到了，落叶掩盖了那条小路。

演绎 yǎnyì *v.*

演绎故事 / 作品演绎 / 精彩的演绎 deduce, infer

❶ 她用惟妙惟肖的表演，演绎了一段动人心弦的故事。
❷ 很多为了逃避家人的反对而私奔的情侣，在别人眼中他们演绎的是"轰轰烈烈的爱情"。

一丝不苟 yìsī-bùgǒu *idiom*

工作一丝不苟 / 一丝不苟的精神 be scrupulous

❶ 他在工作上认真严谨，一丝不苟。
❷ 我们应该一丝不苟地执行这个计划。

仪器 yíqì *n.*

生产仪器 / 专业仪器 / instrument, apparatus

精密仪器

❶那个工厂专门生产精密仪器。
❷就目前来看，预测地震的仪器还远远没有达到精确的程度。

遗产 yíchǎn *n.*

文化遗产 / 继承遗产 / 宝贵的遗产 heritage, legacy

❶他继承了父亲的遗产，一夜之间变成了富翁。
❷对城市原住民的生活和风俗传统这些非物质文化遗产的保护非常重要。

疑惑 yíhuò *v. & n.*

充满疑惑 / 疑惑的目光 / 令人疑惑 be doubtful; doubt

❶女儿站在一边，疑惑地望着父亲，搞不懂他的用意。
❷他们两个人带着疑惑离开了。

拥护 yōnghù *v.*

拥护首领 / 群众的拥护 / 自觉地拥护 support, uphold

❶他是个受群众拥护的官员。
❷政策为人民所拥护才能很好地落实。

优越 yōuyuè *adj.*

优越的条件 / 制度优越 / 优越感 superior, advantageous

❶出门在外，尽量不要给别人带来麻烦，不要把各方面对自己的照顾当成应该

高频

的，甚至产生优越感。
❷这里的地理条件十分优越，适合发展农业。

预期 yùqī *n.*

预期的结果 / 达到预期 / 生活预期 expectation

❶他们在这方面的收获，是否已经超过了您的预期？
❷他的表现还远远没有达到教练的预期。

约束 yuēshù *v.*

约束别人 / 约束行为 / 严格约束 restrict, restrain

❶规则既是约束，更是保护。
❷正因为有了交通规则的约束，马路上的行人、车辆才会各行其道。

栽培 zāipéi *v.*

精心地栽培 / 栽培技术 / 人工栽培 grow, cultivate

❶在他们的精心栽培下，黄豆的长势非常好。
❷腊梅是中国独特的传统名贵观赏花木，有着悠久的栽培历史。

遭受 zāoshòu *v.*

遭受打击 / 遭受挫折 / 遭受损失 suffer, sustain

❶凡事都应讲究“度”，如果不懂得适可而止，最终遭受损失的就会是自己。

❷出了问题以后只要及时采取补救措施，就可以避免遭受更大的损失。

扎 zhā *v.*

扎手 / 扎针 prick, stick into

❶我的手被玫瑰的刺扎了一下。
❷她把针扎在了针垫上。

眨 zhǎ *v.*

眨眼 / 眨一眨 wink

❶小孩子的眼睛眨得很快，非常可爱。
❷他动作敏捷，眨眼间就爬上了树顶。

朝气蓬勃 zhāoqì-péngbó *idiom*

朝气蓬勃的青年 / 朝气蓬勃的样子 / 青春朝气蓬勃 be full of youthful energy

❶网络文学有自己的鲜明风格，那种想象力、语言的跳跃感和朝气蓬勃的力量，都是用纸笔写作很难达到的。
❷这是一个朝气蓬勃的团队，充满了活力和创新精神。

珍稀 zhēnxī *adj.*

珍稀动物 / 珍稀品种 rare and precious

❶朱鹮是一种珍稀动物，它有着洁白的羽毛、艳红的头冠和黑色的长嘴。
❷大熊猫是珍稀动物。

珍珠 zhēnzhū *n.*

一颗珍珠 / 圆润的珍珠 / 珍珠项链 pearl

❶那颗珍珠被镶嵌在王冠上，熠熠生辉。
❷蚌壳内有一颗珍珠。

震惊 zhènjīng *adj. & v.*

无比震惊 / 令人震惊 / 震惊世界 shocked; shock

❶在福建的西部，我见到了令人震惊的民居建筑——客家土楼。
❷原子弹试验成功的消息震惊了全世界。

执行 zhíxíng *v.*

执行的标准 / 严格执行 / 坚决执行 carry out, execute

❶执行标准并不困难，更困难的在于持之以恒，不找借口，不打折扣。
❷今年的计划已经订好了，请大家抓紧执行。

直径 zhíjìng *n.*

平均直径 / 测量直径 / 圆的直径 diameter

❶科学家用精密的天文望远镜观测并计算出了月球的直径。
❷球类运动对于比赛用球的规格，如直径、材质等，是有严格要求的。

致使 zhìshǐ *v.*

致使受伤 / 致使情况恶化 cause, result in

❶这场台风致使万亩庄稼减产。
❷由于延误了治疗时间，致使病人的病情更加严重。

中央 zhōngyāng *n.*

广场中央 / 池塘中央 center, middle

❶广场中央有个喷泉。
❷老人们在院子中央喝茶聊天呢。

终身 zhōngshēn *n.*

终身大事 / 托付终身 lifelong, all one's life

❶他们以前是青梅竹马，现在是终身的伴侣。
❷有的人只是点头之交，有的人可以一起交流思想，有的人可以托付终身，而有的人则只能谈谈天气。

终止 zhōngzhǐ *v.*

终止合作 / 计划终止 stop, terminate

❶由于某些原因，他们终止了合同。
❷你们违反了协议，我们将立刻终止合作。

周期 zhōuqī *n.*

生命周期 / 缩短周期 period, cycle

❶我们所说的"情绪周期"，是指一个人的情绪高潮和低潮的交替过程所经历的时间。
❷向日葵生长周期很长。

昼夜 zhòuyè *n.*

昼夜温差 / 不分昼夜 / 昼夜颠倒 day and night

❶新疆昼夜温差非常大，"早穿皮袄午穿纱，怀抱火炉吃西瓜"正是对这种现象的生

高频

动描绘。

❷这里日照丰富，昼夜温差大，所以很适合果品生产。

注视 zhùshì *v.*

注视前方 / 警惕地注视 / 深情地注视 gaze, watch attentively

❶眼睛是心灵的窗户，与人交谈时，目光应和善、友好，并不时注视对方的眼睛。

❷他目不转睛地注视着那个大门。

高频

转移 zhuǎnyí *v.*

战略转移 / 转移目标 / 突然转移 shift, divert

❶学生们应对失败的策略大致有寻求社会帮助、向朋友倾诉、转移注意力、自我谴责、逃避现实等。

❷汽车广告中之所以总是有几个漂亮的模特，是因为广告商希望把人们对模特的喜爱转移到他们的汽车上。

壮观 zhuàngguān *adj.*

壮观的场面 / 气势壮观 / 景色壮观 spectacular, magnificent

❶在经过赤道的那一天，正好看到了非常壮观的“龙吸水”。

❷大瀑布景色壮观，令人叹为观止。

坠 zhuì *v.*

坠落 / 下坠 / 坠毁 fall, drop

❶人们都知道，大部分猫从高楼坠下后还是能安然无恙。

❷他不慎从马上坠了下来。

资本 zīběn *n.*

注册资本 / 资本家 / 资本雄厚 capital

❶我们公司资本雄厚。
❷要发展贸易，就要发展资本，尤其要注意这方面人才的培养。

自卑 zìbēi *adj.*

自卑心理 / 性格自卑 self-abased

❶残疾人更是要克服自己的心理障碍，克服自卑心理，大胆地去追求应该属于自己的幸福。
❷她感到自卑，因为她觉得自己不如别人聪明和优秀。

总而言之 zǒng'éryánzhī *idiom*

in short, in a word, in brief

❶总而言之，工作很复杂，你很辛苦，但工作成绩很优秀。
❷总而言之，地球上的近万种鸟类中，大部分鸟修建鸟巢仅仅是为了养育后代，而不是为了夜晚睡觉。

尊严 zūnyán *n.*

人格尊严 / 维护尊严 / 做人的尊严 dignity, honor

❶只有给予一个人尊严，才能让他体面地活。
❷无论多么贫穷，多么卑微，人人都有尊严。

高频

挨 āi *v.*

挨打 / 挨饿 / 挨着 be next to, suffer

❶ 在夜幕的衬托下，街道上的汽车一辆紧挨着一辆，像是一颗颗闪烁的星星在移动。

❷ 想成功，就不要怕挨骂。

高频

中频词汇

验证 yànzhèng *v.*

反复验证 / 验证密码 / 验证结果 　test and verify

❶进行科学实验的工作，必须逐步地小心验证，不能一遇困难就打退堂鼓。
❷经过多次验证，大家觉得新方案比较可靠。

安详 ānxiáng *adj.*

安详的目光 / 神情安详 / 安详地躺着 　calm, serene

❶那位老人安详地离开了人世。
❷爷爷坐在椅子上摇着扇子，面容很安详。

包袱 bāofu *n.*

思想包袱 / 放下包袱 / 包袱的重量 　cloth-wrapper, load

❶老师语重心长地鼓励我放下思想包袱，继续努力前进。
❷大学生创业最大的优势在于没有包袱。

包装 bāozhuāng *v. & n.*

精致的包装 / 包装箱 / 过度包装 　pack; package

❶售货员正在包装糕点。
❷真空包装成本比较高。

保养 bǎoyǎng *v.*

take good care of one's health, keep in good repair

保养身体 / 注意保养 / 保养方法

❶ 总认为只有通过保养、装扮、训练等方式才可以提升女性的魅力是不对的。
❷ 她一向会保养身体。

悲哀 bēi'āi *adj.*

悲哀的气氛 / 最大的悲哀 / 感到悲哀

grieved, sorrowful

❶ 一种虽然活着却感觉不到自己存在的巨大悲哀笼罩着他。
❷ 听到奶奶去世的消息，我悲不自胜，连夜写了一篇悼念文章表达我的悲哀之情。

北极 běijí *n.*

寒冷的北极 / 北极熊

the North Pole

❶ 挪威的纬度很高，靠近北极。
❷ 科考队到北极探险去了。

被动 bèidòng *adj.*

被动的局面 / 陷入被动 / 被动解决

passive

❶ 父母给他介绍对象，他被动地去见了一面。
❷ 他只能被动地等待问题解决。

本事 běnshi *n.*

真本事 / 学本事 / 有本事

ability, skill

❶ 他很有本事。
❷ 青年人都想努力多学点儿本事。

臂 bì *n.*

手臂 / 铁臂 / 长臂 arm

❶我张开双臂热情地欢迎老朋友。
❷与金牌失之交臂的遗憾，让他久久无法释怀。

变迁 biànqiān *v.*

时代变迁 / 变迁的岁月 / 历史的变迁 change

❶时代在变迁，人们的观念也在变化。
❷这次展览能记录时代的变迁，并留下些什么吗？

辩证 biànzhèng *adj.*

辩证法 / 辩证分析 / 辩证的眼光 dialectical

❶这项活动能锻炼辩证分析的能力和培养顽强的意志力。
❷对于错误，我们应该用辩证的眼光来看待。

哺乳 bǔrǔ *v.*

哺乳动物 / 哺乳期 / 进行哺乳 breast-feed

❶哺乳动物的感情世界要比昆虫和鱼类丰富和鲜明很多。
❷鲸鱼并不是鱼，而是生活在海里的一种巨型哺乳动物。

不惜 bùxī *v.*

不惜任何代价 / 不惜成本 not stint, not spare

❶许多跨国公司不惜重金为自己企业的人员进行形象培训和设计，以提高职员个人素质。

❷国家不惜一切代价抢救人民生命财产。

不择手段 bùzé-shǒuduàn *idiom*

为达到目的不择手段 by fair means or foul

❶为了达到目的，他可以不择手段。
❷他决心要赢，哪怕是不择手段。

不止 bùzhǐ *v. & adv.*

不止这些 / 呕吐不止 / 血流不止 not stop; not merely

❶小明家养了只狗，生人一进门，它就狂吠不止。
❷小明为班级做的好事不止这几件。

布局 bùjú *n.*

合理布局 / 精美的布局 overall arrangement, layout

❶接待厅的布局实用、大方。
❷这门科学可以指导人们更好地规划城市绿化，并对农作物进行合理布局。

采集 cǎijí *v.*

采集信息 / 共同采集 / 采集方式 gather, collect

❶爷爷是民间文学作家，经常下乡采集民间故事和民间歌谣。
❷学生们正在采集植物标本。

层出不穷 céngchū-bùqióng *idiom*

新鲜事物层出不穷 / appear successively

中频

问题层出不穷

❶现在骗子的骗术层出不穷。
❷他脑子灵活，总是有层出不穷的办法。

场面 chǎngmiàn *n.*

大场面 / 战斗场面 / 和谐的场面 scene, occasion

❶人们对阅兵式的盛大场面赞叹不已。
❷人们忘不了那令人欢欣的场面。

撤退 chètuì *v.*

准备撤退 / 撤退下来 / 紧急撤退 retreat

❶士兵们趁这个机会观察周围情况，准备进攻或撤退。
❷上级命令他们立即撤退。

沉闷 chénmèn *adj.*

沉闷的气氛 / 心情沉闷 oppressive, dull

❶有调查显示，与沉闷的环境相比，音乐能让司机更容易达到最佳反应状态。
❷在沉闷的创作环境中是不可能写出好作品的。

称心如意 chènxīn-rúyì *idiom*

事事称心如意 / 称心如意的生活 to one's heart's content

❶贤惠的妻子让他感到称心如意。
❷人生的道路本来就有曲折，哪能件件事情都称心如意？

惩罚 chéngfá *v.*

惩罚别人 / 受到惩罚 / 严厉的惩罚 punish

❶他因作恶太多而得到了应有的惩罚。
❷惩罚无益于问题的解决。

冲突 chōngtū *v.*

发生冲突 / 暴力冲突 / 冲突双方 conflict

❶冲突的结果是双方都受了伤。
❷因为时间冲突，我参加不了这次会议了。

出神入化 chūshén-rùhuà *idiom*

出神入化的地步 / 表演得出神入化 reach the acme of perfection

❶这位老艺术家的表演已经达到了惟妙惟肖、出神入化的境界。
❷他的演技出神入化，我们都深深地被他打动了。

中频

出息 chūxi *n.*

有出息 / 没出息 prospects, promise

❶一个不想当元帅的士兵，是最没出息的。
❷人想要有出息，必须靠自己。

垂直 chuízhí *v.*

垂直的坡 / 垂直降落 / 垂直高度 be perpendicular

❶这座山的垂直高度不足千米。
❷这两条线是互相垂直的。

慈善 císhàn *adj.*

慈善事业 / 做慈善 / 慈善家 charitable

❶你有没有计划将来办一个慈善机构，在更广泛的范围内帮助别人？
❷奶奶有遗嘱，死后把家产都捐献给慈善事业。

丛 cóng *n.*

一丛花 / 丛林 / 草丛 clump, grove

❶他眼前出现的是一片未知的莽莽丛林。
❷他忽然发现草丛中有一只老虎。

打量 dǎliang *v.*

打量别人 / 好奇地打量 / 打量一番 look sb. up and down, size up

❶那个人饶有兴趣地打量着眼前的田园风光。
❷他目光锐利地扫视了整个队列后，径直走到一个士兵面前，上下打量了一番。

大伙儿 dàhuǒr *pron.*

带领大伙儿 everybody, everyone

❶我生病，大伙儿都来看望我，我很感动。
❷大伙儿来到一条弯曲的小溪旁边。

带领 dàilǐng *v.*

带领部队 / 在……的带领下 guide, lead

❶这位大学教授带领研究小组在校内征集到了两百余位志愿者。
❷我认为老马有认路的本领，可以利用它

在前面带路，带领大军走出山谷。

淡水 dànshuǐ *n.*

淡水资源 / 流动的淡水 / 淡水湖 fresh water

❶ 淡水是人类的饮用水。
❷ 大部分鲸鱼生活在海洋中，少数栖息在淡水里。

抵抗 dǐkàng *v.*

抵抗入侵 / 顽强抵抗 / 拼命抵抗 resist

❶ 病变可沿呼吸道蔓延、扩展，再加上周身抵抗力下降，病原微生物就会乘虚而入。
❷ 我们要坚决抵抗外来的侵略者。

中频

地步 dìbù *n.*

这个地步 / 忘我的地步 condition, plight

❶ 为什么人人艳羡的白领精英会沦落到这个地步呢？
❷ 湖南人爱吃辣是很出名的，甚至有人到了没有辣椒就吃不下饭的地步。

典礼 diǎnlǐ *n.*

毕业典礼 / 盛大的典礼 / 一场典礼 ceremony

❶ 毕业典礼上，校长宣布年级第一的学生上台领奖。
❷ 作为从小一起长大的好朋友，我一定参加你的结婚典礼。

典型 diǎnxíng *adj.*

典型案例 / 典型人物 / typical, representative

非常典型

❶他是品学兼优的典型。
❷唐代诗人李白是斗酒百篇的典型代表。

点缀 diǎnzhuì *v.*

点缀环境 / 被鲜花点缀 / 点缀画面 adorn, embellish

❶点心可以点缀出多彩的人生。
❷碧绿的草地上点缀着一簇簇紫色的花朵。

垫 diàn *n.*

鞋垫 / 垫子 cushion

❶只有把过去的挫折和辉煌都作为今天的垫脚石，才能攀登更加美好的明天。
❷猫脚趾上厚实的脂肪质肉垫能大大减轻它们着地的冲击力。

奠定 diàndìng *v.*

奠定基础 / 奠定地位 / 奠定基石 establish, settle

❶国家安定，人民团结，为社会主义经济建设奠定了良好的基础。
❷良好的家教为他奠定了成长的基础。

丁 dīng *n.*

补丁 / 壮丁 cube

❶炒三丁里的菜都要切成丁。
❷我最爱吃的菜是辣子鸡丁。

定义 dìngyì *n.*

下定义 / 自定义 / 生活的定义 definition

❶ 老师列举了好几个例子来帮助我们理解这个定义。
❷ 你认为幸福的定义是什么？

董事长 dǒngshìzhǎng *n.*

公司董事长 / 新董事长 chairman of the board

❶ 作为公司的创始人、董事长，您既是这个变革过程的参与者，也是见证者。
❷ 老张荣升董事长后，攀龙附凤的人很多，但是他却对这些人嗤之以鼻。

动态 dòngtài *n. & adj.*

动态平衡 / 发展动态 / 动态思维 trends; dynamic

❶ 我们要认真研究市场的动态。
❷ 如果用静态思维不能解决，那就改用动态思维试试，或许会有意想不到的效果。

多元化 duōyuánhuà *adj.*

经济多元化 / 多元化发展 diversified, pluralist

❶ 桂林是一个适合人类居住的城市，同时也是一个可以满足现代人多元化旅游需求的国际旅游城市。
❷ 近年来，网络、手机等多元化阅读方式在拓展人们知识面的同时，也使得以快餐式、跳跃性、碎片化为特征的“浅阅读”在社会上迅速流行起来。

发动 fādòng *v.*

发动战争 / 发动机 / 无法发动 start, launch

❶ 夏季，汽车发动机容易过热，因此应加强对发动机冷却系统的检查工作。
❷ 天气太冷了，我的车都发动不起来了。

发行 fāxíng *v.*

发行货币 / 发行债券 / 开始发行 publish, issue

❶ 国家控制货币的发行量，防止通货膨胀。
❷ 邮局发行了一套纪念邮票。

反馈 fǎnkuì *v.*

反馈结果 / 反馈意见 / 收到反馈 feedback

❶ 我们把销售情况反馈给厂家。
❷ 有人开发适合市场的产品，有人把它卖出去，再把信息反馈回来。

反面 fǎnmiàn *adj.*

反面教材 / 反面角色 / 镜子的反面 opposite, negative

❶ 这张卡片正面是图，反面是字。
❷ 在这部戏中，他扮演的是一个反面角色。

反之 fǎnzhī *conj.*

whereas, conversely

❶ 充足的睡眠有助于保持活力；反之，如果我们没有足够的睡眠，就会影响身体的健康。
❷ 快乐对健康有好处；反之，忧郁会损害健康。

中频

分辨 fēnbiàn *v.*

分辨是非 / 分辨能力 / 无法分辨 — distinguish, differentiate

❶即使是婴儿也能分辨得出友好和不友好的伙伴。
❷要分辨谁对谁错，并不是件容易的事。

分散 fēnsàn *adj. & v.*

分散精力 / 分散活动 / 分散的人群 — scattered; distract

❶当空气中的水蒸气达到饱和时，分散的水汽就会依附灰尘而形成稳定的水滴。
❷噪音会分散人的注意力。

丰满 fēngmǎn *adj.*

丰满的羽毛 / 形象丰满 / 非常丰满 — plentiful, plump

❶明年我们会把这个系列做得更加丰满。
❷她比上学的时候丰满多了。

丰收 fēngshōu *n.*

粮食丰收了 / 丰收的季节 / 丰收的喜悦 / 庆祝丰收 — bumper harvest

❶今年油料作物获得了大丰收。
❷他一心只等待着丰收。

风趣 fēngqù *adj.*

很风趣 / 风趣幽默 / 风趣的语言 — humorous, witty

❶这个小伙子说话很风趣。

❷他为人很风趣。

风土人情 fēngtǔ-rénqíng *idiom*

独特的风土人情 / 体验风土人情 local conditions and customs

❶要想成为一个真正的幽默家，必须对古今中外、天南地北、历史典故、风土人情都有所了解。
❷他画了八千多张速写，用最原始的方式表现当地的风土人情。

锋利 fēnglì *adj.*

锋利的剪刀 / 言辞锋利 / 锋利无比 sharp

❶他手中拿着一个锋利的刀片，让人感到害怕。
❷如果砍柴之前先把刀磨锋利的话，效率就会大大提高。

服从 fúcóng *v.*

服从命令 / 完全服从 / 服从安排 obey, comply

❶我们必须服从上级的命令。
❷不要在意那么多，只要服从内心的呼唤。

富裕 fùyù *adj.*

普遍富裕 / 富裕的家庭 / 生活富裕 abundant, affluent

❶他们家过得并不富裕。
❷贫困与富裕不仅是物质上的，也要看精神上的。

改良 gǎiliáng *v.*

改良产品 / 土壤改良 / 改良工艺 improve

❶农业是人类对大自然的“改良”。
❷改良后的菜品很受顾客欢迎。

干扰 gānrǎo *v.*

干扰别人 / 严重干扰 / 受到干扰 interfere, obstruct

❶航天科技活动会干扰手机信号的传送。
❷轻率的表扬不但对孩子没有益处，反而会干扰他们的学习。

感慨 gǎnkǎi *v.*

发出感慨 / 感慨万分 / 感慨良多 sigh with emotion or regret

❶回到久别的故乡，物是人非，怎不叫人感慨万端？
❷那位受尽打击的中年人常常感慨浮生如梦。

高明 gāomíng *adj.*

高明的技术 / 高明的方法 wise, brilliant

❶那位医生虽然年纪不大，但是他的医术十分高明。
❷做生意就像下棋一样，普通人只能看到眼前的一两步，高明的棋手却能看出后面的五六步。

高尚 gāoshàng *adj.*

品德高尚 / 高尚的行为 / 精神高尚 noble, lofty

❶由于他品德高尚，为人也十分正直，所以一直受到后人的推崇。
❷助人为乐是一种高尚的行为。

格式 géshì *n.*

格式化 / 正确的格式 / 转换格式 form, format

❶这种千篇一律的写作格式使他感到很不舒服。
❷一般简历都有固定的格式。

更新 gēngxīn *v.*

更新资料 / 万象更新 / 更新换代 replace, renew

❶随着时代的变迁，我们的观念也要不断更新。
❷产品的更新换代，替代品的出现，与竞争对手同质化现象的出现，都决定了这样的品牌不可能仅仅因为一个故事就能延续几百年的生命。

公务 gōngwù *n.*

执行公务 / 公务繁忙 official business

❶作为一局之长，他公务繁忙，日理万机。
❷政府授权那家机构去执行公务。

供不应求 gōngbùyìngqiú *idiom*

商品供不应求 / 供不应求的情况 supply falls short of demand

❶物以稀为贵，越是供不应求的东西，人们越喜欢争相购买。
❷城内一时大兴土木，建材供不应求，价

格也随之暴涨。

古董 gǔdǒng *n.*

鉴别古董 / 古董交易 / 古董收藏 antique

❶老舍并不喜欢古董。
❷他解甲归田以后，开始迷上了古董收藏。

固执 gùzhí *adj.*

固执己见 / 思维固执 / 固执的观念 stubborn, obstinate

❶他这个人除了有点儿固执之外，还有不少让人佩服的品质。
❷人生的最大遗憾，莫过于轻易地放弃了不该放弃的，固执地坚持了不该坚持的。

中频

故障 gùzhàng *n.*

故障维修 / 机器的故障 / 排除故障 malfunction, breakdown

❶这辆摩托车出了点儿故障。
❷故障已经排除了，你们可以继续进行了。

航空 hángkōng *v.*

航空公司 / 航空服务 / 航空器 aviate

❶关于航空联名卡的功能，它除具有一般国际信用卡的功能外，还可以通过刷卡消费累积航空里程积分。
❷我喜欢搭乘这家航空公司的班机，是因为他们的空中小姐笑容可掬、和蔼亲切。

航天 hángtiān *v.*

航天事业 / 航天飞行 / 航天科技 — fly in the outer space

❶航天科技与日常生活的关系很密切。
❷航天科技的发展让人们对宇宙充满期待。

航行 hángxíng *v.*

在大海中航行 / 停止航行 / 平稳地航行 — sail, fly

❶一艘巨轮在波澜壮阔的大海上航行。
❷人生活在世界上，就好比一只船在大海中航行，辨清前进的方向非常重要。

合成 héchéng *v.*

合成物 / 合成照片 / 合成人像 — compose, constitute

❶绿色植物在阳光的照射下会吸收二氧化碳然后进行光合作用，以合成它们生长所需要的有机物。
❷叶绿素是非常不稳定的，它经常被破坏，也经常在合成。

轰动 hōngdòng *v.*

巨大的轰动 / 轰动一时 / 引起轰动 — cause a sensation

❶原子弹的试验成功，在世界范围内引起了巨大轰动。
❷中国京剧表演艺术家在欧洲的演出引起了巨大轰动。

洪水 hóngshuǐ *n.*

洪水泛滥 / 洪水猛兽 / 洪水的危害 flood, torrent

❶ 对于这一现象，一些专家认为不必将之视如洪水猛兽。
❷ 采用行政干涉，这就好比用巨石堵住洪水，只能暂时缓解现状，却不能在根本上起到作用。

哄 hǒng *v.*

哄骗 / 诱哄 / 哄小孩儿 coax, humor

❶ 我整个晚上都在哄儿子睡觉。
❷ 奶奶哄小孙子把药吃了。

湖泊 húpō *n.*

美丽的湖泊 / 湖泊的类型 / 清澈的湖泊 lake

❶ 这个湖泊周围风景优美，是个旅游的好地方。
❷ 九寨沟有星罗棋布的湖泊，风景秀丽，真令人流连忘返。

划分 huàfēn *v.*

划分清楚 / 划分层次 / 仔细划分 divide

❶ 这个月底之前，就要把岗位职责划分清楚。
❷ 这片区域已经划分给经济开发区了。

悔恨 huǐhèn *v.*

悔恨的泪水 / 悔恨一辈子 / 万分悔恨 regret deeply

❶你要学会将过去的失误、错误通通忘记，不再沉湎于懊恼、悔恨之中，而要一直向前看。

❷他们都在为曾经的辉煌而伤神，为未竟的事业而悔恨。

浑身 húnshēn *n.*

浑身上下 / 浑身难受 / 浑身的力气　all over, from head to toe

❶小丽的病刚好，浑身酥软，一点劲儿也没有。

❷竹子这种植物浑身都是宝。

饥饿 jī'è *adj.*

摆脱饥饿 / 饥饿感 / 饥饿的时候　hungry

❶饥饿的人们盼望着救助。

❷饥饿的狼群在荒野中四处寻找食物。

机构 jīgòu *n.*

机构改革 / 慈善机构 / 成立机构　mechanism, organization

❶我们应该抓住这个时机把组织机构调整好。

❷我们应该精简人浮于事的机构。

基金 jījīn *n.*

购买基金 / 教育基金 / 慈善基金　fund

❶很多明星都设立了自己的慈善基金。

❷这笔基金是专门投入教育的，不可挪用。

及早　jízǎo　*adv.*

及早解决 / 及早安排 / 及早出发　as soon as possible

❶“笨鸟先飞”这个成语指笨拙的人应该早做准备，及早把想法付诸实践，这样就能比那些自认为聪明的人先到达目的地。
❷生了病要及早去治疗。

极端　jíduān　*adv. & n.*

极端天气 / 极端分子　extremly; extreme

❶用“社会面孔”去对待父母的时候，你不自知，可父母会感到极端不舒服。
❷年轻人好冲动，经常从一个极端走向另一个极端。

中频

即便　jíbiàn　*conj.*

即便失去一切 / 即便困难再大　even if, even though

❶即便是地处北极的寒冷苔原，依然有可爱的动物们的足迹。
❷即便先天条件有限，通过后天的努力，仍然可以达到预定的目标。

嫉妒　jídù　*v.*

嫉妒心 / 嫉妒别人 / 让人嫉妒　envy, be jealous of

❶刚参加工作时，一位上司找我谈心，他说：“如果你工作成绩出色，但有人嫉妒你，埋没你的才能，你该怎么办？”
❷不要嫉妒别人的才华，我们也许不是最好的，但我们是唯一的。

寂静　jìjìng　*adj.*

寂静的广场 / 寂静的夜晚 / 一片寂静　quiet, silent

❶月球是个很寂静的地方。
❷夜深了，周围一片寂静。

加剧　jiājù　*v.*

病情加剧 / 加剧恶化 / 加剧矛盾　intensify, sharpen

❶环境污染的加剧让我们深刻认识到保护环境的重要性。
❷他的病势加剧了，我们要马上送他去医院。

坚固　jiāngù　*adj.*

材料坚固 / 坚固的外壳　firm, hard

❶鸟巢体育场非常坚固。
❷赵州桥不但坚固，而且美观，历经千年仍完好无损。

见多识广　jiànduō-shíguǎng　*idiom*

见多识广的人　experienced and knowledgeable

❶作为领导要见多识广。
❷他这几年走南闯北，可谓见多识广。

见解　jiànjiě　*n.*

个人见解 / 提出见解 / 深刻的见解　opinion, view

❶他见解独到而且深刻，常应邀到许多高校发表演讲，深受学生喜爱。
❷对这件事情他有不同的见解，你且听听

中频

他怎么说。

剑 jiàn *n.*

拔剑 / 名剑 / 剑气 sword

❶这把宝剑价值连城。
❷网络是一把双刃剑。

鉴于 jiànyú *prep.& conj.*

鉴于这种情况 in view of; seeing that

❶鉴于这条路线拥挤的状况，公交公司最近又增加了一条新的公共汽车线路。
❷鉴于小明同学表现优秀，学校决定给予他“优秀学生”称号。

中频

将近 jiāngjìn *adv.*

将近完工 / 战争将近 / 将近结束 almost, nearly

❶将近春节的时候，我回到了故乡。
❷将近百名工人被困在了矿井之下。

奖励 jiǎnglì *v.*

奖励先进 / 物质奖励 / 得到奖励 reward, award

❶他的努力得到了公司的奖励，这让他倍感欣慰。
❷有效的奖励和处罚制度可以促进员工工作的积极性。

焦点 jiāodiǎn *n.*

转移焦点 / 议论的焦点 / 成为焦点 focus, focal point

❶古往今来，从来没有谁是世界的中心，也没有谁一直是所有人注目的焦点。
❷他身材魁伟，气宇轩昂，不管在哪里都是众人注目的焦点。

教养 jiàoyǎng *n.*

有教养 / 良好的教养 upbringing, education

❶良好的教养是一个人素质的体现，也是社会进步的基石。
❷他是一个有教养的知识分子。

解放 jiěfàng *v.*

解放思想 / 解放战争 / 获得解放 liberate, emancipate

❶大家要解放思想，跟上时代的步伐。
❷宽恕别人，同时也是解放自己。

精密 jīngmì *adj.*

精密仪器 / 精密计量 accurate, exact

❶我们厂专门生产精密仪器。
❷这件实验仪器非常精密昂贵，用时一定要小心翼翼，轻拿轻放，以免损坏。

井 jǐng *n.*

水井 / 井底 / 井口 well

❶我喝了一口井里的水，真甜啊，甜得沁人心脾，从嗓子眼儿一直甜到心底。
❷他用吊桶从井里打上来满满一桶井水。

就业 jiùyè *v.*

就业形势 / obtain employment, get a job

中频

指导就业 / 就业人员

❶ 研究人员详细分析了几千名就业者的资料。
❷ 在就业方面，应该给残疾人一个公平竞争的机会，提供更多的岗位。

局部 júbù *n.*

局部地区 / 局部修改 / 局部包扎 part, locality

❶ 入春以来，南方局部地区频繁出现雷雨、大风、冰雹等强对流天气。
❷ 这是一个小手术，只需要局部麻醉。

剧烈 jùliè *adj.*

剧烈运动 / 剧烈摇晃 / 非常剧烈 violent, fierce

❶ 步行不属于剧烈的运动，却是一种很有效果的运动。
❷ 游艇在惊涛骇浪中剧烈摇晃，乘客饱受惊吓。

决策 juécè *n.*

正确的决策 / 民主决策 / 重大决策 strategic decision

❶ 这个决策是我们大家共同做出的。
❷ 只有知己知彼，才能在商战中做出正确的决策。

绝望 juéwàng *adj.*

绝望的眼泪 / 陷入绝望 hopeless

❶ 即使绝望的时候，他都没有放弃，而是继续努力。

中频

❷ 多次的碰壁，让他又伤心又绝望。

军队 jūnduì *n.*

军队的物资 / 人民军队 / 指挥军队 army, troops

❶ 时间一长，军队的给养就会发生困难。
❷ 军队正在为这次战役召募新兵。

开展 kāizhǎn *v.*

开展活动 / 成功开展 / 开展顺利 launch, start

❶ 公司的业务开展得很顺利。
❷ 同学们围着老师七嘴八舌地发表意见，希望多开展些有趣的活动。

考古 kǎogǔ *n.*

考古工作 / 考古发现 / 考古人员 archaeology

❶ 通过考古发现，人类的文明可上溯到旧石器时代。
❷ 考古学是研究人类历史的重要手段之一。

坑 kēng *n.*

火坑 / 泥坑 / 深坑 pit

❶ 冬季停车要格外注意选择地点，尽量避开坑洼潮湿处，以免积水结冰冻住车轮。
❷ 所有的兵马俑坑都是地下坑道式土木结构建筑。

空虚 kōngxū *adj.*

很空虚 / 精神空虚 / 空虚的世界 void, empty

❶历史上曾有数不胜数的文学艺术作品描述过这种空虚感。
❷过度的压力反而会带来空虚感。

捞 lāo *v.*

打捞 / 捞取 / 捞出 fish up, dredge up

❶他在水里捞了一阵，终于找到了遗失的金币。
❷你这么做无异于大海捞针。

冷酷 lěngkù *adj.*

目光冷酷 / 冷酷的现实 / 外表冷酷 grim, callous

❶科学居然是这样冷酷的吗?
❷我有一个外表冷酷内心深爱我的爸爸。

中频

礼节 lǐjié *n.*

注意礼节 / 外交礼节 / 握手的礼节 courtesy, etiquette

❶正式的社交场合中，我们尤其应该注意礼节，不要做出一些无礼的举动。
❷在去其他国家之前你应该先学会当地的礼节。

灵魂 línghún *n.*

失去灵魂 / 灵魂伴侣 / 纯洁的灵魂 soul, spirit

❶拍卖师是拍卖行业的灵魂。
❷大大小小的湖泊构成了九寨沟最富魅力的景色，可以说是九寨沟的灵魂。

领会 lǐnghuì *v.*

认真领会 / 领会精神 / 领会意图 understand, comprehend

❶他不能领会领导在会上的发言。
❷你把他的意思领会错了。

溜 liū *v.*

溜走 / 溜冰 / 溜下去 slip away, skate

❶如果总是今天望明日，结果就会是不但今天没有经营好，明天也悄悄地溜走了。
❷冬天湖面结冰的时候，我常常去溜冰。

留恋 liúliàn *v.*

be reluctant to leave, recall with nostalgia

留恋过去 / 令人留恋 / 不再留恋

❶这儿没什么可留恋的。
❷不要太留恋过去。

隆重 lóngzhòng *adj.*

隆重举行 / 隆重的仪式 grand, ceremonious

❶节日里或庆典上，舞龙都是最隆重的活动。
❷摆酒请客，不应过于隆重。

埋没 máimò *v.*

埋没人才 / 被埋没的经典 / 才能被埋没 bury, neglect

❶展示自己对一个人来说很重要，有很多天才因不会展示自己的才能而被埋没。
❷大片良田被泥石流埋没。

漫画 mànhuà *n.*

精彩的漫画 / 漫画书 / 喜爱漫画 cartoon

❶蔡先生很小的时候就迷上了漫画。
❷看漫画是一种轻松愉快的娱乐方式。

密度 mìdù *n.*

增大密度 / 高密度 / 测量密度 density, thickness

❶现有的各种二维条形码在信息密度、编码语言、识读成本等方面还存在着一定的技术缺陷。
❷太阳风的密度非常稀薄。

中频

瞄准 miáozhǔn *v.*

瞄准目标 / 瞄准点 / 精确地瞄准 aim at

❶那个猎人全神贯注地举枪瞄准。
❷他瞄准射击，可子弹并没打中目标。

名副其实 míngfùqíshí *idiom*

名副其实的好人 true to one's name

❶他们才是名副其实的武林霸主。
❷南极大陆从来没有过地震记录，是名副其实的"安全岛"。

膜 mó *n.*

一张膜 / 耳膜 / 薄膜 membrane, film

❶眼睛离页面越远，视野就越宽阔，视网膜成像的文字就越多。
❷他勤工俭学，没课的时候就帮人贴手机膜，赚个辛苦钱。

摩擦 mócā *v. & n.*

摩擦生电 / 产生摩擦 / 来回摩擦 rub; friction

❶人际关系与星际关系一样，太近了就容易摩擦并产生矛盾。

❷家庭成员之间的拥抱可以增强彼此间的亲密关系，大大减少家庭摩擦。

凝聚 níngjù *v.*

凝聚精神 / 凝聚力 / 不断凝聚 condense, distill

❶团队精神的基础是尊重个人的兴趣和成就，其核心是协同合作，其最高境界是使整个团队具有凝聚力。

❷荷叶上凝聚着晶莹的露珠。

浓厚 nónghòu *adj.*

浓厚的氛围 / 感情浓厚 / 兴趣浓厚 dense, thick

❶绍兴有非常浓厚的文化氛围。

❷从小他就对电影制作产生了浓厚的兴趣。

挪 nuó *v.*

挪动 / 挪用 / 挪车 shift, move

❶猎人一边全神贯注地举枪瞄准，一边缓慢地往前挪动脚步。

❷请帮我挪一下这个柜子吧。

配偶 pèi'ǒu *n.*

我的配偶 / 配偶关系 mate, spouse

❶天鹅对自己的配偶非常忠诚。

中频

❷很多人认为选择配偶应该门当户对。

盆地 péndì *n.*

四川盆地 / 盆地的地形 / 盆地四周 basin

❶塔里木盆地埋藏着丰富的石油。
❷平谷区位于北京市东北部的燕山脚下，是一个群山环绕的小盆地。

偏见 piānjiàn *n.*

消除偏见 / 强烈的偏见 / 心存偏见 prejudice

❶我们不应对人心存偏见。
❷请你们互相消除偏见，彼此合作。

撇 piě *v.*

撇开别人 / 撇嘴 / 把人撇下 cast aside

❶他玩电脑游戏越玩越上瘾，把学习撇在了一边。
❷有了新朋友，不能把老朋友撇在一边。

中频

拼搏 pīnbó *v.*

努力拼搏 / 拼搏的精神 / 不断拼搏 struggle, go all out

❶有时候过高地估计困难、强调风险，可能会削弱拼搏的勇气。
❷我是在为伟大的理想而拼搏，不是在为某一个细小的目标拼搏。

拼命 pīnmìng *adv.*

do one's utmost, with all one's might

拼命奔跑 / 拼命挣扎 / 拼命抵抗

❶为了按时完成任务，他拼命地加班。
❷他拼命地跑，想赶上火车。

贫困　pínkùn　*adj.*

贫困地区 / 生活贫困 / 贫困户　impoverished, destitute

❶干旱、半干旱地区相对比较贫困。
❷昨天贫困潦倒的人将来或许会变成富翁。

频率　pínlǜ　*n.*

使用频率 / 频率相似 / 高频率　frequency

❶由于人们的思维活动大多集中在左脑，左脑的使用频率较高。
❷这篇文章中，出现频率最高的是哪个词？

平原　píngyuán　*n.*

广阔的平原 / 平原地区 / 平原的景色　plain, flatland

❶东北平原是中国最重要的粮食产地。
❷你看，我们脚下的平原景色多好！

评论　pínglùn　*n. & v.*

公正的评论 / 评论家 / 公开评论　comment; review

❶幸福来自自己内心的感觉，而不是别人的评论。
❷我是电影评论专业的研究生，去年一年的时间我一共看了两百多部电影。

颇 pō *adv. & adj.*

颇久 / 颇多 / 颇深 considerably; oblique

❶我看了他的这些作品之后，感触颇深。
❷简单地以貌取人往往有失偏颇。

迫不及待 pòbùjídài *idiom*

迫不及待地打开 / 迫不及待地回答 impatient, in a hurry

❶孩子们小的时候迫不及待地希望自己长大，而当他们长大后又开始怀念童年。
❷我迫不及待地想把这个好消息告诉大家。

朴实 pǔshí *adj.*

朴实的语言 / 勤劳朴实 / 特别朴实 plain, simple

❶我爷爷是个朴实的乡下人。
❷我很喜欢这位歌手，他的演唱风格朴实自然。

朴素 pǔsù *adj.*

打扮朴素 / 朴素的生活 / 朴素的品德 plain, simple

❶总裁的生活很朴素。
❷她穿得朴素大方。

气势 qìshì *n.*

气势雄伟 / 豪迈的气势 / 气势汹汹 momentum, imposing manner

❶土楼由于其独一无二的造型、庞大的气势及防潮抗震等优势被誉为世界上独一

无二的神话般的民居建筑。
❷坐落在天安门广场西侧的人民大会堂气势雄伟。

器材 qìcái *n.*

实验器材 / 整理器材 / 健身器材　equipment, material

❶我们店专卖健身器材。
❷我们要准备足够的摄影器材，以便完成所有拍摄工作。

洽谈 qiàtán *v.*

洽谈生意 / 项目的洽谈 / 洽谈会　negotiate, consult

❶朋友小聚，洽谈生意，大都是上茶馆。
❷随着哈尔滨国际贸易洽谈会的成功举办，哈尔滨的知名度越来越高。

迁徙 qiānxǐ *v.*

人口迁徙 / 迁徙的规律 / 民族迁徙　migrate, move

❶自古以来，哈尼族人迁徙到哪里，他们的“蘑菇房”就盖到哪里。
❷鸟类每年定期且大规模的迁徙，在很多年以前就引起了人类的注意。

谦逊 qiānxùn *adj.*

谦逊的态度 / 十分谦逊 / 谦逊地鞠躬　modest, humble

❶做人应该谦逊。
❷成熟的麦子低着头，那是在教我们谦逊。

中频

潜移默化 qiányí-mòhuà *idiom*

潜移默化的作用 / 潜移默化地影响 influence imperceptibly

❶父母的言行会潜移默化地影响孩子。
❷女性的购物欲望多数并非与生俱来，而是后天由母亲“潜移默化”培养出来的。

强迫 qiǎngpò *v.*

强迫执行 / 强迫劳动 / 强迫别人 compel, force

❶完美主义者习惯于把目标定得过高，带有明显的强迫心理。
❷他强迫你做你不愿意做的事情了吗？

中频

桥梁 qiáoliáng *n.*

一座桥梁 / 中国桥梁 / 钢铁桥梁 bridge

❶平遥国际摄影节是世界了解中国摄影和中国了解世界摄影的一座桥梁。
❷不少建筑物和生活用品都喜欢以龙作为装饰，人们把它雕在房椽上、桥梁上、舟船上，刻在胡琴上、拐杖上、刀剑上。

倾斜 qīngxié *v.*

向下倾斜 / 倾斜的房子 / 微微倾斜 incline, lean

❶那座倾斜的高塔是建筑史上的一大奇观。
❷这座塔倾斜了。

清除 qīngchú *v.*

清除干净 / 清除杂草 / 动手清除 eliminate, get rid of

❶环卫工人正在清除垃圾。
❷行星指的是围绕太阳运转、有足够的质量能维持流体静力平衡，呈圆球状，并且能够清除其轨道附近其他物体的天体。

趣味 qùwèi *n.*

无穷的趣味 / 趣味性 / 低级趣味 — interest, delight

❶我喜欢读书，我觉得读书趣味无穷。
❷他的讲座趣味横生，听众笑倒一片。

权威 quánwēi *n. & adj.*

权威人士 / 科学权威 / 权威发布 — authority; authoritative

❶他的学术成果得到了权威的认可。
❷我们公司在业内确定了权威性和全面性。

全力以赴 quánlìyǐfù *idiom*

do at all costs, make an all-out effort

全力以赴地学习 / 大家全力以赴

❶我一定会全力以赴的。
❷哪怕只有一线希望，我也要全力以赴去争取。

犬 quǎn *n.*

恶犬 / 犬牙 / 犬子 — dog

❶没有比它更好的猎犬了。
❷我家养了一只牧羊犬。

中频

日益 rìyì *adv.*

问题日益严重 / 生活日益改善 / 日益增加 day by day, more and more

❶航天科技活动与人类日常生活的关系日益密切。
❷我们的祖国日益走向繁荣富强！

容貌 róngmào *n.*

容貌美丽 / 精致的容貌 / 容貌受损 looks, appearance

❶这姑娘不但容貌美丽，心地也很善良。
❷舞蹈队的姑娘们个个容貌标致，体态轻盈。

揉 róu *v.*

揉面 / 揉碎 knead, rub

❶一定要防止通过揉眼睛或擦鼻涕而感染上感冒。
❷妈妈在揉面，准备包饺子。

若干 ruògān *pron.*

若干问题 / 若干年后 / 若干原因 several, certain amount of

❶若干年后，他还被人们深深怀念着。
❷今天我们要讨论关于发展教育的若干问题。

散文 sǎnwén *n.*

一篇散文 / 散文集 / 写散文 prose, essay

❶他生平创作的近百篇散文、诗歌已经集结成册，正式出版。

❷他的小说和散文一直受到海内外读者的欢迎。

筛选 shāixuǎn *v.*

筛选机制 / 严格筛选 / 层层筛选 sift, select

❶这篇文章是从许多来稿中筛选出来的。
❷外婆蹲在水果摊旁，仔细地筛选着橘子。

闪烁 shǎnshuò *v.*

眼神闪烁 / 闪烁着光芒 / 闪烁的星星 glimmer, twinkle

❶夜空中闪烁着数不尽的星星。
❷这次的猎物是只成年的公狼，它那金黄色的皮毛闪烁着金属的光泽。

奢侈 shēchǐ *adj.*

奢侈的生活 / 追求奢侈 luxurious, extravagant, wasteful

❶在高楼林立的都市里能有一个独立的小院子，这无疑是很奢侈的。
❷她追求奢侈的生活。

生育 shēngyù *v.*

生育后代 / 生育政策 / 生育能力 bear, give birth

❶虽然结了婚，可她还没有生育。
❷她已经过了生育的年龄。

盛行 shèngxíng *v.*

盛行一时 / be in vogue, be prevalent

中频

盛行的音乐 / 十分盛行

❶清初，徽剧主要盛行于安徽及江浙一带。
❷唐代盛行厚葬，达官贵族是这样，百姓也如此，形成了一股风气。

施展 shīzhǎn *v.*

施展抱负 / 充分施展 / 无法施展 display, put to good use

❶网络文学给很多有才华的年轻作者提供了施展才华的机会和平台。
❷团队为员工提供了一个施展才华的舞台。

时机 shíjī *n.*

时机成熟 / 把握时机 / 最好的时机 opportunity

❶他一向能把握时机。
❷我们要不失时机地加紧进行这项工程。

实施 shíshī *v.*

计划实施 / 实施政策 / 实施方案 implement, carry out

❶统治者应该实施休养生息的政策。
❷对于我认为是过得去的计划，可以在具体的实施过程中加以指导，使它们重新回到我所预期的轨道上来。

实行 shíxíng *v.*

implement, carry out, put into practice

切实实行 / 立即实行 / 可以实行

❶我们公司实行弹性工作制。

❷中国实行九年制义务教育。

拾 shí *v.*

拾起 / 收拾 pick up, put in order

❶他蹲下身子从地上拾起了笔。
❷她把家里收拾得纤尘不染，整齐大方。

世代 shìdài *n.*

世代经商 / 世代相传 for generations

❶司马光一家世代为官。
❷李时珍家世代行医救人。

势必 shìbì *adv.*

势必得到 / 势必完成任务 certainly will

❶这样的写作风格势必会影响我们的文学。
❷不能用人之专长，势必会阻碍人才发挥其作用。

是非 shìfēi *n.*

分辨是非 / 是非对错 / 是非不分 right and wrong, quarrel

❶现在，“东郭先生”已经成为汉语中的固定词语，指的就是那些不辨是非而滥施同情心、对坏人讲仁慈的人。
❷他们到处搬弄是非，传播流言。

耍 shuǎ *v.*

耍人 / 耍无赖 / 戏耍 play with, play tricks

❶他喜欢跟小伙伴们在后院里玩耍。
❷他把大伙儿耍了。

爽快 shuǎngkuai *adj.*

性格爽快 / 爽快地答应 refreshed, outright

❶他爽快地在合同上签了字。
❷他是个爽快人，做任何事情都不拖泥带水。

死亡 sǐwáng *v.*

畏惧死亡 / 面对死亡 / 死亡事件 die

❶鱼儿离开了水就会死亡。
❷面对死亡的威胁，他毫不畏惧。

淘汰 táotài *v.*

被淘汰 / 淘汰队员 / 淘汰赛 eliminate, knock out

❶这支球队有可能被淘汰。
❷不发展不进步就意味着退步，意味着存在将要被淘汰的危险。

提示 tíshì *v.*

提示牌 / 友情提示 / 温馨提示 hint, give a cue

❶我听不清楚，他们也没有设置字幕提示。
❷温馨提示：天气多变，注意身体！

体积 tǐjī *n.*

体积庞大 / 体积膨胀 / 气体的体积 volume, bulk

❶酵母有帮助消化的作用，因此馒头、面包比同样体积的米饭热量要低。
❷土楼最大的特点在于其体积庞大。

田径 tiánjìng *n.*

田径场 / 田径训练 / 田径运动 track and field

❶ 田径与游泳、射击一起被称为“奥运金牌三大项目”。
❷ 今年的世界田径锦标赛在鸟巢举行。

调和 tiáohé *v.*

调和关系 / 色彩调和 / 从中调和 mediate

❶ 经过调和，他们之间的误会消除了。
❷ 把这几种中药调和均匀抹在伤处即可。

调解 tiáojiě *v.*

调解纠纷 / 经过调解 / 出面调解 reconcile

❶ 老王经常给邻居做调解工作。
❷ 发言人要求在国际联盟的调解下进行会谈。

停滞 tíngzhì *v.*

经济停滞 / 时间停滞 / 停滞不前 be at a standstill

❶ 连续的雨雪让工程停滞了。
❷ 停滞很久的实验今天又开始启动了。

铜 tóng *n.*

铜矿 / 铜牌 / 铜板 copper

❶ 铜牌得主对这个结果最为满意，因为他终于步入高手行列。
❷ 我们这儿最近发现了一座特大铜矿。

统筹兼顾 tǒngchóu-jiāngù *idiom*

an overall plan taking into account all factors

做到统筹兼顾

❶我们要学会统筹兼顾。
❷“可持续发展”的内涵十分丰富，其思想实质是在追求经济发展过程中统筹兼顾人与自然的关系。

投降 tóuxiáng *v.*

举手投降 / 宣布投降 / 无条件投降 surrender

❶有些人下棋，稍见情势不妙，立刻就弃子投降。
❷他英勇不屈，决不投降。

中频

团结 tuánjié *v.*

团结一心 / 团结起来 / 破坏团结 unite, rally

❶我们可以把这群人团结起来，一起来实现同样的梦想。
❷企业要想发展必须靠团结。

团圆 tuányuán *v.*

团圆日 / 家庭团圆 / 实现团圆 have a reunion

❶中秋节是一个团圆的日子。
❷因为汤圆是圆形的，象征着一家团圆，正好符合春节的节日内涵。

推理 tuīlǐ *v.*

推理过程 / 逻辑推理 / 推理论证 infer, reason

❶青少年喜欢读推理小说。
❷推理不同于猜测，要更加科学严谨。

挽回 wǎnhuí *v.*

挽回尊严 / 无法挽回 / 试图挽回 retrieve, redeem

❶他们之间的友谊能挽回吗？
❷我的想法是把以前小说里的错误改正，把留下的遗憾挽回，修改主要是围绕情节来进行的。

往事 wǎngshì *n.*

回忆往事 / 悲惨的往事 / 一段往事 past events

❶伤心的往事，不堪回首。
❷翻开相册，往事历历在目。

畏惧 wèijù *v.*

令人畏惧 / 畏惧心理 / 畏惧死亡 fear, dread

❶暴风雨中的大海咆哮不止，令人畏惧。
❷当他被带到法官面前时，他有一种畏惧感。

无动于衷 wúdòngyúzhōng *idiom*

无动于衷的样子 aloof and indifferent

❶对于社会上的不正之风，我们不能无动于衷。
❷对于别人的困难，我们不能无动于衷，袖手旁观。

舞蹈 wǔdǎo *n.*

舞蹈老师 / 喜爱舞蹈 / 欢快的舞蹈 dance

❶傣族人民把孔雀作为自己民族精神的象征，孔雀舞是傣族最具代表性的舞蹈。

❷东巴文化主要包括象形文字、东巴经，以及东巴绘画、音乐、舞蹈等。

物资 wùzī *n.*

充足的物资 / 运送物资 / 准备物资 goods and materials

❶那个年代物资比较紧张。
❷道路没有打通，物资运输不上去。

袭击 xíjī *v.*

袭击村庄 / 突然袭击 / 恐怖袭击 attack

❶臭氧层像一道坚固的屏障，保护着地球上的生物免受太阳紫外线和高能粒子的袭击，被称为“地球的保护伞”。
❷滨海地区常常遭到台风的袭击。

中频

细菌 xìjūn *n.*

细菌感染 / 细菌繁殖 / 有害细菌 bacterium, germ

❶细菌有时是人体健康的一大威胁，有时又是人体维持平衡的助力。
❷手术的器材必须严格消毒，以杀死有害细菌。

霞 xiá *n.*

彩霞 / 云霞 / 晚霞 rosy clouds, glow of the sun

❶一片美丽的晚霞出现在天边。
❷夏季多雨，人们在雨过天晴后可以欣赏彩霞，还可以观看云海翻滚的壮丽景色。

掀起 xiānqǐ *v.*

掀起波浪 / 迅速掀起 / 掀起浪潮 — set off (a campaign), begin

❶ 强劲的海风掀起了阵阵波涛。
❷ 我国的广大农村正掀起如火如荼的春耕生产高潮。

鲜明 xiānmíng *adj.*

个性鲜明 / 鲜明的色彩 / 旗帜鲜明 — bright, distinct

❶ 哺乳动物的感情世界比昆虫和鱼类更加丰富和鲜明。
❷ 无论是哪个国家或哪个时代的寓言故事，都总结了人们的生活经验和做人处世的道理，普遍具有鲜明的哲理性。

嫌疑 xiányí *n.*

嫌疑人 / 有犯罪嫌疑 / 重大嫌疑 — suspicion

❶ 两名犯罪嫌疑人因涉嫌共同盗窃而被拘留，警方将两人分开关押，然后分别对他们进行讯问。
❷ 海关人员仔细搜查了一艘有走私嫌疑的海轮。

显著 xiǎnzhù *adj.*

显著的成绩 / 效果显著 / 显著提高 — notable, outstanding

❶ 冬冷夏热，四季比较分明，是温带气候的显著特征。
❷ 长期运动减肥的效果会更加显著。

乡镇 xiāngzhèn *n.*

乡镇企业 / 建设乡镇 / 美丽的乡镇 villages and towns

❶政府大力支持乡镇企业的发展。
❷乡镇机构改革是农村综合改革的一项重要内容。

效益 xiàoyì *n.*

经济效益 / 创造效益 / 效益可观 benefit

❶这次投资取得了巨大的效益。
❷除了经济效益，我们更应重视社会效益。

心得 xīndé *n.*

心得体会 / 读书心得 / 个人心得 perception, understanding

❶你在小说的创作方面，有什么特别的心得吗？
❷随着互联网的发展，团购的参与者更多的是素不相识的陌生人，大家通过购物相识，互相交流消费信息和购物心得。

辛勤 xīnqín *adj.*

辛勤工作 / 辛勤的农民 hardworking, industrious

❶我们感谢辛勤的老师。
❷小蜜蜂在辛勤地采着花蜜。

兴旺 xīngwàng *adj.*

一派兴旺 / 生意兴旺 / 兴旺的农村 prosperous, thriving

❶祖国一片兴旺的景象。
❷村民们找到了致富的途径，村子终于兴旺起来了。

修复 xiūfù *v.*

修复关系 / 细胞修复 / 难以修复 repair, restore

❶他急着修复和我的关系，明里暗里帮了我不少忙。
❷我的工作是在博物馆修复损坏的古代文物。

修养 xiūyǎng *n.*

个人修养 / 提高修养 / 道德修养 accomplishment, training

❶其实，看轻自己有时候是一种风度、一种修养、一种境界。
❷他是一个很有修养的艺术家。

绣 xiù *v. & n.*

刺绣 / 绣品 / 绣花 embroider; embroidery

❶我的校服上绣着我的名字，这样就不会拿错了。
❷她刺绣的手艺来源于家族传承。

虚荣 xūróng *n.*

虚荣心 / 追求虚荣 / 虚荣的表现 vanity

❶青少年不应该追求虚荣。
❷虚荣心害了他一辈子。

宣扬 xuānyáng *v.*

宣扬文化 / 积极宣扬 / 大肆宣扬 publicize, propagate

❶他宣扬的理念引起了广泛的关注和讨论。
❷不要做了一点儿好事就大肆宣扬。

旋律 xuánlǜ *n.*

和谐的旋律 / 旋律优美 / 主旋律 melody

❶我喜欢这优美的旋律。
❷笛子出众的表现力不仅仅在于其优美的旋律，它还能表现大自然的各种声音，比如模仿各种鸟叫等。

旋转 xuánzhuǎn *v.*

旋转门 / 旋转运动 / 不停地旋转 rotate, revolve

❶月球像忠实的卫士，始终围绕着地球旋转。
❷地球绕地轴旋转，同时也围绕着太阳旋转。

血压 xuèyā *n.*

高血压 / 控制血压 / 血压升高 blood pressure

❶这款新药能很好缓解高血压的症状。
❷他的血压总是起伏不定。

循序渐进 xúnxù-jiànjìn *idiom*

循序渐进的原则 make steady progress

❶学习要由浅入深，由易到难，循序渐进，并且要举一反三，触类旁通。

中频

❷做任何事都要循序渐进，不可急于求成。

岩石　yánshí　*n.*

一块岩石 / 光滑的岩石 / 敲击岩石　rock

❶清澈的溪水自岩石间潺潺地涌出。
❷灰尘主要的来源是土壤和岩石。

掩饰　yǎnshì　*v.*

掩饰心情 / 毫不掩饰 / 无法掩饰　conceal, gloss over

❶患者常常会为了维护自己在别人心目中的形象刻意掩饰自己的情绪，甚至强颜欢笑。
❷得知自己得了冠军，他无法掩饰内心的激动。

厌恶　yànwù　*v.*

令人厌恶 / 厌恶的情绪 / 厌恶某人　loath, disgust

❶这种赞美不但不会换来对方的好感，反而会使人厌恶。
❷他为人刻薄，大家都厌恶他。

要素　yàosù　*n.*

成功的要素 / 创新要素 / 构成要素　essential factor, key element

❶相貌在一定程度上可以反映一个人的内在，换句话说，相貌与气质、能力等要素之间具有一定的关联。
❷每个汉字都有形、音、义三个要素。

野心 yěxīn *n.*

野心家 / 野心勃勃 / 充满野心

wild ambition, careerism

❶ 有人赞她是著名作家，她说："我没有这份野心。"

❷ 他的野心大于他的才干。

一度 yídù *adv. & quantifier*

一度失控 / 一度请假 / 一度认为

once; for a time

❶ 诞生之初，上海国际电影节曾一度陷入困境中。

❷ 一年一度的啤酒节吸引了很多游客。

中频

一帆风顺 yìfān-fēngshùn *idiom*

go smoothly, be in smooth waters

一帆风顺的人生 / 道路一帆风顺

❶ 生活不会永远一帆风顺。

❷ 一帆风顺的意思是船挂着满帆顺风行驶，比喻非常顺利，没有任何阻碍。

一贯 yíguàn *adj.*

一贯的风格 / 一贯很谦虚

consistent, persistent

❶ 这位法官一贯秉公办案，执法如山，不徇私情。

❷ 从善如流是他的一贯作风，也是他能够做好工作的基础。

一目了然 yímù-liǎorán *idiom*

让人一目了然 / 内容一目了然 — be obvious at a glance

❶下班前清理好桌面，然后将明天的任务列成清单贴在桌上，这样第二天要处理的事情就一目了然。
❷从高塔往下看，整个城市的风光一目了然，令人心旷神怡。

一如既往 yìrú-jìwǎng *idiom*

一如既往地努力 / 生活一如既往 — just as in the past

❶我会一如既往地支持你们的工作。
❷虽然他考过了 HSK 六级，他还是一如既往地努力学习。

依据 yījù *v. & n.*

事实依据 / 依据实际情况 / 法律依据 — base sth. on; basis

❶法官断案，要以事实为依据，以法律为准绳。
❷我依据老师的解说，触类旁通，解决了许多问题。

以致 yǐzhì *conj.*

以致造成…… / 以致错过…… — so that, as a result

❶有人总是抱怨没有机会，然而当机会来临时，却因为自己平时没有积累足够的学识与能力，以致不能胜任，只能后悔莫及。
❷这次考试，他没准备，以致全军覆没，

中频

没有一科及格。

翼 yì *n.*

机翼 / 羽翼 wing

❶猫尾是一个平衡器官，就像飞机的尾翼一样，可以使身体保持平衡。
❷小鸟的优势就在于机会无穷，各种新奇的尝试与可能都在双翼之下。

用户 yònghù *n.*

用户体验 / 用户群 / 吸引用户 user, consumer

❶我们的用户更愿意在互联网做一些增值的互动。
❷对用户的需求，要做广泛的调查。

中频

忧郁 yōuyù *adj.*

淡淡的忧郁 / 忧郁的眼神 / 十分忧郁 depressed, melancholy

❶孤独让外婆变得更加忧郁。
❷看着她忧郁的神情，我心里很难过。

有条不紊 yǒutiáo-bùwěn *idiom*

有条不紊地生活 / 安排得有条不紊 / 做事有条不紊 in an orderly manner

❶她把所有的工作都安排得有条不紊。
❷他做事一向按部就班，有条不紊。

渔民 yúmín *n.*

善良的渔民 / 渔民的生活 / 一位渔民 fisherman, fisherfolk

❶他走了上万里路，拜访了千百位医生、老农、渔民和猎人，从他们那里学到了很多书本上没有的知识。
❷你去那个渔村，要向当地渔民了解一下他们的风俗。

愚蠢 yúchǔn *adj.*

愚蠢无知 / 愚蠢的表现 / 十分愚蠢 — silly, stupid

❶如果只是羡慕别人而丢掉了自信心和追求，那是非常愚蠢的。
❷愚蠢的人贪图财富，智慧的人积累知识。

与日俱增 yǔrì-jùzēng *idiom*

increase steadily, grow with each passing day

思念与日俱增 / 与日俱增的感情

❶老医生的名气越来越大，从四面八方来看病的人也与日俱增。
❷随着经济的发展，这个国家的国力与日俱增。

宇宙 yǔzhòu *n.*

宇宙空间 / 神秘的宇宙 / 探索宇宙 — universe, cosmos

❶宇宙中有很多未知的领域等待我们去探索。
❷宇宙是神秘的，正等你们去探索。

寓言 yùyán *n.*

一则寓言 / 寓言故事 / 精彩的寓言 — fable

❶老师常常用生动的寓言故事说明一些深

中频

刻的道理。
❷愚公移山这个寓言故事说的就是有志竟成的道理。

赞叹 zàntàn *v.*

一声赞叹 / 令人赞叹 / 值得赞叹　gasp in admiration, highly praise

❶观众都赞叹演员的精彩表演。
❷她的演出近乎完美，受到大家的一致赞叹。

遭遇 zāoyù *n. & v.*

悲惨的遭遇 / 遭遇风暴 / 不幸遭遇　(bitter) experience; encounter

❶一家著名企业的总裁谈起他 20 多年前的一次遭遇。
❷有的人和谁都能称兄道弟，但当他遭遇危机时，却没有一个人施以援手。

噪音 zàoyīn *n.*

噪音污染 / 讨厌的噪音 / 发出噪音　noise

❶判断一种声音是否属于噪音，仅从物理学角度分析是不够的，人的主观感受也应该作为重要的标准。
❷音乐对于正在欣赏它的人来说是乐音，但对于正在学习、休息或集中精力思考问题的人来说或许就是一种噪音。

崭新 zhǎnxīn *adj.*

崭新的面貌 / 崭新的形象　brand new

❶经过城市改造，桂林以崭新的面貌展现

中频

在游客面前。

❷时光一去不复返，明天又是崭新的一天，我们不要让过去的错误成为明天的包袱。

战斗 zhàndòu *v. & n.*

指挥战斗 / 战斗英雄 / 战斗打响 fight; battle

❶同伴们看到木兰都万分惊奇，没想到共同战斗多年的战友竟是一位漂亮的女子。

❷哥哥在战斗中立功了。

真挚 zhēnzhì *adj.*

感情真挚 / 真挚的友谊 / 十分真挚 sincere

❶对他的长处和成绩越看重，就会越让他感受到你的真挚、亲切和可信。

❷世间最真挚的感情之一，就是父母对我们那深深而无私的爱。

镇静 zhènjìng *adj.*

镇静地处理 / 保持镇静 / 情绪镇静 calm, composed

❶麦克总是能镇静地处理事情。

❷他遇事不慌不忙，非常镇静。

征服 zhēngfú *v.*

征服观众 / 征服高峰 / 被征服 conquer, vanquish

❶石碑上刻了一个人征服几头狮子的画面。

❷去年他征服了珠穆朗玛峰，完成了生平夙愿。

蒸发 zhēngfā *v.*

蒸发汗水 / 蒸发水分 / 立刻蒸发 evaporate

❶ 太阳一出来，草尖儿上的露珠立刻就蒸发了。

❷ 吐鲁番干旱酷热，水分蒸发量大，一到风季就会尘沙漫天。

正义 zhèngyì *n. & adj.*

宣扬正义 / 正义的行动 / 维护正义 justice; righteous

❶ 正义终究会战胜邪恶。

❷ 他代表多数人发出了正义的呼声。

症状 zhèngzhuàng *n.*

轻微的症状 / 症状明显 / 发现症状 symptom (of an illness)

❶ 无论是一般感冒还是流行性感冒，都会出现打喷嚏、鼻塞等常见症状。

❷ 中医说的上火，有什么症状？

支配 zhīpèi *v.*

合理支配时间 / 思想支配行动 / 被支配 dominate, allocate

❶ 强者会尽量支配环境，而弱者往往受制于环境。

❷ 右手、右眼作为左脑支配的对象，相对来说会比左手、左眼使用得更多一些。

职位 zhíwèi *n.*

谋求职位 / 重要的职位 / position, post

职位的空缺

❶ 经理助理的职位一直空缺，无人能够胜任。

❷ 你的职位已经有人填补了。

指标 zhǐbiāo *n.*

一个指标 / 测量的指标 / 达到指标 target, quota

❶ 他们正在制定明年的生产指标。

❷ 经过大家的努力，我们提前完成了工作指标。

指责 zhǐzé *v.*

指责别人 / 受到指责 / 当众指责 criticize, find fault with

❶ 出了问题不要互相指责。

❷ 他没有帮助我们，反而指责我们。

终点 zhōngdiǎn *n.*

比赛终点 / 抵达终点 / 生命的终点 terminal point, destination

❶ 比赛在乎的是终点，而旅行在乎的是沿途风景。

❷ 列车准时到达终点。

重心 zhòngxīn *n.*

目前的重心 / 找到重心 / 生活重心 center of gravity, core

❶ 坐姿射击时重心更稳，也更省力，便于瞄准。

❷ 安定团结是我们目前的工作重心。

周密 zhōumì *adj.*

计划周密 / 周密部署 / 周密的安排 careful, thorough

❶做事情之前要计划周密。
❷这次失败的原因主要在于事先准备不足，计划做得不够详细周密。

周转 zhōuzhuǎn *v.*

资金周转 / 无法周转 / 周转紧张 turn over (in cash or personnel)

❶买了新房之后，由于资金周转紧张，我们决定卖掉老房子。
❷客户欠款导致我们公司资金周转不灵。

株 zhū *m.w.*

一株树苗 / 病株 / 幼株 (measure word for plants or trees)

❶如果环境适宜的话，一株幼小的椰子树就会在那儿开始它的独立生活。
❷在学习中不可有守株待兔的心理，没有什么是可以不劳而获的。

逐年 zhúnián *adv.*

year by year, with each passing year

逐年增加 / 逐年上升

❶地球的温度正在逐年上升。
❷随着模式的不断成熟和完善，上海国际电影节的吸引力逐年倍增。

主管 zhǔguǎn *n. & v.*

一名主管 / person in charge; be in charge of

中频

公司主管 / 担任主管

❶按资历深浅来划分，人们在职场中大致会经历三种角色：进入社会不久的新人、中层干部与高层主管。
❷我在香港的时候主管三个领域，第一个是环境，第二个是交通运输，第三个是城市基础设施建设。

著作 zhùzuò *n. & v.*

一部著作 / 权威著作 / 完成著作 work; write

❶这是一部具有历史意义的文学著作。
❷他从事著作多年，出版过不少好作品。

拽 zhuài *v.*

拖拽 / 拽住 / 拽着他 drag, haul

❶我正打算出门，他一把拽住了我。
❷杰西卡拽了一下我的胳膊。

专长 zhuāncháng *n.*

发挥专长 / 文艺专长 / 拥有专长 special knowledge

❶不能用人之专长，势必会阻碍人才发挥其最大作用。
❷你算问对人了，这正好是我的专长。

专利 zhuānlì *n.*

个人专利 / 获得专利 / 专利技术 patent

❶采用这种方法，阅读速度就可以成十倍地提高，一目数行并不是天才的专利。
❷别看他年纪轻轻，他已经申请了两项

中频

专利。

砖 zhuān *n.*

冰砖 / 砖厂 / 地砖 brick, tile

❶以前农民们自己烧砖盖房。
❷他家新铺的地砖又漂亮又结实。

钻研 zuānyán *v.*

刻苦钻研 / 钻研难题 / 钻研技术 study meticulously, delve into

❶我希望他们能具备一些知识分子身上的那种钻研精神。
❷爷爷几十年如一日，苦心钻研中医中药。

遵循 zūnxún *v.*

遵循规则 / 严格遵循 / 必须遵循 follow, abide by

❶培养教育儿童要遵循客观规律，不能干拔苗助长的蠢事。
❷我们应该遵循自然规律，而不能破坏生态平衡。

泼 pō *v.*

splash, spill

❶泼出去的水无法收回，讲过的话也同样收不回来。
❷不要把污水泼到院子里。

腥 xīng *adj.*

鱼腥 / 血腥 / 腥味儿 fishy

❶烧鱼的时候放一点儿醋，可以去腥。

中频

❷到了卖水产的地方，一股腥味扑鼻而来，真让人受不了。

凹凸 āotū *adj.*

凹凸不平 / 凹凸的路面 bumpy, uneven

❶外面的世界是客观的，客观的外在映射到我们的内心之后，就会加上我们的主观意念，变得凹凸不平了。
❷指纹是人类手指末端指腹上由凹凸的皮肤所形成的特殊的纹路。

拔苗助长 bámiáo-zhùzhǎng *idiom*

spoil things through excessive enthusiasm

❶拔苗助长不但达不到预期的目的，反而会把事情搞坏。
❷家长让孩子们上太多补习班，这是在拔苗助长，往往会破坏他们的学习兴趣。

把关 bǎguān *v.*

严格把关 / 把关一下 / 把把关 check strictly for mistakes

❶每当我练琴时，妈妈总是安静地坐在旁边，认真为我把关。
❷我们厂有个质检部门，专门对产品质量进行把关。

拜访 bàifǎng *v.*

上门拜访 / 拜访领导 / 主动拜访 pay a visit to

❶表弟的拜访搅乱了我的周日复习计划。
❷我想带他们去拜访一位对山水画极有造

诣的专家。

饱和 bǎohé *v.*

已经饱和 / 饱和状态 / 接近饱和 saturate

❶就洗衣机的销售而言，市场供应量已经接近饱和程度。
❷家电行业的市场已经基本饱和了。

保管 bǎoguǎn *v.*

保管物品 / 妥善保管 / 用心保管 store, take care of

❶贵重物品可以由银行保管。
❷出门时要保管好自己的行李。

中频

报酬 bàochou *n.*

获得报酬 / 劳动报酬 / 工作报酬 reward, remuneration

❶我通过努力获得了丰厚的报酬。
❷我们可以通过提高报酬来激励员工。

抱负 bàofù *n.*

远大的抱负 / 施展抱负 / 实现抱负 aspiration

❶很多有抱负的人都忽视了积少才能成多的道理。
❷弟弟有远大的抱负。

爆炸 bàozhà *v.*

大爆炸 / 突然爆炸 / 发生爆炸 explode, blow up

❶煤气罐突然爆炸了。

❷他的发明创造在一瞬间引起了爆炸性的关注。

奔波 bēnbō *v.*

到处奔波 / 在外奔波 / 奔波的日子 rush about

❶为了找工作，他四处奔波。

❷父亲为了这个家日夜奔波，不辞辛劳。

笨拙 bènzhuō *adj.*

笨拙的方式 / 十分笨拙 / 笨拙可笑 clumsy

❶"笨鸟先飞"指的是笨拙的人应该早做准备。

❷在南极，除了满天的冰雪和笨拙可爱的企鹅之外就没有别的东西了。

鼻涕 bítì *n.*

流鼻涕 / 一把鼻涕 nasal mucus, snivel

❶如果感冒患者用手直接触摸或擦鼻涕，病毒就会由此沾在手上。

❷老人一把鼻涕一把泪地诉说自己的遭遇。

弊病 bìbìng *n.*

最大的弊病 / 存在弊病 / 革除弊病 ills, malpractice

❶吸毒的弊病数不胜数。

❷我本人必须领导这场改革，大刀阔斧地革除弊病。

弊端 bìduān *n.*

网络的弊端 / 重大弊端 / malpractice, abuse

发现弊端

❶完美主义有很多弊端。
❷鸟类在温带地区过冬最大的弊端是什么？

边境 biānjìng *n.*

安宁的边境 / 边境小镇 / 国家的边境 frontier, border

❶哥哥随着行军队伍到了北方边境。
❷冷漠的警卫站在高高的警戒塔上，枪口对着边境的难民。

扁 biǎn *adj.*

扁平 / 压扁 flat

❶鸭子的嘴扁扁的。
❷面包被压扁了。

中频

变质 biànzhì *v.*

食物变质 / 变质的感情 / 容易变质 go bad, deteriorate

❶葡萄酒更易变质。
❷真空包装可以有效防止食物变质。

憋 biē *v.*

憋气 / 憋住 / 憋屈 suffocate, stifle

❶高山上缺氧，胸口憋得慌。
❷怎么回事？孩子脸憋得通红。

别墅 biéshù *n.*

一栋别墅 / 私人别墅 / 豪华的别墅 villa

❶我家的别墅在香山。

❷我们公司主要针对别墅和高端公寓的市场。

冰雹 bīngbáo *n.*

下冰雹 / 冰雹天气 / 冰雹灾害 hail, hailstone

❶大雨夹带着冰雹，劈头盖脸地浇下来。
❷冰雹是一种比较严重的自然灾害。

拨 bō *v.*

拨动 / 弹拨 / 拨弦 move or adjust, pluck

❶把盘子里的菜给我拨一点儿。
❷我们所说的“琴、棋、书、画”中的“琴”，是中国历史上最古老的弹拨乐器之一。

波涛 bōtāo *n.*

波涛翻滚 / 滚滚的波涛 / 波涛汹涌 great waves

❶滚滚波涛冲向大堤。
❷海啸来临时海上波涛汹涌。

不禁 bùjīn *adv.*

不禁叫好 / 不禁想起 can't help (doing sth.)

❶迎面吹来的寒风让我不禁打了个寒战。
❷看到这支钢笔时，我不禁想起了我的好兄弟。

不免 bùmiǎn *adv.*

不免有些害怕 / 不免眼花 unavoidably

❶再细心的人也不免会出错。

中频

❷你这样做，我不免有些难堪。

不时 bùshí *adv.*

不时传来 / 不时之需 / 时不时 frequently, from time to time

❶树林里不时传出布谷鸟的叫声。
❷与人交谈时，目光应和善、友好，并不时注视对方的眼睛。

布置 bùzhì *v.*

精心布置 / 布置房间 / 布置作业 arrange, decorate

❶悬空寺在建寺时因地制宜，充分利用了峭壁的自然状态来布置和建造寺庙的各部分。
❷我觉得这个展厅布置得非常有特色。

步伐 bùfá *n.*

整齐的步伐 / 步伐一致 / 调整步伐 step, pace

❶军人迈着整齐的步伐走过来了。
❷当你通过重重困难，成功近在咫尺的时候，千万不要因放松警惕而放慢你的步伐。

财政 cáizhèng *n.*

财政紧张 / 财政收入 / 财政状况 (public) finance

❶国家财政这时极为紧张。
❷适当扩大财政赤字，可以帮助盘活资金。

裁判 cáipàn *n.*

国际裁判 / 裁判权 / 公正的裁判 judge, referee

❶ 裁判员必须拥有健康的体魄。
❷ 我是这场足球赛的裁判。

采纳 cǎinà *v.*

采纳意见 / 积极采纳 / 不予采纳 accept, adopt

❶ 我认为这个方案值得采纳。
❷ 公司重视并采纳了我的意见。

参谋 cānmóu *n.*

参谋长 / 作战参谋 / 高级参谋 adviser

❶ 如果你没参谋，那必是一个很孤独的棋士。
❷ 我写文章，她是第一个读者，同时也是第一个参谋。

操纵 cāozòng *v.*

操纵机器 / 熟练地操纵 / 操纵者 operate, control

❶ 新工人还操纵不了这个机器。
❷ 这架飞机有两套操纵装置。

侧面 cèmiàn *n.*

侧面的轮廓 / 一个侧面 / 房间的侧面 side aspect, flank

❶ 我只拍到了他的侧面。
❷ 只了解一个侧面就下结论，这和盲人摸象没什么两样。

中频

测量 cèliáng *v.*

无法测量 / 测量工具 / 准确地测量 survey, measure

❶ 护士为我测量了体温。
❷ 像珠穆朗玛峰那么高的山峰，需要借助卫星来测量其海拔。

刹那 chànà *n.*

刹那间 / 一刹那 split second

❶ 我觉得自己通过打网球收获最多的，是在倾情付出之后成功时那一刹那的喜悦。
❷ 刹那间，天空下起了瓢泼大雨。

中频

搀 chān *v.*

搀起他 / 搀扶 / 搀假 support sb. by the arm

❶ 奶奶可以独立行走，不需要别人的搀扶。
❷ 友情是当你跌倒时的真诚搀扶。

缠绕 chánrào *v.*

缠绕在心头 / 紧紧缠绕 / 缠绕一圈 pester, twine

❶ 在生活中，常常会有许多的“不可能”缠绕在我们心头。
❷ 我家后院的一棵老樟树被一根根爬山虎的藤缠绕着。

畅通 chàngtōng *adj.*

畅通无阻 / 恢复畅通 / 交通畅通 unimpeded, unblocked

❶ 现在不是交通高峰期，一路畅通。

❷利用这个软件您可安排日程，查看约会，保持联系的畅通。

朝代 cháodài *n.*

一个朝代 / 各个朝代 / 朝代顺序 dynasty

❶他对国画十分了解，哪个朝代有什么重要的画作，他都能娓娓道来，如数家珍。
❷这个老人经历了两个朝代。

沉淀 chéndiàn *v. & n.*

慢慢沉淀 / 沉淀物 / 沉淀自己 accumulate; sediment

❶有一些糖的颗粒沉淀在杯底。
❷这种醋储存时间越长越香酸可口，而且没有沉淀，是独特的佳品。

陈述 chénshù *v.*

陈述事实 / 详细地陈述 / 陈述清楚 narrate, state

❶刚刚王总的陈述十分清楚。
❷请你陈述一下你的建议。

成交 chéngjiāo *v.*

现场成交 / 迅速成交 strike a bargain, reach a deal

❶我的房子在一周后终于以理想的价格成交了。
❷只要我点头同意，我们就可以立刻成交。

吃力 chīlì *adj.*

非常吃力 / 吃力的工作 / strenuous, arduous

中频

学习很吃力

❶由于他们对某些事务不擅长，工作起来不仅会很吃力，也显得被动。
❷自行车坏了，我只好吃力地推着走。

迟缓 chíhuǎn *adj.*

行动迟缓 / 迟缓的步伐 / 发育迟缓　slow, sluggish

❶他行动起来很迟缓。
❷这孩子在智力发展方面比同龄人迟缓。

持久 chíjiǔ *adj.*

持久稳定 / 持久的战争 / 药效持久　lasting, enduring

❶相对于流行音乐，我对古典音乐的喜爱会更持久一些。
❷两国间的战争旷日持久，已经造成了巨大的伤亡。

赤道 chìdào *n.*

跨越赤道 / 赤道地区 / 赤道附近　equator

❶新加坡离赤道很近，气候炎热。
❷经过赤道的那一天，我正好看到了很壮观的“龙吸水”。

充当 chōngdāng *v.*

充当……的角色　serve as

❶单亲妈妈同时也充当了爸爸的角色。
❷我们学校充当这次学术会议的东道主。

崇高 chónggāo *adj.*

崇高的理想 / 崇高的灵魂 noble, lofty

❶哥哥从小就有崇高的理想。
❷人人都称赞他崇高的思想和行为。

崇敬 chóngjìng *v.*

崇敬的心情 / 值得崇敬 / 万分崇敬 revere, respect

❶他刚正不阿的高贵品质令人崇敬。
❷他是我最崇敬的老师。

出路 chūlù *n.*

唯一的出路 / 谋求出路 / 没有出路 way out

❶情况非常危急，再不找到出路的话，大军就会困死在这里。
❷有时必须做到先退后进，否则就没有出路。

川流不息 chuānliú-bùxī *idiom*

flow past in a continuous stream

川流不息的游客 / 人群川流不息

❶黄河之水川流不息，汹涌澎湃。
❷广场前车辆川流不息，络绎不绝。

穿越 chuānyuè *v.*

穿越道路 / 穿越过去 / 穿越的路径 pass through, cross

❶他创建了绿洲音乐网，还骑自行车穿越了亚洲、非洲、欧洲。
❷探险队员们终于穿越了生死线，到达了

中频

安全地点。

传授 chuánshòu *v.*

传授知识 / 毫不保留地传授 / 传授方式 impart, pass on

❶ 朋友给我传授了一些烹饪方法。
❷ 不管学生有多调皮，老师都耐心地传授给他们知识。

慈祥 cíxiáng *adj.*

慈祥的目光 / 慈祥的老人 kindly, amiable

❶ 奶奶慈祥而温和。
❷ 奶奶总是用慈祥的目光看着她的孙子孙女们。

中频

搭配 dāpèi *v.*

讲究搭配 / 搭配衣服 / 词语搭配 pair, match

❶ 穿衣服要讲究搭配。
❷ 我们的饮食应该荤素搭配，这样才能获得充分的营养。

达成 dáchéng *v.*

达成一致 / 达成目的 / 达成交易 reach (an agreement)

❶ 经过反复磋商，双方终于达成了协议。
❷ 他们无法交流思想并且达成一致。

打仗 dǎzhàng *v.*

用兵打仗 / 打仗的时候 / 正在打仗 fight a battle, go to war

❶父亲已经年迈，怎能参军打仗呢？
❷我们主张和平，反对打仗。

大致 dàzhì *adv.*

大致相同 / 大致推断 more or less, roughly

❶你的文章，我大致看了看，写得不错。
❷我们学校的操场扩建工程大致可在夏天完成。

档案 dàng'àn *n.*

整理档案 / 管理档案 file, archive

❶我要查看北京的历史档案。
❷他们研究决定让一个喜欢与人打交道的人做档案管理工作。

倒闭 dǎobì *v.*

公司倒闭 / 即将倒闭 / 倒闭的危险 go bankrupt, close down

❶这家公司要倒闭了。
❷一个不讲诚信的店用不了多久就会倒闭的。

得不偿失 débùchángshī *idiom*

the gains do not make up for the losses

小心得不偿失 / 得不偿失的事

❶为了减肥而牺牲健康实在是得不偿失。
❷他不计成本地替孤儿院盖房舍，虽然得不偿失，却乐在其中。

得力 délì *adj.*

办事得力 / able, capable, competent

得力助手 / 得力干将

❶没过几年，这个年轻人就成了老医生的得力助手。

❷我最近找到一位得力助理，配合起来真有如鱼得水的感觉。

瞪 dèng *v.*

瞪眼 / 瞪着 / 怒瞪 open (one's eyes) wide

❶狼目光凶狠地瞪着近在咫尺的猎人。

❷你把你父母气得干瞪眼。

地质 dìzhì *n.*

地质灾害 / 复杂的地质 / 地质学 geology

❶地质学家对地球的内部结构进行了深入的研究。

❷我们这儿的地质情况比较复杂。

中频

调动 diàodòng *v.*

调动情绪 / 工作调动 / 调动兵力 mobilize, deploy

❶各抒己见的方式有利于调动更多人的积极性。

❷随着爸爸调动工作，我们全家从农村搬进城市。

定期 dìngqī *adj.*

定期检查 / 定期保养 / 定期存款 regular, periodic

❶每个公司都应该定期进行财务诊断。

❷鸟类每年都有定期且大规模的迁徙。

丢三落四 diūsān-làsì *idiom*

丢三落四的习惯 / 不要丢三落四 be forgetful

❶有一位教授平时总丢三落四。
❷要教育孩子从小养成好习惯，出门时不要丢三落四。

东道主 dōngdàozhǔ *n.*

东道主的优势 / 当东道主 / 比赛的东道主 host

❶亚特兰大被选为奥运会的东道主。
❷韩国在自己是东道主的情况下，拿出了最高的水平。

动机 dòngjī *n.*

动机不纯 / 暴露动机 / 行为动机 motive

❶一个外国人，毫无利己的动机，把中国人民的解放事业当作他自己的事业。
❷当一个人清楚地知道自己的行进速度和与目标之间的距离时，行动的动机就会得到维持和加强。

督促 dūcù *v.*

督促学习 / 互相督促 / 经常督促 supervise and urge

❶妈妈总是督促我努力学习。
❷坚持晨练对身体很有好处，干吗非要别人督促呢？

对付 duìfu *v.*

难对付 / 对付难题 / handle, deal with

对付的办法

❶这项工作太难了，我一个人对付不了。
❷这个人真是难对付！

对应 duìyìng *v.*

对应的责任 / 对应得上 / 一一对应 correspond

❶这篇文章前后对应得很好。
❷城市夜晚的亮度变化与其经济发展的态势几乎相对应。

发布 fābù *v.*

最新发布 / 发布会 / 发布消息 release, issue

❶电视台每天都发布天气预报。
❷今天的报纸上发布上了一条重要新闻。

中频

发觉 fājué *v.*

立刻发觉 / 发觉异常 / 未发觉 find, detect

❶他发觉自己的内在能量强大了很多。
❷他发觉自己的步子轻松了很多。

发誓 fāshì *v.*

暗暗发誓 / 向……发誓 vow, pledge, swear

❶后来，他俩结婚了，发誓永远相爱，白头偕老。
❷他发誓再也不犯这样的错误了。

发炎 fāyán *v.*

伤口发炎 / 发炎的症状 / 防止发炎 get inflamed

❶医生通过药物或者打针的方式来阻止

身体的呕吐、拉肚子、发烧、发炎等各种反应。

❷你的伤口好像是发炎了，还是去医院处理一下吧。

反常 fǎncháng *adj.*

行为反常 / 反常的现象 / 有点儿反常 unusual, abnormal

❶今年气候反常，南方大旱，北方大涝。

❷他今天的表现有点儿反常，肯定出什么问题了。

反抗 fǎnkàng *v.*

反抗暴力 / 反抗到底 / 坚决反抗 resist, rebel

❶他机智勇敢，本领高强，敢于反抗，因此深受人们喜爱。

❷独裁统治常常引起人民的反抗。

方位 fāngwèi *n.*

具体方位 / 指明方位 / 方位名词 direction, points of the compass

❶他身为主管，对公司政策要做全方位考虑。

❷我迷路了，不知道自己现在的方位。

防御 fángyù *v.*

防御措施 / 加强防御 / 防御系统 defend, guard against

❶患感冒后，机体呼吸系统的防御“大门”被破坏，病变可沿着呼吸道蔓延、扩展。

中频

❷我们要加固堤防，防御洪水的袭击。

防治 fángzhì *v.*

防治疾病 / 注意防治 / 进一步防治 prevent and cure

❶饮茶能补充人体必需的一些微量元素，对某些疾病也有一定的防治作用。
❷很多人都把感冒看成是无足轻重的小毛病，不注意防治。

飞翔 fēixiáng *v.*

自由飞翔 / 学会飞翔 / 飞翔的本领 fly

❶刚进入社会的新人，像是一只鸟——刚刚孵化不久，开始学习飞翔。
❷雄鹰如果在鸡窝里长大，就会失去飞翔的本领。

肥沃 féiwò *adj.*

肥沃的土壤 / 土地肥沃 fertile

❶我的家乡土地肥沃，物产丰富。
❷这片肥沃的土地上开满了各色的小花。

废除 fèichú *v.*

宣布废除 / 废除制度 abolish

❶我们要求废除已经过时的法规。
❷该证书已被其发行机构废除。

吩咐 fēnfù *v.*

吩咐的事情 / 吩咐完毕 / 吩咐下去 tell, instruct

❶父亲吩咐儿子去买啤酒。
❷你有什么需要，尽管吩咐我。

粉末 fěnmò *n.*

沾满粉末 / 磨成粉末 / 粉末的颜色 fine powder

❶小麦磨成粉末就是我们吃的面粉。
❷这种药是黄色粉末状的。

分量 fènliàng *n.*

分量足 / 生命的分量 / 多余的分量 weight

❶这袋大米分量不足。
❷他的话很有分量，我们不能不重视。

否决 fǒujué *v.*

否决权 / 遭到否决 / 一口否决 veto, overrule

❶总裁有什么不同意的事，大可一口否决。
❷这项提议以两票之差被否决了。

符号 fúhào *n.*

标点符号 / 符号的意义 / 一个符号 symbol, mark, sign

❶朗读课文时要注意标点符号的停顿。
❷外国人眼中的中国符号有哪些？

俯视 fǔshì *v.*

俯视风景 / 从高处俯视 / 俯视地面 overlook, look down

❶雄鹰在天空翱翔，俯视大地。
❷站在电视塔上可以俯视全城。

辅助 fǔzhù *v. & adj.*

辅助工作 / 军事辅助 / 大力辅助 assist; auxiliary

❶ 公司会给你派一个助手辅助你工作。
❷ 最近大家都改用电脑来辅助设计，他仍然墨守成规，用老方法来画设计图。

钙 gài *n.*

补钙 / 钙片 / 缺钙 calcium

❶ 老年人和小孩子需要补钙。
❷ 沙砾石由黏土或钙质胶结，质地非常坚实。

中频

干劲 gànjìn *n.*

干劲十足 / 鼓足干劲 / 一股干劲 enthusiasm, zeal

❶ 他的干劲和毅力为公司带来了新的生机。
❷ 公司会继续不懈努力，鼓足干劲，争取以更优质的产品和服务回报社会。

岗位 gǎngwèi *n.*

多余的岗位 / 坚守岗位 / 工作岗位 post, job

❶ 在就业方面，我们应该给残疾人提供更多的岗位。
❷ 你清楚你的岗位职责了吗？

杠杆 gànggǎn *n.*

金融杠杆 / 省力的杠杆 / 杠杆作用 lever, leverage

❶ 杠杆是一种省力工具。

❷你必须使用杠杆借力，这是一个非常重要的营销策略。

告诫 gàojiè *v.*

时常告诫 / 告诫教导 / 告诫他人 warn, admonish

❶自那以后，他就告诫自己：永远不要把自己看得太重要，否则往往会大失所望。
❷在聆听长者教诲时打呵欠，就相当于把“谆谆告诫”当作“耳边风”。

割 gē *v.*

分割 / 割伤 / 割舍 cut, sever

❶农民们正在割麦子。
❷他的手指被刀割破了。

歌颂 gēsòng *v.*

歌颂英雄 / 值得歌颂 / 歌颂生命 sing the praise of, extol

❶诗歌常常批评或歌颂某些人和事，具有极强的社会性。
❷默默无闻的环卫工人是城市的美容师，他们难道不值得我们歌颂和赞美吗？

隔阂 géhé *n.*

消除隔阂 / 心灵的隔阂 / 产生隔阂 estrangement

❶在社交活动中，交流思想、沟通感情、消除隔阂等过程，基本上都是通过语言实现的。

❷我不知道我们之间的隔阂有这么深。

跟前 gēnqián *n.*

走到跟前 / 窗户跟前 vicinity, area in front of sb. /sth.

❶小猫蹦到了我跟前，想要我给它食物。
❷小花狗一见到我就跑到我的跟前，向我撒娇。

更正 gēngzhèng *v.*

更正信息 / 及时更正 / 更正错误 correct

❶这个地方的标点符号错了，请更正。
❷我更正了刚才说过的话。

功劳 gōngláo *n.*

立功劳 / 功劳最大 / 别人的功劳 contribution, meritorious service

❶这次试验成功，他的功劳最大。
❷获得团体冠军不是一个人的功劳。

共鸣 gòngmíng *v.*

引起共鸣 / 情感共鸣 / 产生共鸣 resonate

❶越是接近生活本身，越容易激起读者的共鸣。
❷相比于视觉上的盛宴，贯穿纪录片的人文情感更容易引起大家的共鸣。

孤立 gūlì *adj. & v.*

孤立无援 / 孤立的小岛 / 孤立存在 isolated; isolate

❶在社会生活中，任何一个人都不能孤立地存在。
❷在公司里，他处于孤立的地位。

古怪 gǔguài *adj.*

脾气古怪 / 古怪的想法 / 稀奇古怪 eccentric, queer

❶形状古怪的章鱼却有这么好的“脑子”，实在令人称奇。
❷老王这个人很古怪，小孩子都怕他。

拐杖 guǎizhàng *n.*

拄拐杖 / 一根拐杖 crutch, walking stick

❶年轻时身强力壮的老张，现在已经是手扶拐杖、白发苍苍的老人了。
❷我送给爷爷一根拐杖作生日礼物。

关怀 guānhuái *v.*

给予关怀 / 充满关怀 / 关怀备至 care, show care for

❶回头看某些东西的时候，不应该怀着猎奇心态，应该带有一种人文关怀。
❷你对我的关怀给了我莫大的安慰。

贯彻 guànchè *v.*

贯彻的方针 / 贯彻到底 / 坚定地贯彻 implement

❶我们要贯彻执行国家的政策方针。
❷这个主题贯彻在他所有的作品中。

中频

惯例 guànlì *n.*

按照惯例 / 传统惯例 / 打破惯例 convention

❶ 在正片放映以前播放下个档期影片的预告片，是电影院的惯例。
❷ 依照惯例，我们每周四都会开会的。

灌溉 guàngài *v.*

灌溉技术 / 灌溉农田 / 农业灌溉 irrigate

❶ 农业生产应大力推行节水灌溉技术。
❷ 地下水是水资源的重要组成部分，它的水量稳定、水质好，是农业灌溉、工矿业和城市发展的重要水源之一。

光彩 guāngcǎi *n.*

增添光彩 / 光彩照人 / 异样的光彩 luster, splendor, radiance

❶ 阅读可以使你的人生与众不同，光彩照人。
❷ 这图案色彩鲜艳，光彩夺目。

光芒 guāngmáng *n.*

耀眼的光芒 / 闪烁着光芒 / 光芒四射 rays of light, radiance

❶ 夕阳的光芒照亮了整片天空。
❷ 学会赞扬，你就可以在孩子眼中看到自信的光芒。

果断 guǒduàn *adj.*

行动果断 / 英明果断 / 果断地决定 firm, decisive

❶打击经济犯罪态度要坚决，行动要果断。
❷大丈夫言出必行，做事要果断，一诺千金。

过渡 guòdù *v.*

过渡阶段 / 自然过渡 / 过渡一下 transit

❶这些简单的工作可以让你从放松的休息状态很自然地过渡到工作状态。
❷在妈妈地悉心护理下，外婆平安过渡到了康复阶段。

罕见 hǎnjiàn *adj.*

罕见的奇观 / 人迹罕见 rare

❶在这批贡品中，最珍贵的要数一只非常罕见的鸟——白天鹅。
❷这种在大森林里常见的植物出现在这里是很罕见的。

行列 hángliè *n.*

先进行列 / 加入行列 / 整齐的行列 ranks

❶田里的秧苗行列整齐。
❷天文学家根据新的行星定义，决定将冥王星排除在行星行列之外。

毫米 háomǐ *n.*

一毫米 millimeter

❶血压是以毫米汞柱计算的。
❷这张图纸上的尺寸是以毫米为单位的。

哼 hēng *v.*

哼歌 / 哼哼 / 哼着小曲 groan, snort, hum

❶我哼着小曲，心情愉悦地完成了工作。
❷他痛得哼了几声。

宏观 hóngguān *adj.*

宏观调控 / 宏观经济 / 宏观目标 macro

❶从宏观经济的角度来考察，轻纺工业的增长情况如何，对国民经济的发展有着举足轻重的作用。
❷国家对经济发展进行宏观调控。

宏伟 hóngwěi *adj.*

气势宏伟 / 宏伟壮观 / 宏伟的目标 grand, magnificent

❶长城宏伟雄壮。
❷很多宏伟计划都是由于资金不足而泡汤的。

中频

化石 huàshí *n.*

发现化石 / 化石能源 / 活化石 fossil

❶由于全球气候变暖，以及化石能源的逐渐枯竭，能源作物的大规模种植已经不可避免。
❷自然博物馆里陈列着一具庞大的黄河象骨骼化石。

环节 huánjié *n.*

重要环节 / 一个环节 / 主要环节 link, segment

❶调查研究是做好计划的基本环节。
❷我们要牢牢抓住工作的主要环节。

晃 huàng *v.*

摇晃 / 晃动 / 晃眼 shake, sway

❶ 他整个右臂都断掉了，空空的衣袖晃荡着，让人看了非常难受。
❷ 小孩子们在摇头晃脑地背古诗。

回顾 huígù *v.*

回顾过去 / 简单地回顾 / 再次回顾 look back, review

❶ 如果能试着冷静地回顾自己过去的行为，就会发现很多应该改正的地方。
❷ 回顾自己的成长历程，每一步都充满艰辛。

火药 huǒyào *n.*

发明火药 / 火药味 / 火药的效果 gunpowder

❶ 中国古代的“四大发明”，除了造纸术，其余三项——指南针、火药、活字印刷术都出现在宋代。
❷ 她毫不隐讳地表示想得到他的工作，以至于他们之间说话都带着火药味。

机密 jīmì *adj. & n.*

机密文件 / 泄露机密 / 一个机密 classified; secret

❶ 他泄漏了公司的机密消息。
❷ 他怎样从一个素未谋面的竞争者手中窃取了机密？

机械 jīxiè *n. & adj.*

机械性 / machine, machinery; mechanical

机械工作 / 精密的机械

❶他为中国天文学、地震学、机械技术的发展做出了巨大的贡献。

❷他头脑中一片空白，机械地迈着脚步向前走去。

急躁 jízào *adj.*

性格急躁 / 急躁的情绪 / 十分急躁 irritable, irascible, impetuous

❶人如果处于情绪周期的高潮，就会表现出旺盛的生命力，对人和蔼可亲，感情丰富，做事认真；反之，则容易急躁和发脾气。

❷颜色具有象征意义，例如，蓝色表示宁静，黄色表示急躁。

中频

集团 jítuán *n.*

集团内部 / 统治集团 / 犯罪集团 group, circle

❶王先生靠自己空手发迹，如今是王氏集团的总裁。

❷他的立场是独立自主，不参加任何集团。

计较 jìjiào *v.*

计较得失 / 斤斤计较 / 毫不计较 / 从不计较 calculate and compare

❶一个人会觉得快乐，不是因为他拥有的多，而是因为他计较的少。

❷我认为你们的争吵是你错了，因为你这么斤斤计较。

季度 jìdù *n.*

一个季度 / 季度报告 / 第二季度

quarter (of a year)

❶请你对一季度进出货情况做个全盘结算。
❷由于上季度的利润丰厚，公司为爸爸发了不少奖金。

尖锐 jiānruì *adj.*

尖锐的问题 / 矛盾尖锐

sharp, intense, penetrating

❶刺猬身上长满尖锐的刺。
❷与他人发生矛盾、甚至批评指责他人时，如果可以换一种温和的语气，多一些体谅和理解的话语，也许问题就没那么复杂和尖锐了。

检验 jiǎnyàn *v.*

检验真理 / 做检验 / 仔细地检验

test, inspect

❶实践是检验真理的唯一标准。
❷让我们来检验一下他的说法吧。

健全 jiànquán *v. & adj.*

健全制度 / 四肢健全 / 法律体系的健全

perfect; sound

❶为了避免今后再发生类似事故，我们必须尽快健全安全制度。
❷许多人四肢健全却好逸恶劳、不事生产，给社会造成极大的负担。

交代　jiāodài　*v.*

交代任务 / 彻底交代 / 交代清楚　hand over, explain

❶ 经理走之前向秘书交代了一些事情。
❷ 医生一再交代我要按时服药，注意休息。

交涉　jiāoshè　*v.*

交涉的双方 / 出面交涉 / 经过交涉　negotiate

❶ 对于此次事故，公司董事长已出面交涉。
❷ 双方几经交涉，最后终于达成了协议。

角落　jiǎoluò　*n.*

躲在角落 / 每个角落 / 隐蔽的角落　nook, corner

❶ 蘑菇一般长在阴暗的角落，得不到阳光，也没有肥料，自生自灭。
❷ 我们教室左前方的角落放了一台饮水机。

中频

阶层　jiēcéng　*n.*

中产阶层 / 各个阶层 / 不同的阶层　(social) stratum

❶ 能够了解社会各阶层的人物，对一个作家来说是非常好的机会。
❷ 站在十字街头，你会看到各个阶层的人。

接连　jiēlián　*adv.*

接连不断 / 接连取得胜利 / 接连几天　in a row, in succession

❶ 爸爸的乒乓球技术非常高超，在社区比赛中接连战胜对手，真是名不虚传！

❷紧接着，他又拍了几部电影，接连震惊中国电影界，取得了巨大成功。

结晶 jiéjīng *n.*

智慧的结晶 / 一种结晶 / 凝聚成结晶 crystallization

❶化学上有一个实验叫结晶。
❷在冬天里，如果蜂蜜里出现少量结晶，证明这是比较纯正的蜂蜜。

结局 jiéjú *n.*

推测结局 / 出人意料的结局 / 故事的结局 outcome, ending

❶在搜索引擎上输入"故事"得到的搜索结果比输入"结局"得到的多得多。
❷不是每个故事都会有结局的。

竭尽全力 jiéjìn-quánlì *idiom*

竭尽全力的精神 / 应该竭尽全力 / 竭尽全力地工作 spare no effort

❶我必定竭尽全力，做到最好！
❷这件事我们一定要竭尽全力帮助他。

进攻 jìngōng *v.*

全面进攻 / 发起进攻 / 猛烈进攻 attack, assault

❶敌人抵挡不住我军的猛烈进攻，投降了。
❷教练在带队参赛时必须决定是以进攻为主还是以防守为主，或是攻守平衡。

精打细算 jīngdǎ-xìsuàn *idiom*

meticulous planning and careful calculation

精打细算的日子 / 学会精打细算

❶过日子要精打细算。
❷他辞去工作后，收入大不如以前，全家靠精打细算渡过了难关。

竞赛 jìngsài *v.*

举行竞赛 / 竞赛获奖 / 一场竞赛 compete

❶每年广州都会举行国际龙舟竞赛。
❷他参加了数学竞赛并拿到了一等奖。

敬业 jìngyè *v.*

非常敬业 / 敬业精神 / 爱岗敬业 be devoted to work

❶我爸爸一向敬业。
❷每一次技术进步，每一项科学发现，都包含着巨大的代价，闪耀着敬业精神的光辉。

纠纷 jiūfēn *n.*

发生纠纷 / 一场纠纷 / 人事纠纷 dispute, entanglement

❶那天商场发生了一起纠纷。
❷同学相处难免会有一些纠纷。纠纷发生了，要友善处理，不要太计较。

拘束 jūshù *v. & adj.*

毫不拘束 / 有点儿拘束 / 受拘束 restrict; constrained

中频

❶他一直梦想能过无忧无虑、没有拘束的生活。
❷多次来我的家里，她渐渐显得不拘束了，手也能自然地放着了。

局限 júxiàn *v.*

局限性 / 局限于 / 知识的局限 / 跳出局限 limit, confine

❶受到家庭条件的局限，他在学业上没有继续深造，早早地参加了工作。
❷在这篇文章中，我描述了如何转换工作以及当前的局限性。

倔强 juéjiàng *adj.*

性格倔强 / 倔强的孩子 stubborn, unbending

❶或许是辣椒吃多了，湖南人性格里也带着一股倔强、不服输的辣劲儿。
❷他的脾气很倔强，一旦做了决定，十头牛都拉不回来。

开辟 kāipì *v.*

开辟道路 / 勇于开辟 / 开辟新天地 open up, start

❶使用废旧麻料、树皮等作为造纸的原料，开辟了后代皮纸制造技术的先河。
❷丝绸之路的开辟，极大地促进了东西方经济、文化等各方面的交流与合作。

开拓 kāituò *v.*

开拓视野 / 开拓前进 / 开拓创新 break new ground, open up

❶他为公司的业务开拓了新的市场。
❷重新认识农业，开拓新的农业领域，已成为当今世界农业发展的新趋势。

慷慨 kāngkǎi *adj.*

generous, vehement, fervent

慷慨大方 / 十分慷慨 / 慷慨的模样

❶许多企业家慷慨解囊，捐助希望工程。
❷这首诗是多么慷慨激昂振奋人心啊。

科目 kēmù *n.*

考试科目 / 一门科目 / 主修科目 subject

❶这门科目很难，但是我还是努力通过了。
❷你在大学主修什么科目？

中频

啃 kěn *v.*

啃书 / 啃食 / 啃掉 bite, gnaw

❶老鼠正躲在黑暗的角落里啃玉米。
❷学习汉语，不要去死啃语法，要多听多说。

空洞 kōngdòng *adj.*

空洞无比 / 内容空洞 / 巨大的空洞 empty, vacuous

❶他的发言内容空洞，没有实质性的建议。
❷这位政治家的演讲满是空洞无物的华丽言辞。

空白 kòngbái *n.*

填补空白 / 一片空白 / 空白的领域 blank space, gap

❶这些留白并不是真正的空白，而是水，或是水天相接。
❷快要考试了，可是我的脑中一片空白。

款式 kuǎnshì *n.*

最新的款式 / 款式新颖 / 一种款式 pattern, style

❶今年这种款式的裙子很流行。
❷我们这儿款式很多，您喜欢哪种，我给您介绍一下。

况且 kuàngqiě *conj.*

moreover

❶这本书的内容特别好，况且不贵，你买一本吧。
❷这种小事就不要计较了，况且他已经向你道歉了。

框架 kuàngjià *n.*

整体框架 / 设计框架 / 金属框架 frame

❶这篇论文的整体框架很不错。
❷在新的营销框架下，基于大数据技术，广告投放可以进行精细化管理。

扩充 kuòchōng *v.*

扩充实力 / 课程的扩充 / 不断地扩充 expand, spread and strengthen

❶经理反对大量扩充储蓄业务。
❷他想扩充自己在这一行业的知识。

扩张 kuòzhāng *v.*

迅速扩张 / 侵略扩张 / expand, spread

扩张业务

❶现在公司刚成立，不宜过度扩张业务。
❷人们看透了这伙人扩张的野心。

啦　la　*part.*

好啦 / 对啦　fusion of the sounds of 了 and 啊

❶不用担心啦，回去多喝开水，保证充足睡眠，很快就会好起来的。
❷老兄！算啦，你肯定追不上的！

懒惰　lǎnduò　*adj.*

懒惰的性格 / 懒惰的人 / 克服懒惰　idle, lazy

❶和勤奋的人在一起，你就不会懒惰。
❷勤奋使人成功，懒惰使人失败。

雷达　léidá　*n.*

雷达感应 / 雷达信号 / 传统的雷达　radar

❶气象卫星、气象雷达等先进探测仪器的应用时间并不算长。
❷民航气象常用的比较先进的观测设备主要是天气雷达。

理直气壮　lǐzhí-qìzhuàng　*idiom*

be in the right and self-confident

说话理直气壮 / 理直气壮的样子

❶明明做错了，他居然理直气壮地说他没错！
❷如果确信自己是正确的，就要理直气壮地进行抗争。

力求 lìqiú *v.*

力求完美 / 力求稳定 do one's best to, strive to

❶对语言的应用，应该力求用最经济的方式，表达出最丰富的内容。
❷这件事我们要力求万无一失。

力争 lìzhēng *v.*

力争上游 / 据理力争 work hard for, do all one can

❶这件事我们要据理力争。
❷我们的目标是力争在优质的服务中创建先进的管理顾问公司。

良心 liángxīn *n.*

丧失良心 / 良心的谴责 / 良心发现 conscience

❶你这个没良心的东西！
❷这人坏事做尽，真不是东西，没有良心。

辽阔 liáokuò *adj.*

地域辽阔 / 辽阔的草原 / 非常辽阔 vast, immense

❶由于中国幅员辽阔，因此各地入夏的时间并不一致。
❷辽阔的草原上万马奔腾。

领先 lǐngxiān *v.*

遥遥领先 / 领先世界 / 领先的行业 be ahead of

❶宋代的数学、天文学、冶炼和造船技术当时在世界上也都处于领先地位。

中频

❷他一路遥遥领先，冠军肯定是他的。

留神 liúshén *v.*

一不留神 / 交朋友要留神 take care, be careful

❶行人稍不留神就有可能坠落崖底。
❷时间像掌中的水，一不留神，就从指缝中流光了。

落成 luòchéng *v.*

建筑落成 / 即将落成 / 落成通车 be completed

❶又一座黄河公路大桥落成通车。
❷他将以胜利者的姿态参加落成典礼。

埋伏 máifú *v.*

悄悄埋伏 ambush

❶我军埋伏在敌人要经过的地方。
❷警察埋伏在房间四周，很快就把小偷抓住了。

埋怨 mányuàn *v.*

埋怨别人 / 受埋怨 / 不停地埋怨 complain

❶这事不能埋怨别人，你自己也有错。
❷他总是埋怨自己无钱无势，也埋怨周围人不关心自己。

蔓延 mànyán *v.*

火势蔓延 / 防止蔓延 / 蔓延四周 spread, expand

❶新的电脑病毒正在悄悄蔓延。
❷熊熊烈火到处蔓延，毁灭了大片森林。

慢性 mànxìng *adj.*

慢性病 / 慢性症状 chronic

❶ 食疗的效果一般比较缓慢，不宜作为主要治疗手段，可作为慢性病的辅助治疗方法。

❷ 老年人身体衰弱，往往患有多种慢性病，并且极易受急性病患的侵害。

忙碌 mánglù *adj.*

忙碌的身影 / 奔波忙碌 / 忙忙碌碌 busy

❶ 妈妈从早到晚忙碌了一天，连饭也顾不上吃。

❷ 他建立了自己的家庭，过着忙碌而充实的生活。

枚 méi *m.w.*

(measure word for coins, rings, badges, pearls, medals, rockets, satellites, etc.)

一枚 / 几枚 / 多枚

❶ 爸爸把自己最心爱的一枚邮票送给了我。

❷ 这枚奖牌是他的荣誉，他非常珍惜。

迷信 míxìn *v.*

have a blind faith in, be superstitious

反对迷信 / 封建迷信 / 迷信权威

❶ 我从来不迷信权威。

❷ 读书时要具备怀疑精神，应该辩证地分析问题，而不能盲目地迷信或拘泥于书本知识。

密封 mìfēng *v.*

密封袋 / 密封性 / 密封良好 seal up

❶ 这个容器密封得很严实，可以保存食物。
❷ 这个包裹密封得非常好，里面的东西一点儿没受潮。

面貌 miànmào *n.*

改变面貌 / 崭新的面貌 / 面貌丑陋 appearance, features

❶ 大扫除之后，教室的面貌焕然一新。
❷ 坚持植树种草，黄土高原的面貌必将大大改观。

渺小 miǎoxiǎo *adj.*

渺小的个体 / 力量渺小 / 十分渺小 tiny, negligible, insignificant

❶ 一个人的伟大之处就在于他能够明白自己的渺小。
❷ 地球本来很大，但和群星璀璨的宇宙比起来就像大海里的一滴水一样渺小。

灭亡 mièwáng *v.*

濒临灭亡 / 自取灭亡 be destroyed, become extinct

❶ 直到今天，人类还是没完全清楚恐龙灭亡的真正原因。
❷ 奢侈浪费小到足以破坏一个和谐美满的家庭，大到足以灭亡一个无比强盛的国家。

敏捷 mǐnjié *adj.*

思维敏捷 / 敏捷的动作 / 才思敏捷 — nimble, quick

❶ 长期从事脑力劳动的人往往到了六十岁时仍能保持敏捷的思维能力。
❷ 奥运会的赛场上，花样滑冰运动员舞步轻盈，展现了敏捷的身姿。

名次 míngcì *n.*

提升名次 / 好名次 / 考试名次 — rank in a competition

❶ 他上个学期在唱歌比赛中得了很好的名次，不少同学都对他刮目相看了。
❷ 循环赛是指每个队都能和其他队比赛一次或两次，然后按成绩计算名次的一种比赛。

明智 míngzhì *adj.*

明智的选择 / 做法明智 — sensible, sagacious

❶ 多亏我明智，才可以保全自己。
❷ 报社老板最明智的做法，就是让作家去做他能做好的事情。

沐浴 mùyù *v.*

沐浴阳光 / 沐浴完毕 — take a bath, bathe

❶ 她沐浴之后，显得更漂亮了。
❷ 在美丽的海边，人们尽情地沐浴着阳光。

纳闷儿 nàmènr *v.*

非常纳闷儿 / 很纳闷儿 — feel puzzled

❶台上突然没声音了，观众都很纳闷儿。
❷小猫刚才还在这里，可转眼就不见了，这太让人纳闷儿了。

难能可贵 nánnéngkěguì *idiom*

难能可贵的想法 be rare and commendable

❶家庭的融洽氛围是难能可贵的。
❷她有一点是非常难能可贵的，就是遇事冷静。

恼火 nǎohuǒ *adj.*

十分恼火 / 让人恼火 / 恼火的心情 angry, irritated

❶得知这个消息，经理大为恼火。
❷今天上课纪律不好，老师有些恼火。

凝固 nínggù *v.*

瞬间凝固 / 气氛凝固 / 凝固成型 solidify

❶天气很冷，水凝固成了冰。
❷牛奶中含有的蛋白质一旦与橘子中的果酸相遇就会凝固。

拧 nǐng *v.*

拧开 / 拧断 screw, twist

❶进入写作状态这个技巧是慢慢锻炼出来的，就像脑子里有两个阀门，关掉这个，拧开那个，是需要锻炼的。
❷他在拧螺丝。

扭转 niǔzhuǎn *v.*

扭转局面 / 尽快扭转 / 无法扭转 reverse, turn around

❶ 在困境当中，我们要有勇气扭转不利局面。

❷ 要想扭转经营局面不能只靠降低成本。

排除 páichú *v.*

排除故障 / 及时排除 / 有效排除 eliminate, get rid of, remove

❶ 通过张师傅的修理，这台机器的故障很快就被排除了。

❷ 他的安慰帮我排除了恐惧。

徘徊 páihuái *v.*

徘徊不停 / 徘徊着 / 徘徊了好久 pace back and forth, hesitate

❶ 为了想出一个好的方案，他在房间里久久地徘徊着。

❷ 我又一次徘徊在了人生的十字路口，一个看似简单的决定却需要无比慎重的考虑。

判决 pànjué *v.*

最终判决 / 服从判决 / 公正的判决 give a verdict

❶ 在遭到否定的判决之后，他没有接受这个判决结果，继续坚持了自己的梦想。

❷ 法院的判决下来了，他被判了无期徒刑。

庞大 páng dà *adj.*

身体庞大 / 庞大的系统 / 异常庞大 huge, enormous

❶我们拥有一个庞大的演艺系统。
❷这个项目的预算庞大，需要好好规划。

劈 pī *v.*

劈开 / 劈柴 hack, chop

❶这里山势陡峻，两边都是直立百米、如同斧劈刀削一般的悬崖。
❷长期握笔的手初干粗活免不了会伤痕累累，劈柴木刺扎进了皮肉，又烫起了泡。

中频

片刻 piànkè *n.*

思索片刻 / 片刻后 / 休息片刻 a little while, an instant

❶他休息了片刻又继续工作。
❷稍等片刻，我马上就回来。

漂浮 piāofú *v.*

漂浮不定 / 水上漂浮 / 漂浮的羽毛 float

❶有了这一层厚纤维，整个椰子就会像穿上了一件救生衣那样漂浮在水面上。
❷荷花凋谢了，花瓣像小船一样轻轻地漂浮在水面上。

平行 píngxíng *v. & adj.*

平行线 / 平行排列 / 空间平行 be parallel; concurrent

❶这两条路是平行的。

❷这两个项目平行发展，互不影响。

屏障 píngzhàng *n.*

修复屏障 / 天然的屏障 / 建立屏障 shield, protective screen

❶臭氧层就像一道厚厚的屏障，保护着地球上的生物免受太阳紫外线和高能粒子的袭击。
❷燕山山地和西山山地是北京天然的屏障。

瀑布 pùbù *n.*

壮观的瀑布 / 大瀑布 / 天然的瀑布 waterfall

❶瀑布的流水声非常响亮，让人心旷神怡。
❷瀑布从高处倾泻而下，形成了壮观的景象。

启示 qǐshì *n. & v.*

深刻的启示 / 得到启示 inspiration; inspire

❶这件事给我留下了永久的回忆和终生的启示。
❷滴水能够穿石，那是在启示我们坚持才能够成功。

起初 qǐchū *n.*

originally, at first

❶他起初不同意，后来才答应。
❷起初他满口答应，现在又变卦了。

气压 qìyā *n.*

气压单位 / 标准气压 / 测量气压 atmospheric pressure

中频

❶气象工作者在测量气压。
❷保持轮胎的正常气压是非常重要的。

恰到好处 qiàdào-hǎochù *idiom*

just right (for a purpose or an occasion, etc.)

恰到好处的评价 / 恰到好处地结束

❶文章的结尾恰到好处地总结了全文。
❷这套服装恰到好处地显示出她的身材。

强制 qiángzhì *v.*

强制性 / 强制命令 / 强制执行 force, compel

❶法律是外在的，也是强制性的。
❷这个法令必须强制执行。

中频

锲而不舍 qiè'érbùshě *idiom*

锲而不舍的精神 / 锲而不舍地坚持 work with perseverance

❶做科研就要有锲而不舍的精神。
❷不管你的先天条件多么不好，只要锲而不舍，就能取得成功。

倾向 qīngxiàng *n. & v.*

倾向性 / 不良倾向 / 不同的倾向 tendency; incline to

❶资源永远倾向有能力的人。
❷在这件事上他倾向于我的意见。

清晨 qīngchén *n.*

清晨起床 / 每日清晨 early morning

❶昙花在晚上开花，翌日清晨就会凋谢。

❷经过一夜的睡眠，清晨起床后身体还没有被“激活”。

清洁 qīngjié *adj.*

清洁工具 / 清洁卫生 / 保持清洁 clean

❶我们要保持家居清洁。
❷请注意个人清洁卫生。

清醒 qīngxǐng *adj. & v.*

clear-headed; return to consciousness

头脑清醒 / 清醒的认识 / 保持清醒

❶不以物喜，不以己悲，这样就不会为凡尘中的各种诱惑、烦恼所左右，从而以清醒的心智和从容的步履轻松地走过人生的岁月。
❷既了解自己的优势，又知道自己的不足，才能对自己有清醒的认识。

区分 qūfēn *v.*

区分度 / 严格区分 / 区分差异 differentiate

❶双胞胎通常很难区分。
❷宝宝很小的时候就可以将自己的母亲与其他人区分开来。

驱逐 qūzhú *v.*

驱逐出去 / 全部驱逐 / 被驱逐 expel, drive out

❶他们把侵略者驱逐出去了。
❷一杯红茶或咖啡，加上几块饼干或蛋糕，不仅驱逐了饥饿感，还会让人心情愉悦，提高工作效率。

确保 quèbǎo *v.*

确保成功 / 确保开心 / 确保安全 ensure, guarantee

❶ 候鸟是用什么方法来确保迁徙方向正确的呢？

❷ 交警应确保交通畅通无阻。

确切 quèqiè *adj.*

确切地说 / 确切含义 / 十分确切 exact

❶ 确切地说，我一点儿把握都没有。

❷ 我不知道会议的确切时间。

饶恕 ráoshù *v.*

无法饶恕 / 不可饶恕 / 饶恕一回 forgive

❶ 他犯了不可饶恕的错误。

❷ 伤害留下的记忆就像录像带一样，在你头脑中反复播放，而饶恕能把这些不快的记忆抹去。

热门 rèmén *n.*

热门话题 / 热门专业 / 热门景点 sth. that is currently popular

❶ 近两年，计算机专业是个热门专业。

❷ 这个旅游景点最近成为了很多人的打卡地，吸引了大量游客前来游玩，成为了热门旅游景点。

仁慈 réncí *adj.*

讲仁慈 / 非常仁慈 / 待人仁慈 benevolent, merciful

❶ “东郭先生”指的是那些不辨是非而滥

中频

施同情心、对坏人讲仁慈的人。
❷对一匹狼讲仁慈，你真是太糊涂了。

仍旧 réngjiù *adv.*

仍旧坚持 / 仍旧来了 still, yet

❶几年没见，她仍旧那么漂亮。
❷就算你演了一百场戏，如果不红，仍旧没有人记得你的面孔。

容纳 róngnà *v.*

无法容纳 / 容纳量 / 容纳他人 hold, accommodate

❶大地的胸怀是无比宽阔的，它能容纳人世间的所有痛苦。
❷我们公司不能容纳这种假公济私的人。

容忍 róngrěn *v.*

无法容忍 / 容忍度 / 容忍失误 put up with, tolerate

❶我容忍了他的错误，没有责怪他。
❷我实在不能容忍他的错误。

弱点 ruòdiǎn *n.*

致命的弱点 / 正确看待弱点 / 一个弱点 weak point, failing

❶每个人都有优点，也都有弱点。
❷他成功地克服了这些弱点。

撒谎 sāhuǎng *v.*

撒谎骗人 / 撒谎的行为 / 长期撒谎 tell a lie

❶他撒谎还是被发现了。
❷爱撒谎的小明受到了爸爸严厉的惩罚。

散布 sànbù *v.*

散布谣言 / 散布信息 scatter, spread

❶他的朋友散布在世界各地。
❷他在人群中散布谣言，使得人心惶惶。

骚扰 sāorǎo *v.*

遭到骚扰 / 电话骚扰 / 骚扰短信 harass

❶一个陌生人总是打电话骚扰我，我忍了很久，决定将他拉黑并举报该电话号码。
❷女性如果遇到性骚扰，应该马上报警。

山脉 shānmài *n.*

太行山脉 / 著名的山脉 / 雄伟的山脉 mountain range

❶中国是一个多山的国家，山脉纵横交错。
❷蜿蜒曲折的山脉中，云雾缭绕，犹如仙境。

舌头 shétou *n.*

伸出舌头 / 鲜红的舌头 tongue

❶请伸出你的舌头，让大夫看看。
❷狗的舌头有调节体温的作用。

摄氏度 shèshìdù *m.w.*

30 摄氏度 Celsius, centigrade

❶在炎热的夏季，室内的空调温度通常设定在 25 摄氏度左右。

❷今天的最高气温是25摄氏度，非常适合户外活动。

深奥 shēn'ào *adj.*

深奥的道理 / 学问很深奥 / 故作深奥 profound, unfathomable

❶这个问题太深奥了，我回答不了。
❷这个理论太深奥了，我理解不了。

神圣 shénshèng *adj.*

神圣的职业 / 神圣的使命 / 庄严神圣 holy, sacred

❶龙在中国人心中代表着吉祥，象征着神圣，还是力量的化身。
❷在印度，牛是神圣的动物。

神态 shéntài *n.*

神态各异 / 神态疲惫 / 悠闲的神态 expression, bearing

❶这座雕塑的神态栩栩如生。
❷他虽然遭受了沉痛打击，但仍神态自若，好像什么事情都没有发生。

慎重 shènzhòng *adj.*

慎重选择 / 讲话要慎重 / 慎重考虑 cautious, careful, prudent

❶交友一定要慎重。
❷我们做事之前要慎重考虑各种因素。

生机 shēngjī *n.*

生机勃勃 / 一片生机 / 充满生机 vitality, vigor

❶ 奋斗让我们的生活充满生机，责任让我们的生命充满意义。
❷ 春天来了，一切都充满生机。

生锈 shēngxiù *v.*

生锈的铁片 / 机器生锈 / 防止生锈 rust, grow rusty

❶ 一架机器搁在那里不用的话就会生锈，经常运转才能保持良好状态。
❷ 金子是不会生锈的。

施加 shījiā *v.*

施加压力 / 施加的痛苦 / 施加控制 exert, inflict

❶ 无论敌人对他施加什么刑罚，他始终坚强不屈。
❷ 他们已对政府施加了相当大的压力，要求其采取强硬立场。

中频

十足 shízú *adj.*

干劲十足 / 十足的力道 / 信心十足 full, sheer

❶ 他做事干劲十足，让人敬佩。
❷ 弟弟是个十足的淘气鬼。

识别 shíbié *v.*

无法识别 / 识别真假 / 仔细识别 identify, discern

❶ 你怎样识别赝品和真品呢?
❷ 石碑上的字模糊不清，难以识别。

实质 shízhì *n.*

事物的实质 / 实质性 / 失去实质 essence

❶他们貌似强大，实质虚弱。
❷实质重于形式。

使命 shǐmìng *n.*

神圣的使命 / 一项使命 / 赋予使命 mission

❶这是一项光荣而神圣的使命。
❷军人的使命是保家卫国。

事项 shìxiàng *n.*

具体事项 / 罗列事项 / 事项清单 matter, item

❶请把具体事项告诉我。
❷下面我们谈谈去中国旅游的注意事项。

试图 shìtú *v.*

试图说服 / 试图逃跑 attempt, try

❶他试图说服对方，以便尽快达成协议。
❷救援人员试图从废墟的夹缝中营救出这位老人，但试了几次都没有成功。

试验 shìyàn *n. & v.*

试验田 / 试验成功 / 试验新机器 experiment; test

❶一个小小的疏忽导致了这次试验的失败。
❷这次试验非常成功，达到了预期目标。

视频 shìpín *n.*

短视频 / 制作视频 / 视频通话 video

❶作为一个视频网站，你们的盈利模式是什么？
❷很遗憾，没能参加你的婚礼。能不能将你们拍摄的婚礼视频给我看看？

适宜 shìyí *adj.*

适宜的温度 / 气候适宜 suitable, appropriate

❶对于白领们来说，散步是最适宜的午休活动之一。
❷在适宜的条件下，这粒种子会长成参天大树。

收益 shōuyì *n.*

获得收益 / 更多收益 / 合法收益 earnings, profit

❶效益与风险的最佳组合是指在风险确定的前提下尽可能使收益最大化。
❷这些农民第一次试验就获得了很好的收益。

手艺 shǒuyì *n.*

手艺高超 / 传授手艺 / 传统手艺 craftsmanship, workmanship

❶我很欣赏这个工匠的手艺。
❷明天大伙儿都来我家吃饭吧，让你们尝尝我的手艺。

书记 shūjì *n.*

和蔼的书记 / 市委书记 / 书记的发言 secretary, clerk

❶王书记通知我们下午开会。
❷电视上严肃的书记私底下竟然那么和蔼可亲！

舒畅 shūchàng *adj.*

心情舒畅 / 特别舒畅 / 感觉舒畅 happy, entirely free from worry

❶腰缠万贯可能会忧心忡忡，一贫如洗也可能心情舒畅。
❷常听优雅的音乐不仅可以使人心情舒畅，还能够陶冶人的情操。

衰退 shuāituì *v.*

经济衰退 / 迅速衰退 / 衰退的意志 decline, deteriorate

❶企业的生命周期大致可分为发展、成长、成熟、衰退几个阶段。
❷老年人记忆力衰退，常常丢三落四，年轻人应该体谅。

率领 shuàilǐng *v.*

率领队伍 / 率领大军 lead, command, head

❶他率领大家走上了致富之路。
❷院长亲自率领一支医疗队下乡。

饲养 sìyǎng *v.*

饲养员 / 精心饲养 / 饲养动物 raise, rear

❶儿子要求饲养这只小羊，父亲答应了他。
❷人工饲养的鱼受到外界声音反复刺激后，会产生一定的条件反射。

艘 sōu *m.w.*

一艘船 (measure word for ships)

❶ 考古学家从这艘沉没的古船中发现了大量的明代瓷器。
❷ 如果说人生是一艘帆船，自信便是那鼓起的风帆，让人勇往直前。

泰斗 tàidǒu *n.*

文学泰斗 person of distinction

❶ 国际、国内的文学界泰斗、前辈对于本次论坛活动都非常支持，令我十分感动。
❷《战争与和平》是文学泰斗托尔斯泰的作品。

中频

弹性 tánxìng *n.*

富有弹性 / 弹性工作 / 保持弹性 elasticity, resilience

❶ 所谓弹性水库，就是那些装点着青山的森林。
❷ 这个旧床垫几乎没什么弹性了。

叹气 tànqì *v.*

唉声叹气 / 经常叹气 sigh, heave a sigh

❶ 很难想象，一个遇到困难和挫折很容易就愁眉苦脸、唉声叹气的人会具有幽默感。
❷ 碰到烦心事不能一味叹气，要想办法解决。

滔滔不绝 tāotāo-bùjué *idiom*

滔滔不绝地说 / speak unceasingly

说起来滔滔不绝

❶说起童年往事他滔滔不绝。
❷他是个读过很多书又有口才的人，每当他讲起故事总是滔滔不绝，令人大为赞赏。

特长 tècháng *n.*

培养特长 / 一项特长 / 发挥特长 strong point, specialty

❶挥洒个性、表现特长才能保证成员保持共同完成目标的动力。
❷我的特长是弹钢琴。

提拔 tíbá *v.*

受到提拔 / 提拔干部 promote, elevate

❶小王被公司提拔为经理。
❷胆怯的人不会得到提拔，他们在市场中不会前进，不会成长，不会变得强大。

提炼 tíliàn *v.*

提炼精华 / 总结提炼 / 精心提炼 extract, refine

❶这种药剂是用蛇胆提炼而成的。
❷你应该学会从大量数据中提炼出有效信息。

提议 tíyì *n. & v.*

反对提议 / 提议通过 / 提议者 proposal; suggest

❶大家对这个提议纷纷表示赞同。

❷他提议举办一场联欢会。

体面 tǐmiàn *adj. & n.*

体面的工作 / 打扮体面 / 体面生活 decent; dignity

❶只有给予一个人尊严，才能让他体面地活着。

❷你这种做法有失体面。

体系 tǐxì *n.*

矛盾体系 / 健全的体系 / 完善体系 system, setup

❶武术经历数千年的发展，融入了传统哲学、医学、美学等多种传统文化，形成了独具一格的文化体系。

❷只有完善社会保障体系，减轻居民支出的压力，才能进一步刺激居民消费需求的增长。

中频

天堂 tiāntáng *n.*

向往的天堂 / 人间天堂 paradise, heaven

❶古城苏州素有“人间天堂”的美称。

❷香港素有“购物天堂”之称。

田野 tiányě *n.*

一片田野 / 无边的田野 / 希望的田野 field, open land

❶田野上到处是一派丰收的景象。

❷从伊通县城开往大孤山，路两旁能看到大片大片一望无际的田野。

舔 tiǎn *v.*

舔食 / 舔掉 / 舔一舔 lick, lap

❶婴儿在触摸和舔东西的时候，可以体会到冷、热、硬、软等不同的感觉及不同的味道。

❷狼伸伸腰，舔舔嘴，然后对东郭先生说："我现在饿得很。"

亭子 tíngzi *n.*

公园的亭子 / 亭子的四周 / 建造亭子 pavilion

❶不远处有个亭子，我们可以在那儿休息一下。

❷亭子在中国园林的意境中起到很重要的作用。

通讯 tōngxùn *v. & n.*

通讯社 / 通讯网 / 通讯员 communicate; news report

❶报纸上刊登了介绍孔繁森事迹的长篇通讯。

❷我发表过一篇关于环保的通讯。

投掷 tóuzhì *v.*

投掷硬币 / 投掷出去 throw, fling

❶投掷飞盘是他的强项，他总能在比赛中取得好成绩。

❷投掷标枪最重要的动作要领是什么？

突破 tūpò *v.*

新的突破 / 突破口 / 勇于突破 break through

❶红军突破了敌人的重重封锁，终于到达陕北。
❷他们终于突破了防守，射进一球。

涂抹 túmǒ *v.*

涂抹伤口 / 涂抹一遍 paint, apply

❶爸爸将涂抹了黄油的面包片递给妈妈。
❷母亲小心翼翼地把药水涂抹在孩子烫伤的皮肤上。

脱离 tuōlí *v.*

脱离危险 / 快速脱离 / 无法脱离 break away from

❶风平浪静了，船脱离了险境。
❷他已经脱离危险了！

中频

椭圆 tuǒyuán *n.*

椭圆形 / 椭圆的脸蛋 oval, ellipse

❶一只大河蚌慢慢地爬上河滩，张开自己的两扇椭圆形的甲壳晒起太阳来。
❷冥王星的运行轨道是一个椭圆形。

娃娃 wáwa *n.*

布娃娃 / 心爱的娃娃 baby, small child

❶可爱的洋娃娃让妹妹爱不释手。
❷这些娃娃看起来体态丰腴，活泼可爱。

外向 wàixiàng *adj.*

性格外向 / 外向型经济 outgoing, extroverted

❶尽管在经济高速发展的现代社会人们

大多呈现出外向的一面，但是有研究表明，内向者与外向者的人数基本是持平的。
❷他性格外向，喜欢和陌生人交流。

顽固 wángù *adj.*

顽固分子 / 思想顽固 / 老顽固 stubborn, obstinate

❶爷爷的思想特别顽固，很难沟通。
❷这个社会还会有一些顽固的思想存在，这是不可否认的。

万分 wànfēn *adv.*

万分欣喜 / 激动万分 / 感慨万分 very much, extremely

❶我已经万分小心了，可还是闹了笑话。
❷上学快要迟到了，公交车还没来。在万分焦急的等待中，我终于打到出租车，顺利赶到学校。

唯独 wéidú *adv.*

唯独他来了 only, alone

❶大学毕业之后，很多同学都非常着急去工作挣钱，唯独他决定去读研究生。
❷人生可以没有很多东西，唯独不能没有希望。

未免 wèimiǎn *adv.*

未免太过分了 / 未免过于消极 rather, a bit too

❶现在才出门，未免太晚了。
❷这个事情未免太离谱了吧！

喂　wèi　*v.*

喂食物 / 喂奶 / 喂饭　**feed**

❶宝宝饿了，该喂奶了。
❷科学家开展了一项实验：每次喂鱼的时候用扬声器播放某种声音。

文献　wénxiàn　*n.*

大量的文献 / 引用文献 / 文献表明　**document**

❶大部分敦煌文献是用汉字记载的。
❷他正在查找文献，准备写论文。

窝　wō　*n.*

一窝兔子 / 被窝 / 燕窝　**den, nest**

❶母鸡在窝里下蛋。
❷如果雄鹰在鸡窝里长大，就会失去飞翔的本领。

无穷无尽　wúqióng-wújìn　*idiom*

无穷无尽的力量 / 财富无穷无尽　**endless, infinite**

❶大自然虽然默默无语，却蕴藏着无穷无尽的智慧。
❷知识的海洋是无穷无尽的，我们要不断学习以充实自己。

无知　wúzhī　*adj.*

愚蠢无知 / 无知的幻想 / 无知的表现　**ignorant**

❶因为无知，他被人骗了。
❷读书的好处就在于，它让求知的人从中获知，让无知的人变得有知。

中频

误差 wùchā *n.*

测量误差 / 存在误差 / 误差分析 error

❶这个结果有很大的误差。
❷不知道为什么，实验重复数次之后仍然存在误差。

误解 wùjiě *v.*

一场误解 / 消除误解 / 被人误解 misunderstand, misread

❶我本来是一番好意，却遭到他的误解。
❷请不要误解了我的意思。

先前 xiānqián *n.*

先前的工作 / 先前的计划 before, previously

❶先前的事你怎么全忘了？
❷棋子总是愈下愈少的，人生也是愈来愈短的。于是先前落错了子，后来都要加倍苦恼地应付。

纤维 xiānwéi *n.*

纤维素 / 膳食纤维 / 纤维材料 fiber

❶纤维可以是棉花、麻等天然纤维，也可以是涤纶、腈纶、丙纶、维纶等合成纤维。
❷非天然纤维做的衣服，有的人穿了会过敏。

贤惠 xiánhuì *adj.*

温柔贤惠 / 贤惠的女子 (of a woman) virtuous

❶我有个贤惠的妻子。
❷妻贤夫祸少，子孝父心宽。意思是：妻

中频

子贤惠，丈夫灾祸就少，子女孝顺，父母就心情舒畅。

嫌 xián *v.*

嫌弃 / 嫌恶 / 不计前嫌 dislike, complain

❶老李嫌那座房子太小。
❷把汽车停在人行道上的人很讨人嫌。

线索 xiànsuǒ *n.*

关键线索 / 寻找线索 / 线索中断 clue

❶公安人员经过缜密的侦查，找到了破案的线索。
❷故事的线索很清晰。

相等 xiāngděng *v.*

实力相等 / 相等的时间 / 大致相等 be equal, be equivalent

❶正方形指的是四条边等长、四个角相等的四边形。
❷人与人的尊严是相等的，没有高低贵贱之分。

向导 xiàngdǎo *n.*

一名向导 / 可靠的向导 / 担任向导 guide

❶迷宫里的道路错综复杂，没有向导很难走出去。
❷我们找你爷爷，是想了解一下大象在这儿的活动情况，请他给我们做向导。

向往 xiàngwǎng *v.*

向往的生活 / yearn for, look forward to

向往自由 / 十分向往

❶我向往着能去一次巴黎，感受浪漫之都的氛围。
❷童年时，我向往快点长大，因为我想过自己的生活。长大后，我又向往童年了，因为童年时最天真、最快乐。

相声 xiàngsheng *n.*

说相声 / 相声演员 / 表演相声 crosstalk, comic dialogue

❶单口相声是在民间笑话的基础上发展起来的一种民间艺术形式，故事性强，妙趣横生，在社会上流传很广泛。
❷我们成立一个相声兴趣小组，你来参加吧。

协会 xiéhuì *n.*

作家协会 / 协会会员 association, society

❶在校读书期间，我也参加了一些社团活动，如摄影协会、书画协会等，在这个过程中，我发现我个人对于摄影，包括与艺术相关的行业都有一定的兴趣。
❷为了办好国际射联广州世界杯赛，中国射击协会和本届组委会做了大量工作。

泄露 xièlòu *v.*

泄露信息 / 绝不泄露 / 泄露出去 leak, disclose

❶你必须保证个人信息不被泄露。
❷他一时没留神泄露了秘密。

心血 xīnxuè *n.*

painstaking care

花费心血 / 一生的心血 / 满腔心血

❶母亲几乎把全部心血都花在儿子身上了。
❷在回家的路上，我突然心血来潮想买一束花送给妻子。

新陈代谢 xīnchén-dàixiè *v.*

metabolize, supersede the old with the new

促进新陈代谢 / 不断地新陈代谢

❶多做运动能促进新陈代谢，有益身体健康。
❷晚上，我们身体的新陈代谢是非常慢的，因为我们的身体与白天相比不活跃。

新颖 xīnyǐng *adj.*

novel, new and original

新颖的题材 / 构思新颖 / 很新颖

❶这部小说题材比较新颖。
❷这个品牌的服装很新颖，做工也非常别致。

信仰 xìnyǎng *v. & n.*

believe in; belief

缺乏信仰 / 信仰真理 / 一生的信仰 / 坚定信仰

❶公民有信仰宗教的自由。
❷我的信仰不可动摇。

兴隆 xīnglóng *adj.*

prosperous, thriving

生意兴隆

❶人都是有感情的，因此以诚待人、以情感人是生意兴隆的关键因素之一。

中频

❷圣诞节前生意总是很兴隆。

行政 xíngzhèng *n.*

行政人员 / 行政部门 / 行政工作 administration

❶学校的行政人员太多，需要精简。
❷采用行政干涉，就像用巨石堵住洪水，只能暂时缓解，却不能在根本上起到作用。

性命 xìngmìng *n.*

保全性命 / 身家性命 / 丢了性命 life

❶毒品让他丢了性命。
❷猫为什么可以在没有任何保护措施的情况下，从高空坠落却仍可以保全性命呢？

凶恶 xiōng'è *adj.*

凶恶的歹徒 / 目光凶恶 fierce, ferocious

❶在群众的帮助下，警察抓住了一个凶恶的歹徒。
❷鳄鱼的样子十分丑陋、凶恶。

汹涌 xiōngyǒng *adj.*

汹涌的波涛 / 波涛汹涌 surging, turbulent

❶你弹的曲子就像那波涛汹涌的江水呀！
❷海水朝着岸边汹涌而来，在岩石上溅起无数浪花。

雄伟 xióngwěi *adj.*

雄伟壮丽 / grand, magnificent, majestic

中频

雄伟的长城 / 气势雄伟

❶我登上雄伟壮丽的长城，一种自豪感油然而生。

❷气势雄伟的天安门城楼沐浴在朝霞之中。

嗅觉 xiùjué *n.*

灵敏的嗅觉 / 嗅觉失灵 / 嗅觉系统 sense of smell

❶在危险情况下人的嗅觉会变得非常灵敏，并向大脑发出避开危险的“警报”。

❷经过训练的狗有更敏锐的嗅觉。

虚假 xūjiǎ *adj.*

虚假的谎言 / 虚假宣传 / 过于虚假 unreal, false

❶他那种过分的热情显得有些虚假。

❷虚假广告应该受到治理，相关企业和个人应该受到处罚。

虚伪 xūwěi *adj.*

虚伪的笑容 / 很虚伪 / 待人虚伪 hypocritical

❶恭维不能过头，说多了就会让对方觉得你世故、虚伪。

❷我们做人不能太虚伪，要真诚待人。

选拔 xuǎnbá *v.*

选拔赛 / 选拔人才 / 层层选拔 select, choose

❶在选拔人才时，既要听其言、观其貌，也要察其行、考其绩。

❷她的出色成就，从此改变了世界乒坛只

在高个子中选拔运动员的传统观念。

削弱 xuēruò *v.*

削弱力量 / 气势被削弱 / 极大地削弱了…… weaken

❶ 他的言论有削弱我观点的效果，我需要重新考虑。

❷ 阳光经过灰尘的反射，强度会大大削弱，因而变得柔和。

雪上加霜 xuěshàng-jiāshuāng *idiom*

one disaster on top of another

❶ 丈夫失业使这个贫困的家庭雪上加霜。

❷ 灾区阴雨绵绵，再加上余震不断，真是雪上加霜！

压迫 yāpò *v.*

饱受压迫 / 压迫人民 / 神经压迫 oppress, repress, constrict

❶ 俯卧会压迫胸部，影响呼吸，会使心脏受压、肺工作量增加，因此不利于健康。

❷ 哪里有压迫，哪里就有反抗。

压抑 yāyì *v.*

压抑不住 / 压抑的气氛 / 压抑自己 constrain, hold back

❶ 我的工作一点儿也不压抑，我很喜欢。

❷ 你不要压抑自己，想哭就哭出来吧。

中频

淹没 yānmò *v.*

全部淹没 / 瞬间淹没了 / 被欢呼声淹没 — submerge, drown, flood

❶ 江堤决口，洪水淹没了庄稼。
❷ 那一刻，我心里像突然刮了一阵风，那些快要淹没在庸碌生活里的梦想，像那个早上的阳光，一直射进我的心底。

延伸 yánshēn *v.*

向前延伸 / 无限延伸 / 延伸到远方 — extend, stretch

❶ 人类对这个世界的认识就像一个半径不断延伸的圆。
❷ 这条小路一直延伸到密林深处。

中频

严密 yánmì *adj.*

严密监控 / 防守严密 / 严密的组织 — tight, strict

❶ 瓶盖盖得很严密。
❷ 这些服务器是被严密监控的，黑客的任何访问都会被探测到。

掩护 yǎnhù *v.*

机智地掩护 / 火力掩护 / 帮忙掩护 / 打掩护 — shield, cover

❶ 大雾虽然给飞机的起降等带来一定困难，但可以掩护部队的作战行动。
❷ 两个连队步调一致，一方掩护另一方进攻。

眼色 yǎnsè *n.*

交换眼色 / 有眼色 — meaningful glance, wink

❶他使了个眼色，让我不要说话。
❷这人真没眼色，大家要睡觉了，他还坐着不走。

眼神 yǎnshén *n.*

expression in one's eyes, eyesight

严厉的眼神 / 可怕的眼神 / 一个眼神

❶两个人相爱时只需要眼神就可以传情。
❷我眼神儿不好，天一黑就看不清楚了。

谣言 yáoyán *n.*

散布谣言 / 网络谣言 / 谣言的产生 rumor

❶不要散布谣言。
❷对于捕风捉影的谣言，我们切不可相信。

遥远 yáoyuǎn *adj.*

相隔遥远 / 路途遥远 / 遥远的距离 distant, remote

❶成功对于我们普通人来说是不是非常遥远？
❷我来自遥远的大洋彼岸。

耀眼 yàoyǎn *adj.*

耀眼的光芒 / 耀眼夺目 / 格外耀眼 dazzling

❶他是文学界一颗耀眼的新星。
❷太阳在头顶发出耀眼的光芒。

一举两得 yìjǔ-liǎngdé *idiom*

一举两得的方法 kill two birds with one stone

❶这个菜又好吃又能减肥，真是一举两得。

❷我喜欢玩魔方，既锻炼了手的灵活性，又让脑子转得更快，一举两得。

一向　yíxiàng　*adv.*

一向很好 / 一向不喜欢他　all along, always

❶您一向说您是一个业余作家，您是怎样在工作之余抽出时间来创作的呢？
❷南方小镇的春天一向很迷人。

仪式　yíshì　*n.*

欢迎仪式 / 举行仪式 / 隆重的仪式　ceremony

❶这天，正在举行阅兵仪式。
❷至今在闽南和台湾，男子的成人仪式中必不可少的就是要戴一顶崭新的帽子。

中频

以至　yǐzhì　*conj.*

以至于　to such an extent as to

❶这个电影如此感人，以至很多观众流下了眼泪。
❷小明上课不认真听讲，以至做题总是出错。

毅力　yìlì　*n.*

惊人的毅力 / 缺乏毅力 / 学习的毅力　perseverance, willpower

❶他凭借坚定的毅力，克服了生活中的困难。
❷老王做事很有毅力，他每天都去公园锻炼身体，十年如一日，从不间断。

隐患 yǐnhuàn *n.*

安全隐患 / 消除隐患 / 极大的隐患 hidden trouble, pitfall

❶ 他们之前没有及时发现自己家庭存在的财务隐患，日积月累下来就造成了危机的爆发。

❷ 白领精英怎样才能发现家庭财务隐患呢？

迎面 yíngmiàn *adv.*

迎面走来 / 迎面撞见 in one's face

❶ 迎面吹来的一阵寒风使我不禁打了个寒战。

❷ 我刚走出公司就看见经理迎面走来。

应邀 yìngyāo *v.*

应邀出席 / 应邀前来 at one's invitation

❶ 他的见解独到而且深刻，他常应邀到许多高校发表演讲，深受学生喜爱。

❷ 三位著名演员应邀到一个剧场同台演出。

优胜劣汰 yōushèng-liètài *idiom*

优胜劣汰的规则 survival of the fittest

❶ 自然界的生存法则就是适者生存，优胜劣汰。

❷ 市场竞争就是在合法经营的条件下优胜劣汰。

犹如 yóurú *v.*

be just as

❶ 他这样做犹如飞蛾扑火，自取灭亡。

❷字典犹如一位不说话的老师。

预料 yùliào *v. & n.*

预料之中 / 无法预料 forecast, anticipate; expectation

❶我们都没预料到今晚的比赛能赢。
❷正如他所预料，天气开始转阴。

原先 yuánxiān *n.*

原先的计划 / 原先的规则 origin, former time

❶我原先想当老师，现在想当记者了。
❷在危机退却之后，中国会不会再回到原先的增长模式？

圆满 yuánmǎn *adj.*

圆满的句号 / 圆满完成 / 功德圆满 satisfactory

❶这次会议圆满结束了。
❷不是每个人的人生都是圆满的。

缘故 yuángù *n.*

生病的缘故 / 其中缘故 reason, cause

❶彩虹的出现是阳光在水滴中发生折射的缘故。
❷因为下雨的缘故，运动会推迟了。

孕育 yùnyù *v.*

孕育生命 / 孕育期 / 孕育的过程 be pregnant with, give rise to

❶伟大的地球母亲孕育了人类，可是人类

中频

却从没想到过给予它一丝回报，只是一味地索取。

❷古城苏州，素有“人间天堂”的美称，这里孕育出了苏州刺绣艺术。

蕴藏 yùncáng *v.*

蕴藏的能量 / 蕴藏着奥秘 / 蕴藏的道理 / 蕴藏量　hold in store, contain

❶大自然虽然默默无语，但蕴藏着无穷无尽的智慧。

❷他们看到了这个尚未开发的市场中所蕴藏的巨大商机。

赞助 zànzhù *v.*

赞助商 / 一笔赞助 / 获得赞助　sponsor, patronise

❶本节目由以下单位赞助播出。

❷我们公司可以赞助那个山区小学一批电脑。

贼 zéi *n.*

捉贼 / 小贼 / 贼窝　thief

❶做贼的明明是他，不是我。

❷那个窃贼只偷了财物，并没有伤害我。

增添 zēngtiān *v.*

增添光彩 / 增添设备 / 增添活力　add, increase

❶大红灯笼给节日增添了不少喜庆气氛。

❷李老师的到来为我们的小组讨论会增添了许多气氛。

中频

赠送 zèngsòng *v.*

赠送礼物 / 赠送纪念品 / 免费赠送 give as a present, present as a gift

❶ 正所谓"宝马赠英雄"，在古代，难得的好马常被当作贵重的礼物赠送给勇士。
❷ 这果盘是餐厅免费赠送的。

占领 zhànlǐng *v.*

占领市场 / 抢先占领 / 积极占领 occupy, capture

❶ 敌人占领了那个山头。
❷ 我们要加大投入，开拓和占领新的科技领域。

战略 zhànlüè *n.*

战略目标 / 发展战略 / 战略部署 strategy

❶ 将军正在研究下一阶段的战略。
❷ 发展教育事业是我们的一项重要战略。

招收 zhāoshōu *v.*

招收学生 / 招收员工 recruit, take in

❶ 他被大学破格招收。
❷ 这次我们招收的是实习生，而非正式员工。

枕头 zhěntou *n.*

舒服的枕头 / 枕头套 / 一个枕头 pillow

❶ 菊花可以制作成枕头，其清新的气味能够明目、降血压。
❷ 他头一沾枕头就睡着了。

争夺 zhēngduó *v.*

争夺赛 / 一场争夺 / 激烈争夺 contend for, fight for

❶冠亚军的争夺非常激烈。
❷桥梁往往是兵家争夺之地。

征收 zhēngshōu *v.*

征收土地 / 征收税 levy, impose

❶为了限制老百姓自己买车，政府对私家车征收重税。
❷政府要征收这片土地，建一个水果产品加工厂。

正规 zhèngguī *adj.*

正规的机构 / 比较正规 / 正规的教育 regular, standard

❶他从来没受过正规的学校教育，只在夜校读过一段时间。
❷她这么做并不是不符合正规程序，而是做了加急处理。

证书 zhèngshū *n.*

发证书 / 获奖证书 / 学位证书 certificate

❶这本证书证明了他的专业能力。
❷我参加了律师资格证书考试，并取得了好成绩。

政策 zhèngcè *n.*

外交政策 / 采取政策 / 制定政策 policy

❶很多环保的政策，其他部门不同意的话，

就会把事情都耽搁了。

❷怎样合理调整分配、税收等一系列政策已越来越成为人们关心的话题。

支出 zhīchū *v. & n.*

实际支出 / 节省支出 / 支出水平 expend; expenditure

❶当收入多于支出时，说明收支平衡表良好。

❷这个月收入大于支出。

执着 zhízhuó *adj.*

执着的努力 / 过于执着 / 执着于 persistent, persevering

❶他对自己的梦想非常执着，从不放弃。

❷大多数情况下，找到自己的目标并坚持到底是一种执着。

中频

直播 zhíbō *v.*

现场直播 / 直播晚会 / 直播间 live broadcast

❶人生从来没有彩排，每一天都是现场直播。

❷这次是每天都有的直播，难度比之前大多了。

职务 zhíwù *n.*

撤销职务 / 罢免职务 / 一份职务 post, duty, job

❶他的职务变了，工资却没变。

❷委员会罢免了他的职务。

指令 zhǐlìng *n.*

发布指令 / 一项指令 / 所有的指令 — order, command, instruction

❶我一定会听从上级的指令。
❷我们会一丝不苟地执行指令。

指南针 zhǐnánzhēn *n.*

一个指南针 — compass

❶指南针是中国宋朝人发明的。
❷倘若没有指南针，可利用星辰引路。

指示 zhǐshì *n. & v.*

上级的指示 / 听从指示 / 指示的方向 — instruction; indicate

❶根据领导的指示，我把会议室安排好了。
❷按路人指示的方向，我很快找到了那家小店。

制约 zhìyuē *v.*

受到制约 / 无法制约 / 法律制约 — restrict

❶如果权力没有制约，那必然会产生腐败。
❷中国经济已保持 30 多年的快速增长，但进一步发展受到能源、资源和环境的制约。

致力 zhìlì *v.*

致力于 / 致力研究 — devote to, dedicate to

❶他一生致力于科学事业，发明了很多东西。
❷这些年我们致力于沙漠治理，取得了明

中频

显成效。

终究 zhōngjiū *adv.*

终究对了 / 终究来了 after all, eventually

❶我知道父亲终究会答应我的要求。
❷真相终究会大白于天下的。

周边 zhōubiān *n.*

周边环境 / 周边地区 vicinity, surrounding area

❶我周边的很多登山爱好者都在计划今年登顶珠峰。
❷我的论文是关于中国周边形势的分析。

皱纹 zhòuwén *n.*

布满皱纹 / 很深的皱纹 / 舒展皱纹 wrinkle, crease

❶无情的岁月在她的脸上刻下条条皱纹。
❷美国一项研究表明，女人衰老和长皱纹的过程和自己的妈妈差不多。

主流 zhǔliú *n.*

主流观点 / 时代主流 / 发展的主流 mainstream

❶团购作为一种新型的电子商务模式，虽然还不是主流的消费模式，但它所具有的爆发力已经逐渐显现了出来。
❷世界多极化是社会发展的主流。

嘱咐 zhǔfu *v.*

不停嘱咐 / 再三嘱咐 / 郑重嘱咐 tell, exhort

❶母亲再三嘱咐儿子要给家里打电话。
❷妈妈嘱咐我路上要注意安全。

助手 zhùshǒu *n.*

得力的助手 / 一名助手 / 当助手 — assistant, helper

❶我派一个助手辅助你工作。
❷王教授想招一名助手帮他做实验。

专题 zhuāntí *n.*

专题会议 / 专题讨论 / 专题的分类 — special subject

❶我们打算做一个关于农民收入问题的专题调查。
❷这次的专题报告总算在仓促中完成了！

庄稼 zhuāngjia *n.*

种庄稼 / 丰收的庄稼 / 庄稼茂盛 — crops

❶我们的心灵就仿佛是一块闲置的空地，如果你不种庄稼的话，它就长杂草。
❷暴风雨后，庄稼全倒了。

装备 zhuāngbèi *n. & v.*

装备齐全 / 新装备 / 更新装备 — equipment; equip

❶登山之前一定要掌握一些登山的知识，而且还要准备好登山的装备，这样才能更好地应对意外情况。
❷军队正在把大量旧装备更新换代。

中频

壮丽 zhuànglì *adj.*

壮丽的风景 / 十分壮丽 / 雄伟壮丽 magnificent, majestic

❶ 夏季多雨，人们在雨过天晴后可以观看云海碧波的壮丽景色。
❷ 贝多芬的第九交响曲是壮丽的音乐篇章。

幢 zhuàng *m.w.*

(measure word used for houses or buildings)

一幢楼 / 整幢

❶ 这幢大楼的造型很别致，有很强的现代感。
❷ 十年前这儿还是个荒凉的地方，现在已经建起了一幢幢高楼。

追究 zhuījiū *v.*

追究责任 / 不再追究 investigate, look into

❶ 酒后驾驶造成严重后果会被追究刑事责任。
❷ 我们不打算追究你的过错了。

琢磨 zuómo *v.*

琢磨琢磨 / 仔细琢磨 ponder, think over

❶ 这些天他一直在琢磨假期去哪儿玩。
❷ 我始终没琢磨透他到底是怎样的人。

资产 zīchǎn *n.*

资产阶级 / 争夺资产 / 资产评估 property, capital

❶ 作品是无形资产，比稿费厉害得多，这

中频

才是真正的摇钱树。
❷我大部分时间都花在看资产负债表上。

资深 zīshēn *adj.*

资深玩家 / 资深的专家 senior

❶这次的研讨会，有许多资深人士也参与其中。
❷这些剪纸作品出自民间资深艺人之手。

滋润 zīrùn *adj. & v.*

雨水的滋润 / 滋润万物 / 很滋润 moist; moisten

❶从繁忙的工作生活中“偷”出一点儿时间来修饰自己、滋润自己，这样你才会对生活充满热情。
❷她走过去趴在水潭边沿上，想喝点儿清凉的溪水，滋润喉咙。

子弹 zǐdàn *n.*

发射子弹 / 子弹头 / 一颗子弹 bullet

❶正是那发子弹给了我自信，从此我就爱上了射击。
❷那子弹差点儿就打中他了。

自力更生 zìlì-gēngshēng *idiom*

do sth. by relying on one's own strength

❶他总是自力更生。
❷独立自主不是闭关自守，自力更生不是盲目排外。

自满 zìmǎn *adj.*

骄傲自满 / 居功自满 self-satisfied, complacent

❶ 骄傲自满会让自己渐渐堕落。
❷ 他很自满——自满得忘乎所以。

宗教 zōngjiào *n.*

宗教信仰 / 宗教势力 / 信奉宗教 religion

❶ 哥白尼的太阳系学说，曾被当时的宗教势力看成是异端邪说，受到野蛮的压制。
❷ 道教是一种中国土生土长的宗教。

走廊 zǒuláng *n.*

狭长的走廊 / 穿过走廊 / 走廊尽头 corridor, passage

❶ 厕所在走廊尽头。
❷ 穿过走廊就可以到达花园。

中频

祖先 zǔxiān *n.*

共同的祖先 / 祖先的智慧 ancestor, forefather

❶ 我的祖先是从中国南方移民过来的。
❷ 他的祖先是美洲的早期移民。

钻石 zuànshí *n.*

一颗钻石 / 漂亮的钻石 / 钻石的象征 diamond

❶ 一位富翁有块儿很大的钻石，但钻石上面有一道很深的划痕。
❷ 钻石文化源远流长，今天人们更多地把它看成是爱情和忠诚的一种象征。

低频词汇

吼 hǒu *v.*

大声吼 roar, howl

●不要在公共场所大声吼叫。

化验 huàyàn *v.*

化验报告／化验单／进行化验 test, assay

●科学家决定对这种叶子进行化验。

癌症 áizhèng *n.*

身患癌症／治疗癌症 cancer

●潜水运动甚至被作为治疗癌症的一种辅助手段。

爱戴 àidài *v.*

深受爱戴／大家的爱戴 love and respect

●很久很久以前，有位非常贤明、受百姓爱戴的国王。

熬 áo *v.*

熬夜／熬汤／煎熬 endure, suffer

●作家常常熬夜。

扒 bā *v.*

扒拉／扒开／扒掉 dig up

●他扒开草丛，看到一窝水鸟蛋。

拜年 bàinián *v.*

去拜年 / 互相拜年 give a New Year's greeting

● 拜年是中国民间的传统习俗，是人们辞旧迎新、相互表达美好祝愿的方式。

颁布 bānbù *v.*

颁布法律 / 统一颁布 issue, publish

● 最近，国家颁布了新的《森林保护法》。

颁发 bānfā *v.*

颁发奖品 / 颁发命令 issue, promulgate

● 毕业典礼上，校长颁发了毕业证书。

版本 bǎnběn *n.*

版本众多 / 不同的版本 version, edition

● 关于梁山伯和祝英台的爱情故事，民间有很多不同的版本。

低频

伴侣 bànlǚ *n.*

灵魂伴侣 / 结为伴侣 / 一对伴侣 companion, mate

● 希望你成家时可以遇到一个好伴侣。

伴随 bànsuí *v.*

伴随着歌声 / 永远伴随 accompany

● 伴随着轻快、愉悦的音乐，她跳起了优雅的舞。

保姆 bǎomǔ *n.*

一名保姆 / 能干的保姆 / 保姆的职责 nanny, babysitter

● 她家雇佣了一个保姆照顾小孩。

保卫 bǎowèi *v.*

保卫祖国 / 保卫人民 defend, safeguard

● 战士们用生命保卫祖国。

卑鄙 bēibǐ *adj.*

卑鄙无耻 / 过于卑鄙 / 实在卑鄙 mean, contemptible

● 你太卑鄙了！

背诵 bèisòng *v.*

背诵课文 / 熟练背诵 recite

● 妈妈每天晚上都要检查我的课文背诵。

本钱 běnqián *n.*

生存的本钱 / 唯一的本钱 capital

● 做生意需要本钱。

迸发 bèngfā *v.*

迸发出火花 / 突然迸发 burst out

● 是什么促使他迸发出这么强烈的上进心的？

蹦 bèng *v.*

蹦起来 / 蹦蹦跳跳 jump, hop

●一条鱼蹦出了水面。

比方 bǐfang *v.*

打比方 / 一个比方 take for example

●我喜欢很多颜色，比方说蓝色、绿色、黄色、红色，等等。

鄙视 bǐshì *v.*

鄙视的目光 / 招人鄙视 despise, look down upon

●我鄙视那些不劳而获的人。

闭塞 bìsè *adj.*

信息闭塞 / 偏僻闭塞 inaccessible

●这个村庄交通闭塞。

遍布 biànbù *v.*

遍布全国 spread all over

●山坡上遍布着星星点点的野花。

辩解 biànjiě *v.*

不容辩解 / 辩解的理由 / 不停地辩解 explain, justify

●不管他如何为自己辩解，他是这次事故的直接责任者，这是确凿无疑的。

标记 biāojì *n.*

做标记 / 明显的标记 / 标记信号 symbol, mark

●请在书中重要的地方做标记。

低频

表态 biǎotài *v.*

举手表态 / 明确表态 declare one's position

●请同意这个决定的人举手表态。

别致 biézhì *adj.*

造型别致 / 别致的图案 / 新颖别致 unique, unconventional

●这房子的设计很别致。

丙 bǐng *n.*

●我们年级有甲、乙、丙三个班。 third in order

搏斗 bódòu *v.*

一番搏斗 / 搏斗过程 wrestle

●两军之间展开了一场激烈的搏斗。

薄弱 bóruò *adj.*

薄弱的环节 / 十分薄弱 weak, frail

●经理要求大家处理好销售中的薄弱环节。

补贴 bǔtiē *n.*

给予补贴 / 出差补贴 subsidy

●今年，政府增加了对贫困户的生活补贴。

捕捉 bǔzhuō *v.*

捕捉信息 / 善于捕捉 catch, seize

●一个人是否具有迅速捕捉有效信息的

低频

能力，决定了他成就的大小。

不得已 bùdéyǐ *adj.*

不得已的做法 / 万不得已 have to

●不到万不得已，我是绝对不会采取那样的手段来处理这个问题的。

不敢当 bù gǎndāng *v.*

实在不敢当 / 万万不敢当 I dare not (accept the honor)

●大侠的名誉我不敢当。

不顾 búgù *v.*

不顾一切 / 置之不顾 disregard, not care

●不顾客观事实而墨守成规的人常常会做出荒唐可笑的事来。

不相上下 bùxiāng-shàngxià *idiom*

两人不相上下 / 结果不相上下 be equally matched

●他们俩的汉语水平不相上下。

不像话 bú xiànghuà *adj.*

太不像话 / 行为不像话 irrational, outrageous

●你怎么又迟到？实在是太不像话了！

不由得 bùyóude *adv.*

不由得唱起来 / 不由得害怕起来 can't help but

●看到这个情况，不由得让人感到惊讶。

低频

彩票 cǎipiào *n.*

福利彩票 / 彩票中奖 lottery

● 当厨师之余，他还热衷于购买彩票。

残疾 cánjí *n.*

残疾人 / 身体残疾 physical disability

● 您今天给残疾朋友一些什么忠告呢？

残酷 cánkù *adj.*

残酷的现实 / 手段残酷 / 残酷无情 cruel

● 理想很丰满，现实很残酷。

残留 cánliú *v.*

残留物 / 残留的痕迹 / 气息残留 remain, be left over

● 蔬菜里残留着农药的成分。

仓库 cāngkù *n.*

食品仓库 / 仓库四周 / 仓库的货物 warehouse

● 一只在农家仓库里觅食的老鼠不小心掉进一个盛得半满的米缸里。

操练 cāoliàn *v.*

不断地操练 / 操练地点 / 好好操练 practice, drill

● 为了这次演出，大家操练了无数次。

嘈杂 cáozá *adj.*

一片嘈杂 / 嘈杂的声音 noisy

●公交车上非常嘈杂。

草率 cǎoshuài *adj.*

草率的决定 / 草率行事 careless, hasty

●他做事非常草率。

岔 chà *n.*

分岔 / 岔路 / 岔开 fork, branch

●那条河在这里分了岔。

诧异 chàyì *adj.*

令人诧异 / 感到诧异 astonished

●他诧异地望着我。

馋 chán *adj.*

嘴馋 / 解馋 / 眼馋 gluttonous

●想起家乡的小吃，他就馋得不得了。

阐述 chǎnshù *v.*

详细阐述 / 阐述观点 / 完整阐述 expound

●请详细阐述你的观点。

昌盛 chāngshèng *adj.*

昌盛的祖国 / 繁荣昌盛 prosperous

●祝我们的祖国永远繁荣昌盛。

偿还 chánghuán *v.*

偿还贷款 / 加倍偿还 / 按期偿还 repay

●他有一大笔债务需要偿还。

倡导 chàngdǎo *v.*

大力倡导 / 倡导的风气 / 倡导改革 advocate

●我们要倡导科技兴国。

嘲笑 cháoxiào *v.*

嘲笑别人 / 一番嘲笑 / 不再嘲笑 laugh at

●不要嘲笑他人的无知。

沉思 chénsī *v.*

陷入沉思 / 沉思良久 contemplate

●他惊讶地张大了嘴巴，然后陷入了沉思。

沉着 chénzhuó *adj.*

沉着冷静 / 十分沉着 / 沉着应对 composed, calm

●小小的司马光遇事十分沉着冷静。

陈旧 chénjiù *adj.*

陈旧的思想 / 观念陈旧 / 过于陈旧 outdated

●我们不该被那些陈旧的观念所束缚。

陈列 chénliè *v.*

陈列作品 / 进行陈列 display, exhibit

●超市的商品陈列摆放是有很多学问的。

承包 chéngbāo *v.*

承包业务 / 承包工程 / 主动承包 undertake a contract

●我们承包了此项业务。

城堡 chéngbǎo *n.*

一座城堡 / 大城堡 / 豪华的城堡 castle

● 她希望能在欧洲的城堡举办婚礼。

橙 chéng *n.*

橙子 / 橙汁 / 甜橙 orange

● 我们改良了橙的品种。

秤 chèng *n.*

弹簧秤 / 掉秤 steelyard

● 每天早晨，一筐筐蔬菜被菜农从田里挑到公路边，与等候多时的商贩过秤交易，换回一脸丰收的喜悦。

迟疑 chíyí *adj.*

迟疑片刻 / 毫不迟疑 / 迟疑不决 hesitant

● 你应该毫不迟疑地做出决定。

处境 chǔjìng *n.*

处境危险 / 困难的处境 / 改变处境 plight, unfavorable situation

● 微笑是对待生活的一种态度，跟贫富、地位、处境没什么必然的联系。

储蓄 chǔxù *v.*

储蓄雨水 / 活期储蓄 / 定期储蓄 save, deposit

● 水库可以储蓄雨水，调节气候。

船舶 chuánbó *n.*

船舶停靠 / 指引船舶 / boats and ships

一艘船舶

●在大雾天气，飞机不能起飞和降落，汽车、船舶等交通工具也因能见度低而容易发生事故。

喘气 chuǎnqì *v.*

不停地喘气 / 喘气的机会 / 喘气声 breathe, gasp

●上山的时候，我不停地喘气。

纯洁 chúnjié *adj.*

纯洁的心灵 / 纯洁的友谊 pure

●每一个孩子都是纯洁的天使。

粗鲁 cūlǔ *adj.*

粗鲁的行为 / 说话粗鲁 rude

●粗鲁的举动使人反感。

大意 dàyì *n.*

文章大意 / 概括大意 general idea

●请你概括一下课文大意。

代理 dàilǐ *v.*

代理经营 / 代理业务 act as an agent

●她找到了一份代理化妆品的工作。

怠慢 dàimàn *v.*

消极怠慢 / 多有怠慢 slight, neglect

●你不应该怠慢客人。

低频

当场 dāngchǎng *adv.*

当场释放 / 当场死亡 at the scene

● 面对这样的惨剧，她当场晕了过去。

当事人 dāngshìrén *n.*

作为当事人 / 一名当事人 person involved, litigant

● 当事人说出了事情的经过。

导向 dǎoxiàng *v.*

以……为导向 / 唯一的导向 / 导向胜利 lead to

● 这次会议的导向非常明确，旨在促进各行业之间的交流与合作。

捣乱 dǎoluàn *v.*

暗中捣乱 / 捣乱分子 disturb, make trouble

● 那个小淘气喜欢捣乱。

盗窃 dàoqiè *v.*

盗窃机密 / 严防盗窃 / 盗窃财物 steal, burgle

● 他因为盗窃罪被警察带到了警察局。

得罪 dézuì *v.*

得罪人 / 得罪不起 offend, displease

● 你少说两句吧，别把人都得罪了。

灯笼 dēnglong *n.*

挂灯笼 / 一盏灯笼 / 红灯笼 lantern

●正月十五，家家户户吃元宵，挂灯笼。

登陆 dēnglù *v.*

登陆月球 / 即将登陆 / 登陆成功　land, come ashore

●台风登陆的时候会带来大量的降水。

等级 děngjí *n.*

等级制度 / 等级很高 / 评等级　grade, rank

●在古代，帽子一度是权力等级的象征。

地势 dìshì *n.*

有利的地势 / 地势险要 / 抢占地势　terrain

●西藏地势相对较高。

颠簸 diānbǒ *v.*

颠簸的路面 / 道路颠簸 / 不停地颠簸　jolt, bump

●机舱后方一般是最颠簸的地方。

叼 diāo *v.*

叼着 / 叼走 / 叼起　hold in the mouth

●狼常常到牧场叼羊吃。

叮嘱 dīngzhǔ *v.*

再三叮嘱 / 特别叮嘱 / 叮嘱家人　urge repeatedly

●你不能忘记父亲的叮嘱。

动静 dòngjing *n.*

监视动静 / 一点儿动静 / 任何动静 — sound of an action

● 太奇怪了！怎么一点儿动静都没有呢？

动脉 dòngmài *n.*

大动脉 / 动脉硬化 / 动脉血 — artery

● 这座桥横跨矮寨大峡谷，是渝湘高速公路大动脉中的一部分。

栋 dòng *m.w.*

(measure word for houses or buildings)

● 悬空寺给人的第一印象是一栋危楼。

陡峭 dǒuqiào *adj.*

陡峭的山崖 / 十分陡峭 / 地形陡峭 — precipitous, steep

● 在这样陡峭的山上修路，唯一的办法就是让道路呈“之”字状。

斗争 dòuzhēng *v.*

一场斗争 / 正义的斗争 — struggle, fight

● 这是一场善与恶的斗争。

毒品 dúpǐn *n.*

打击毒品 / 毒品有害 / 走私毒品 — drugs

● 毒品毁了他的一生。

杜绝 dùjué *v.*

杜绝浪费 — put an end to

●我们要努力杜绝不良的风气。

端午节 Duānwǔ Jié *n.*

过端午节 / 端午节的美食 Dragon Boat Festival

●小时候，我很盼望过端午节，因为可以吃到母亲亲手包的粽子。

对策 duìcè *n.*

商量对策 / 毫无对策 / 消防对策 countermeasure, solution

●他提的这种对策不太适用。

对称 duìchèn *adj.*

对称图形 / 左右对称 symmetrical

●这里大部分建筑都是对称的。

对抗 duìkàng *v.*

对抗赛 / 军事对抗 confront, resist

●中国象棋有着非常悠久的历史，属于二人对抗性游戏。

对联 duìlián *n.*

一副对联 / 贴对联 / 工整的对联 antithetical couplet

●过春节时，家家户户都在门上贴一副对联。

对照 duìzhào *v.*

对照原文 / 形成对照 / contrast, compare

对照试验

●当人们的行动有明确的目标，并且把自己的行动与目标不断加以对照的时候，就会离成功越来越近。

堕落 duòluò *v.*

开始堕落 / 自甘堕落 degenerate, fall from virtue

●享受生活并不是说要变得堕落。

额外 éwài *adj.*

额外奖励 / 减少额外开支 / 额外的负担 extra

●由于他的出色工作，公司决定给他额外奖金。

恶化 èhuà *v.*

病情恶化 / 关系恶化 / 急剧恶化 worsen

●父亲和我的关系从那之后开始恶化。

发呆 fādāi *v.*

坐着发呆 / 发呆的模样 stare blankly

●他望着窗外发呆。

发射 fāshè *v.*

发射成功 / 准备发射 launch

●载人飞船发射成功了。

凡是 fánshì *adv.* every, all

●凡是经他那双手雕刻出的

人物，都会栩栩如生，逼真至极。

繁华 fánhuá *adj.*

繁华的街道 / 一片繁华 flourishing, bustling

●杭州城最繁华的一条街道突然失火。

反驳 fǎnbó *v.*

遭到反驳 / 有力地反驳 / 据理反驳 refute, retort

●叛逆期的孩子总是喜欢反驳父母。

范畴 fànchóu *n.*

能力范畴 / 范畴内 category, domain

●保护人民生命财产安全属于警察的职责范畴。

贩卖 fànmài *v.*

贩卖商品 / 禁止贩卖 peddle, sell

●传统的商业品牌贩卖的大多都是有形的产品和可感知的服务。

防守 fángshǒu *v.*

防守森严 / 成功防守 / 防守任务 defend, guard

●我们已经胜利地完成了防守任务。

飞跃 fēiyuè *v.*

飞跃发展 / 质的飞跃 / 经济飞跃 advance by leaps and bounds

●他的成绩有了很大飞跃。

废寝忘食 fèiqǐn-wàngshí *idiom*

(be so absorbed as to) forget about eating and sleeping

废寝忘食地工作 / 废寝忘食的精神

- 科学家做实验，常常夜以继日，废寝忘食。

分红 fēnhóng *v.*

巨额分红 / 发分红 / 一笔分红 distribute bonus

- 我们公司一般是年底分红。

粉碎 fěnsuì *v.*

彻底粉碎 / 粉碎阴谋 / 粉碎性骨折 crush, smash

- 我们粉碎了敌人的进攻。

风暴 fēngbào *n.*

一场风暴 / 海上风暴 / 风暴来了 storm, windstorm

- 头脑风暴法指的是一种集体开发创造性思维的方法。

风度 fēngdù *n.*

绅士风度 / 长者的风度 / 风度十足 bearing, carriage

- 这位外交官不卑不亢，语言得体，表现了应有的风度。

封建 fēngjiàn *n.*

封建思想 / 封建迷信 / 封建社会 feudalism

●现在还存在着重男轻女的封建思想。

封锁 fēngsuǒ *v.*

封锁现场 / 突破封锁 / 封锁线 blockade

●事故发生以后，警察迅速封锁现场。

夫妇 fūfù *n.*

一对夫妇 / 夫妇俩 / 新婚夫妇 / 恩爱的夫妇 (married) couple

●这对夫妇收留了一个无家可归的孩子。

福气 fúqi *n.*

一种福气 / 增添福气 / 有福气 good fortune

●喜鹊是自古以来深受中国人喜爱的鸟类，被看作是好运与福气的象征。

腐败 fǔbài *adj.*

腐败的制度 / 政治腐败 / 反腐败 corrupt, rotten

●如果权力没有制约的话，必然会产生腐败。

腐朽 fǔxiǔ *adj.*

腐朽的生活 / 思想腐朽 / 化腐朽为神奇 decayed, rotten

●这些根雕充分显示出作者化腐朽为神奇的技艺。

干涉 gānshè *v.*

过度干涉 / 干涉行动 / interfere, meddle

无法干涉

●你凭什么干涉我的自由？

港湾 gǎngwān *n.*

温暖的港湾 / 停靠港湾 harbor, bay

●对我来说，家庭是可以放松的港湾。

高潮 gāocháo *n.*

剧情的高潮 / 推向高潮 / 达到高潮 high point, climax

●所谓“情绪周期”，指的是一个人的情绪高潮和低潮的交替过程所经历的时间。

告辞 gàocí *v.*

起身告辞 / 告辞回家 / 匆匆告辞 bid farewell, take leave

●我怕耽误他休息，就起身告辞了。

疙瘩 gēda *n.*

长疙瘩 / 小疙瘩 / 疙疙瘩瘩 swelling on the skin, pimple

●我腿上的几个疙瘩都是蚊子咬的。

鸽子 gēzi *n.*

一只鸽子 / 放鸽子 / 鸽子的翅膀 pigeon, dove

●古代通信技术不发达，于是人们就训练鸽子来传递信息。

搁 gē *v.*

搁桌子上 / 搁这里 / 搁着 place, put aside

●一架机器如果搁在那里不用的话就会生锈。

革命 gémìng *n.*

革命前辈 / 老革命 / 参加革命 revolution

●进入 21 世纪之后，中国掀起了一场农业技术革命。

根深蒂固 gēnshēn-dìgù *idiom*

思想根深蒂固 / 根深蒂固的观念 deep-rooted

●在一些地区，重男轻女的思想根深蒂固。

跟踪 gēnzōng *v.*

敌人的跟踪 / 跟踪报道 / 摆脱跟踪 follow, track

●警察在跟踪小偷儿。

工艺品 gōngyìpǐn *n.*

精美的工艺品 / 制作工艺品 / 一件工艺品 handicraft

●外国朋友很喜欢中国传统的工艺品。

公式 gōngshì *n.*

计算公式 / 一个公式 / 运用公式 formula

●他把那个公式用错了。

供给 gōngjǐ *v.*

供给食物 / 免费供给 supply, provide

●政府为受灾的人供给食物和水。

巩固 gǒnggù *v.*

巩固知识 / 不断巩固 / 巩固手段 consolidate

●学习完新的知识以后要不断巩固才能完全掌握。

辜负 gūfù *v.*

辜负大家的期望 / 绝不辜负 fail to live up to, disappoint

●你不要辜负我们的期望。

股份 gǔfèn *n.*

股份制 / 投入股份 / 股份公司 share, stock

●分红指的是股份公司每年按股票份额的一定比例支付给投资者红利。

顾虑 gùlǜ *n.*

打消顾虑 / 顾虑重重 / 所有的顾虑 misgiving, worry

●朋友的话解除了我的顾虑。

观光 guānguāng *v.*

旅游观光 / 观光的乘客 / 观光游览 tour

●海南岛是一个国际旅游观光城市。

官方 guānfāng *n.*

官方证明 / 官方网站 / 官方代表 — government

● 这些数据都是在官方网站上下载的信息，应该是可靠的。

罐 guàn *n.*

一罐汤 / 瓶瓶罐罐 / 蜜罐 — pot, jar

● 地上有很多啤酒罐。

光辉 guānghuī *n.*

光辉形象 / 太阳的光辉 / 闪耀光辉 — radiance, brilliance

● 夜幕下的天安门闪耀着光辉。

光荣 guāngróng *adj.*

光荣事迹 / 非常光荣 / 感到光荣 — glorious, honored

● 劳动是最光荣的。

规格 guīgé *n.*

商品的规格 / 符合规格 / 规格的改进 — specifications

● 这批盒子的规格符合订货方的要求。

规章 guīzhāng *n.*

规章制度 / 拟定规章 / 一种规章 — rule, regulation

● 任何人都要按照规章办事。

贵族 guìzú *n.*

贵族家庭 / 名门贵族 nobility, aristocracy

● 这幅画表现了唐代贵族的生活。

过失 guòshī *n.*

他的过失 / 产生过失 / 过失杀人 fault, error

● 因为疏忽导致过失，他被公司解雇了。

过瘾 guòyǐn *v.*

直呼过瘾 / 没玩儿过瘾 enjoy oneself to the fullest

● 能借着演讲及各种活动认识许许多多精彩有趣的人，这不是很过瘾的事吗？

合并 hébìng *v.*

合并公司 / 两者合并 merge

● 公司决定将人事部和行政部合并成人力资源部。

喉咙 hóulóng *n.*

喉咙干 / 喉咙痛 throat

● 淋巴结充血了，你就会有喉咙肿痛的感觉。

呼吁 hūyù *v.*

呼吁平等 / 踊跃呼吁 / 大声呼吁 call on, appeal

● 网友们呼吁更多人为这个患病的孩子捐款。

花瓣 huābàn *n.*

一片花瓣 / 飘落的花瓣 petal

●梅花有五个花瓣。

化肥 huàféi *n.*

施化肥 / 化肥厂 / 一袋化肥 fertilizer

●化肥、杀虫剂和除草剂等新技术的出现，在短时间内对大自然进行了又一轮新“改良”，其后果已经显现出来了。

话筒 huàtǒng *n.*

手持话筒 / 一支话筒 / 媒体的话筒 microphone

●如果你不准备用话筒的话，那么说话时要大点儿声。

还原 huányuán *v.*

还原真相 / 情景还原 / 无法还原 restore

●他帮助我们还原了事情的真相。

缓和 huǎnhé *v.*

缓和气氛 / 局势缓和 / 得到缓和 ease, alleviate

●福利制度可以一定程度上缓和社会矛盾。

荒凉 huāngliáng *adj.*

荒凉的土地 / 十分荒凉 / 一片荒凉 desolate

●狼群在荒凉的雪地上快速地奔跑。

荒谬 huāngmiù *adj.*

简直荒谬 / 荒谬的言论 absurd

●社会中有些现象真是荒谬啊！

荒唐 huāngtáng *adj.*

荒唐的行动 / 荒唐极了 / 荒唐无知 ridiculous

●不顾客观实际、墨守成规的人，往往会做出荒唐可笑的事来。

皇后 huánghòu *n.*

高贵的皇后 / 成为皇后 empress

●她被人们称为“跳水皇后”。

回避 huíbì *v.*

选择回避 / 回避矛盾 / 再三回避 avoid, dodge

●请不要回避我的问题。

回收 huíshōu *v.*

可回收垃圾 / 回收电池 recycle

●轨道飞行中有时需要到舱外安装、维修和回收某些仪器设备。

毁灭 huǐmiè *v.*

毁灭罪证 / 自我毁灭 / 毁灭性打击 destroy

●此次地震对整个城市造成了毁灭性损害。

混淆 hùnxiáo *v.*

混淆视线 / 容易混淆 obscure, mix up

●我常常混淆这两个概念。

火箭 huǒjiàn *n.*

发射火箭 / 火箭升空 / 火箭炮 rocket

●火箭发射飞船和飞船返回地球的时候最容易发生意外。

货币 huòbì *n.*

发行货币 / 货币政策 / 兑换货币 currency

●货币是国家发行的。

讥笑 jīxiào *v.*

讥笑别人 / 惹人讥笑 / 背后讥笑 ridicule, mock

●他不顾旁人的冷眼和讥笑，为自己的梦想不停努力。

机动 jīdòng *adj.*

灵活机动 / 机动部队 motor-driven

●二维条形码已经广泛应用在身份证、护照和机动车驾驶证等重要证件上。

基地 jīdì *n.*

实践基地 / 军事基地 base

●这是中国最大的钢铁基地。

急功近利 jígōng-jìnlì *idiom*

过于急功近利 seeking instant benefits

●由于急功近利，她失败了。

急切 jíqiè *adj.*

急切地询问 / 急切的神情 urgent

●他急切需要筹到一笔钱。

记性 jìxing *n.*

好记性 / 记性好 memory

●年纪越大，记性越差。

夹杂 jiāzá *v.*

夹杂着口音 / 夹杂着泥沙 be mingled with

●他那普通话里偶尔夹杂一点儿苏州话，听起来的确别有风味。

佳肴 jiāyáo *n.*

美味佳肴 / 品尝佳肴 fine food, delicacy

●过节的时候，当然少不了美酒佳肴。

监督 jiāndū *v.*

公众的监督 / 疏于监督 / 互相监督 supervise

●我做作业的时候，爸爸就在旁边监督。

监狱 jiānyù *n.*

进监狱 / 监狱警察 prison

●他因为盗窃进了监狱。

拣 jiǎn *v.*

挑拣 / 拣拾 / 分拣 pick

●吃饭的时候她总是拣好吃的吃。

检讨 jiǎntǎo *v.*

自我检讨 / 检讨一下 / 检讨失误 make a self-criticism

●每当失败时，我们都要检讨自己的不足。

见义勇为 jiànyì-yǒngwéi *idiom*

见义勇为的人 / 见义勇为的精神 act bravely for a just cause

●他被评为"见义勇为英雄"。

间隔 jiàngé *n.*

间隔适中 / 地震的间隔 / 时间间隔 interval

●现代城市的房子间隔都很近。

间接 jiànjiē *adj.*

间接原因 / 间接影响 / 间接责任 indirect

●他的所作所为间接导致这次谈判的失败。

践踏 jiàntà *v.*

践踏尊严 / 任意践踏 / 不可践踏 trample

●在竞争面前固然不必谦让，但竞争规则同样不容肆意践踏。

桨 jiǎng *n.*

船桨 / 划桨 / 桨叶 oar, paddle

●他独自驾着无动力的小舟，利用船桨掌握好方向，在时急时缓的水流中顺流而下。

低频

交叉 jiāochā *v.*

十指交叉 / 交叉感染 / 交叉路口 cross, intersect

● 孩子一旦得了流感就不应该去学校，防止交叉感染。

焦急 jiāojí *adj.*

万分焦急 / 焦急地等待 anxious, worried

● 妈妈在家门口焦急地等待迟迟不归的孩子。

揭露 jiēlù *v.*

揭露秘密 / 深刻地揭露 / 揭露矛盾 expose, bring to light

● 他的本性被完全揭露了。

截止 jiézhǐ *v.*

截止时间 / 截止日期 end, close

● 本活动已经截止报名，多谢大家支持！

解雇 jiěgù *v.*

直接解雇 / 解雇员工 / 被解雇 sack, fire

● 他被解雇了。

解剖 jiěpōu *v.*

解剖学 / 进行解剖 / 解剖尸体 dissect, anatomise

● 医学生都要上解剖课。

戒备 jièbèi *v.*

take precautions against, guard against

疏于戒备 / 戒备的神情 / 戒备森严

●这里是军事重地，戒备森严。

界限 jièxiàn *n.*

划分界限 / 界限分明 / 严格的界限 dividing line, boundary

●塞翁失马，焉知非福。祸与福之间没有绝对的界限。

津津有味 jīnjīn-yǒuwèi *idiom*

吃得津津有味 with keen pleasure, with relish

●虽然只有一点儿清粥小菜，但是她吃得津津有味。

进展 jìnzhǎn *n.*

工作进展 / 进展顺利 / 突破性进展 progress

●老板询问促销活动的进展。

晋升 jìnshēng *v.*

晋升职位 / 不断晋升 / 晋升机制 promote

●由于贡献突出，他由主任直接晋升为总经理了。

经费 jīngfèi *n.*

课题经费 / 经费很多 / 有经费 fund, outlay

●这个经费要落实，还有好多细节要做。

兢兢业业 jīngjīngyèyè *idiom*

be cautious and conscientious

兢兢业业地工作 / 做事兢兢业业

● 他兢兢业业，恪守本分，终于成为一位伟大的教师。

警告 jǐnggào *v.*

受到警告 / 警告处分 / 严重警告 warn

● 足球场上，个别运动员动作粗野，受到裁判的警告。

酒精 jiǔjīng *n.*

酒精浓度 / 工业酒精 / 酒精过敏 alcohol

● 因为酒精过敏，她从来不喝酒。

拘留 jūliú *v.*

拘留所 / 行政拘留 / 依法拘留 detain, take into custody

● 他因为醉酒驾驶被警察拘留了。

低频

局势 júshì *n.*

当前局势 / 局势紧张 / 扭转局势 situation

● 国际局势越来越紧张。

举动 jǔdòng *n.*

反常的举动 / 举动可疑 action, move

● 他反常的举动引起了大家的怀疑。

举足轻重 jǔzú-qīngzhòng *idiom*

举足轻重的地位 play a decisive role

●他在公司里的地位举足轻重。

据悉 jùxī *v.*

●据悉，近期将有一位亚洲巨星来广州开演唱会。 it is reported that

聚精会神 jùjīng-huìshén *idiom*

聚精会神地听着 / 上课要聚精会神 concentrate one's attention

●他正在聚精会神地看书。

觉悟 juéwù *n.*

思想觉悟 / 提高觉悟 / 觉悟程度 awareness, understanding

●经过老师的耐心帮助，他终于觉悟了。

君子 jūnzǐ *n.*

伪君子 / 一名君子 / 君子行为 man of noble character, gentleman

●君子之交淡如水。

开除 kāichú *v.*

开除员工 / 被开除 expel, sack

●他因违反规定而被开除了。

开明 kāimíng *adj.*

思想开明 / 开明的皇帝 / liberal, open-minded

低频

非常开明

●我的父母非常开明。

开支 kāizhī *n.*

节省开支 / 行政开支 / 开支明细 expense

●在网络上，很多人热衷于把自己的详细收入甚至日常开支都展示出来，网民们给这种行为起了个生动的名字叫“晒工资”。

可观 kěguān *adj.*

收入可观 / 相当可观 / 可观的财富 considerable

●按照这样的形势，今年的产量很可观。

可行 kěxíng *adj.*

切实可行 / 可行的方案 / 可行性 feasible

●我觉得这个计划很可行。

空前绝后 kōngqián-juéhòu *idiom*

unprecedented and never to be duplicated

空前绝后的想法 / 空前绝后的场面

●此次赛事的规模空前绝后。

空想 kōngxiǎng *v.*

一种空想 / 空想家 / 只会空想 daydream, indulge in fantasy

●不要空想了，行动起来吧。

低频

空隙 kòngxì *n.*

一丝空隙 / 狭窄的空隙 space, interval

●地下水指的是存在于地壳岩石裂缝或土壤空隙中的水。

口头 kǒutóu *adj.*

口头承诺 / 口头语 / 口头禅 oral, verbal

●我喜欢的英雄，不仅仅在口头上讲侠义，而且在遇到困难和危险的时候也能够挺身而出。

苦尽甘来 kǔjìn-gānlái *idiom*

after suffering comes happiness

●艰苦的时光终将过去，坚强的人必将苦尽甘来。

挎 kuà *v.*

挎包 / 挎着 carry on the arm

●他挎着枪，沿着小河跑回家了。

快活 kuàihuo *adj.*

快活地飞翔 / 快活极了 / 快活日子 happy, cheerful

●孩子们在游乐场玩儿得快活极了。

宽敞 kuānchǎng *adj.*

宽敞明亮 / 宽敞的客厅 spacious, roomy

●他家的阳台很宽敞。

矿产 kuàngchǎn *n.*

矿产丰富 / 矿产资源 minerals

● 中国地大物博，矿产资源丰富。

亏损 kuīsǔn *v.*

连年亏损 / 亏损严重 / 生意亏损 have a deficit

● 服装厂不但没有亏损，反而多赚了许多。

捆绑 kǔnbǎng *v.*

捆绑小偷 / 被捆绑 / 捆绑销售 bind, tie

● 警察松开了捆绑小男孩儿的绳子。

蜡烛 làzhú *n.*

一根蜡烛 / 点燃蜡烛 / 蜡烛熄灭 candle

● 突然一阵狂风刮来，吹灭了所有的蜡烛，屋里顿时漆黑一片。

栏目 lánmù *n.*

一期栏目 / 电视栏目 / 栏目主持人 column

● 电视栏目《曲苑杂坛》中的节目都很风趣。

牢固 láogù *adj.*

基础牢固 / 十分牢固 / 牢固的知识 firm, solid

● 我们的关系十分牢固。

牢骚 láosāo *n.*

发牢骚 / 很多牢骚 grumble, complaint

● 女儿总是向父亲发牢骚。

乐意 lèyì *v.*

非常乐意 / 不乐意 be willing to do sth.

● 你的举止文雅、得体、大方，人们才乐意与你交谈。

冷落 lěngluò *v.*

冷落的小镇 / 逐渐冷落 / 被冷落 snub, treat coldly

● 自从通了火车，萧条冷落的小镇变得热闹了。

冷却 lěngquè *v.*

激情冷却 / 迅速冷却 cool off

● 经过一连串波折，从店面到资金等不断地出问题，她想创业的热情已冷却了。

里程碑 lǐchéngbēi *n.*

重要里程碑 / 里程碑时刻 milestone

● 他知道村庄的名字和路程，但路边没有里程碑，因此他只能凭感觉估计行程时间和距离。

理智 lǐzhì *n.*

失去理智 / 理智的行为 reason, sense

● 无论什么情况，都不能丧失理智。

立方 lìfāng *m.w.*

一个立方 cubic meter

● 我们以立方米为单位测量这个空间。

立体　lìtǐ　*adj.*

立体图形 / 立体思维　three-dimensional

● 新建成的立体停车场节约了不少空间。

例外　lìwài　*v.*

无一例外 / 没有例外　be an exception

● 我每年春节都回家，今年也不例外。

连同　liántóng　*conj.*

连同他 / 连同我们　together with, along with

● 董事长打算把母亲连同我们一家人迁到城里去住。

联想　liánxiǎng　*v.*

展开联想 / 联想丰富 / 美好的联想　associate with

● 看到这幅画，你联想到什么？

吝啬　lìnsè　*adj.*

毫不吝啬 / 吝啬鬼　stingy, mean

● 他虽然不富裕，但支援灾区从不吝啬。

凌晨　língchén　*n.*

凌晨一点 / 已经凌晨了　early hours of the morning

● 王老师每天总是到凌晨两三点钟才上床睡觉。

领土 lǐngtǔ *n.*

领土完整 / 神圣的领土 territory

● 我们尊重世界各国的主权和领土完整。

留念 liúniàn *v.*

合影留念 / 作为留念 keep as a souvenir

● 让我们一起合影留念吧。

笼罩 lǒngzhào *v.*

完全笼罩 / 乌云笼罩 / 笼罩着 envelop, shroud

● 月光笼罩着草原，非常宁静。

屡次 lǚcì *adv.*

屡次犯错 / 屡次碰壁 repeatedly, time and again

● 有一个自以为很有才华的年轻人，他毕业之后屡次碰壁，一直找不到理想的工作。

掠夺 lüèduó *v.*

掠夺资源 / 掠夺财富 / 经济掠夺 plunder

● 人类不应肆意掠夺自然界的资源。

落实 luòshí *v.*

贯彻落实 / 落实政策 / 落实行动 implement, carry out

● 学校里该抓的各项工作，校长都是事必躬亲，务求落实。

麻木 mámù *adj.*

思想麻木 / 双腿麻木 numb, insensitive

●他对人一点儿也不热心，非常麻木。

码头 mǎtou *n.*

靠近码头 / 码头集合 / 车站码头 dock, pier, wharf

●如果一个人不知道他将要驶向哪个码头，那么任何风都不会是顺风。

茫茫 mángmáng *adj.*

茫茫人海 / 白茫茫 boundless and indistinct

●假如大气中没有灰尘，天空就会变成白茫茫的一片。

茂盛 màoshèng *adj.*

草木茂盛 / 茂盛的庄稼 / 生长茂盛 lush, luxuriant

●浮萍生长茂盛，繁殖力也极强。

猛烈 měngliè *adj.*

猛烈的攻击 / 猛烈进攻 fierce, violent

●敌人的进攻很猛烈。

眯 mī *v.*

眯着眼睛 / 眯一会儿 narrow one's eyes, squint

●她总是喜欢眯着眼笑。

免得 miǎnde *conj.*

免得忘了 / 免得坏了 so as not to, so as to avoid

●天冷了，多穿点儿衣服，免得冻着。

蔑视 mièshì *v.*

蔑视的目光 / 强烈蔑视 despise, scorn

●她对我的蔑视让我十分生气。

摸索 mōsuǒ *v.*

不断摸索 / 摸索道路 / 摸索扶手 feel about, grope about, fumble

●她喜欢在实践中摸索解决问题的办法。

模范 mófàn *n.*

劳动模范 / 模范事迹 model, fine example

●作为一个班长，你应该起到模范带头作用。

模型 móxíng *n.*

飞机模型 / 一个模型 / 制作模型 model, mould

●他非常喜欢收集汽车模型。

谋求 móuqiú *v.*

谋求幸福 / 设法谋求 seek, strive for

●经管财物的人一定要做到秉公职守，不要利用职权谋求私利。

模样 múyàng *n.*

相同的模样 / 改变模样 look, appearance

●他从小就是一副小大人儿的模样。

目睹 mùdǔ *v.*

目睹事实 / 耳闻目睹 witness, see with one's own eyes

● 女娲目睹人类遭遇如此奇祸，感到无比痛苦。

拿手 náshǒu *adj.*

拿手好戏 / 拿手好菜 expert in, good at

● 他亲自下厨，做了很多拿手菜，和大家一起庆祝自己的一夜暴富。

南辕北辙 nányuán-běizhé *idiom*

go south by driving the chariot north — act in a way that defeats one's purpose

● 如果目标本身就是错的，再坚持下去就会南辕北辙，越走越偏。

拟定 nǐdìng *v.*

拟定目标 / 预先拟定 / 拟定制度 draft, draw up

● 工厂的情况发生变化，必须重新拟定规章制度。

捏 niē *v.*

揉捏 / 拿捏 pinch (with one's fingers)

● 大人总喜欢捏孩子的脸。

凝视 níngshì *v.*

互相凝视 / 凝视远方 / 直直地凝视 fix one's eyes upon

●经理双目炯炯有神，凝视着右前方。

呕吐 ǒutù *v.*

呕吐不止 / 不停地呕吐 vomit

●姐姐怀孕了，经常呕吐。

趴 pā *v.*

趴下 / 趴倒 / 趴着 lie on one's stomach

●小猫趴在窗台上睡觉。

排斥 páichì *v.*

排斥异己 / 不排斥 exclude, expel

●自私的行为引来众人排斥，而助人的行为得到众人帮助。

排放 páifàng *v.*

排放量 / 排放污水 / 排放标准 discharge, emit

●废水排放到河流会造成严重污染。

盘旋 pánxuán *v.*

盘旋了很久 / 空中盘旋 / 不停盘旋 hover, circle

●一只雄鹰在空中盘旋了很久。

配套 pèitào *v.*

配套设施 / 配套工程 / 配套齐全 form a complete set

●世界上许多大都市都有现代化的时尚公园相配套。

烹饪 pēngrèn *v.*

烹饪方式 / 烹饪美味 cook (dishes)

●烹饪食物时要根据食材的不同来选择合适的烹饪方式。

批判 pīpàn *v.*

批判地继承 / 总结批判 / 受到批判 criticize, censure

●我们要批判地继承传统的文学艺术。

皮革 pígé *n.*

粗糙的皮革 / 皮革材料 leather

●这双鞋是皮革的，很贵。

譬如 pìrú *v.*

take for example

●中国有很多风景如画的地方，譬如阳朔、西安、拉萨、杭州等。

片段 piànduàn *n.*

小说片段 / 生活片段 / 精彩片段 fragment, part

●课文中的精彩片段要背诵下来。

贫乏 pínfá *adj.*

知识贫乏 / 资源贫乏 lacking, needy

●他不读书不看报，知识贫乏却自以为是。

屏幕 píngmù *n.*

大屏幕 / 屏幕的比例 screen

●屏幕上的字太小，我看不清。

迫害 pòhài *v.*

遭受迫害 / 精神上的迫害 persecute

● 他遭到敌人的迫害，壮烈牺牲了。

魄力 pòlì *n.*

有魄力 / 缺乏魄力 decisiveness, courage

● 要完成这项任务需要多么大的魄力啊！

齐全 qíquán *adj.*

准备齐全 / 十分齐全 / 物资齐全 complete

● 一提起健身，很多人立刻就会想到设施齐全的健身房。

旗帜 qízhì *n.*

树立旗帜 / 鲜红的旗帜 / 旗帜鲜明 flag, banner

● 有些后现代主义者打着人文精神的旗帜来反对科学。

乞丐 qǐgài *n.*

一名乞丐 / 路边的乞丐 / 帮助乞丐 beggar

● 今天锦衣玉食的人将来也有可能沦为乞丐。

启蒙 qǐméng *v.*

impart rudimentary knowledge to beginners

启蒙课本 / 受到启蒙

● 启蒙教育会对孩子的一生产生深远的影响。

低频

起草 qǐcǎo *v.*

起草文件 / 亲笔起草 draft, write

● 请在今天内起草一份会议大纲。

起伏 qǐfú *v.*

上下起伏 / 起伏不定 move up and down, undulate

● 风掠过的时候，稻田就像滚滚的黄河水，上下起伏。

气魄 qìpò *n.*

气魄雄伟 / 豪迈的气魄 verve, dignified air

● 他是具有大气魄的聪明人。

气色 qìsè *n.*

气色红润 / 健康的气色 complexion

● 你最近气色不错，是不是有什么喜事？

恰当 qiàdàng *adj.*

恰当的选择 / 恰当地提示 appropriate, suitable

● 这篇文章的题目很恰当。

恰巧 qiàqiǎo *adv.*

恰巧来了 / 恰巧没人 by coincidence

● 我在超市买东西的时候，恰巧遇见了多年不见的老同学。

迁就 qiānjiù *v.*

迁就别人 / 一味迁就 / accommodate oneself to

迁就忍让

●在生活中，丈夫总是迁就妻子。

牵 qiān *v.*

牵手 / 牵引 / 牵累 pull along

●农民牵着毛驴在路上走着。

谴责 qiǎnzé *v.*

严厉的谴责 / 纷纷谴责 / 强烈谴责 denounce, condemn

●他因造谣生事而受到谴责。

翘 qiào *v.*

翘起 / 向上一翘 / 翘尾巴 stuck up, bend upwards

●别一有成绩就翘尾巴。

切实 qièshí *adj.*

切实可行 / 切实有效 / 切实解决 feasible, practical

●人民警察应切实做好自己的本职工作，维护好市民的生命财产安全。

侵犯 qīnfàn *v.*

侵犯权益 / 公然侵犯 / 越界侵犯 infringe on, encroach on

●我们决不容许祖国的领土受到侵犯。

低频

侵略 qīnlüè *v.*

侵略者 / 反抗侵略 / 外来侵略 invade

●他们决心把侵略者赶出国土。

情报 qíngbào *n.*

重要情报 / 传递情报 / 情报部门 intelligence, information

●他在机要部门做情报工作。

情理 qínglǐ *n.*

符合情理 / 合乎情理 / 情理之中 sense, reason

●他的这种做法既不符合情理，也不符合逻辑。

丘陵 qiūlíng *n.*

丘陵地区 / 一片丘陵 / 起伏的丘陵 hills

●我的家乡属于丘陵地带。

曲子 qǔzi *n.*

优美的曲子 / 弹曲子 / 一首曲子 tune, song

●这首曲子低回哀婉，如泣如诉，令人感伤。

拳头 quántou *n.*

握紧拳头 / 拳头的力量 / 攥紧的拳头 fist

●愤怒时，我们会握紧拳头，呼吸急促。

扰乱 rǎoluàn *v.*

扰乱秩序 / 扰乱心绪 disturb, harass

● 琴声扰乱了她的睡眠。

人为 rénwéi *adj.*

人为因素 / 事在人为 / 人为制造 man-made

● 大多数计算机病毒都是人为制造出来的。

忍耐 rěnnài *v.*

忍耐的限度 / 忍耐力 / 无法忍耐 endure, exercise restraint

● 夫妻之间出现矛盾时，忍耐或者吵架都不是解决问题的好办法。

任命 rènmìng *v.*

一项任命 / 正式任命 / 接受任命 appoint, nominate

● 公司正式任命他为销售部经理。

日新月异 rìxīn-yuèyì *idiom*

日新月异的技术 / 文化日新月异 change rapidly

● 科学技术日新月异。

溶解 róngjiě *v.*

溶解于水 / 易溶解 dissolve

● 章鱼能够将水存在体内，依靠溶解在水中的氧气生活。

融化 rónghuà *v.*

冰雪融化 / 逐渐融化 / 开始融化 melt

●冰块在杯中慢慢融化。

柔和 róuhé *adj.*

柔和的眼神 / 光线柔和 / 格外柔和 gentle, soft

●阳光经过灰尘的反射，强度被大大削弱，因而变得柔和。

散发 sànfā *v.*

散发魅力 / 散发光芒 distribute, emit

●由内而外散发的优雅高贵的气质，会让你成为一个充满魅力的人。

啥 shá *pron.*

干啥 / 啥事 (dialect) what

●我们上山坐的是缆车，所以啥也没看到。

伤脑筋 shāng nǎojīn

大伤脑筋 / 伤脑筋的事情 knotty, troublesome

●这件事总压在国王的心上，让他很伤脑筋。

上级 shàngjí *n.*

上级部门 / 服从上级安排 higher authority, superior

●下级要服从上级的安排。

上进 shàngjìn *v.*

努力上进 / 上进心 / 非常上进 strive to do better

● 这孩子很上进，进步很快。

社区 shèqū *n.*

社区服务 / 社区大学 community

● 我去社区大学选了一门电脑课。

涉及 shèjí *v.*

涉及的问题 / 涉及面 involve, relate to

● 物价的问题涉及千家万户。

绅士 shēnshì *n.*

绅士的行为 / 十分绅士 / 绅士风度 gentleman

● 小明的爸爸对待别人总是彬彬有礼，很有绅士风度。

深沉 shēnchén *adj.*

夜色深沉 / 深沉悲壮 / 深沉的眼光 deep, undemonstrative

● 他总会给人一种深沉的感觉。

生疏 shēngshū *adj.*

生疏的记忆 / 关系生疏 / 特别生疏 unfamiliar

● 多年没有骑自行车，我都生疏了。

胜负 shèngfù *n.*

分出胜负 / 胜负已定 victory or defeat, result

● 正是因为有了比赛规则的约束，胜负的判定才会显得公平。

盛情 shèngqíng *n.*

盛情难却 / 盛情邀请 / 一番盛情 great hospitality

● 他盛情邀请我参加他的婚礼。

失事 shīshì *v.*

失事的消息 / 飞机失事 be wrecked, crash

● 失事客机的黑匣子已经找到了。

石油 shíyóu *n.*

石油资源 / 开采石油 / 石油的提炼 oil, petroleum

● 塔里木盆地蕴藏着丰富的石油资源。

示意 shìyì *v.*

点头示意 / 示意继续 signal, hint

● 他向我点头示意。

势力 shìlì *n.*

反动势力 / 势力范围 / 扩张势力 power, force

● 我们决不能向恶势力低头。

事态 shìtài *n.*

事态紧急 / situation, state of affairs

事态的发展 / 扩大事态

●为了防止事态恶化，政府采取了一些措施。

首饰 shǒushi *n.*

金银首饰 / 珠宝首饰 / 戴首饰 jewelry

●这个首饰很漂亮，是她的心爱之物。

疏远 shūyuǎn *v.*

关系疏远 / 渐渐疏远 / 疏远坏人 become estranged from

●虽然多年不见，但是我们的关系从未疏远。

双胞胎 shuāngbāotāi *n.*

一对双胞胎 twins

●龙凤胎就是指性别不同的双胞胎。

水泥 shuǐní *n.*

搅拌水泥 / 水泥材料 cement

●花园里其他的地面都已经被水泥硬化了。

思念 sīniàn *v.*

思念故乡 / 深切的思念 / 思念之情 think of, miss

●思念远方的亲人使她夜不能寐。

寺庙 sìmiào *n.*

一座寺庙 / 著名的寺庙 / temple, monastery

寺庙的香火

●悬空寺在建寺时因地制宜，充分利用峭壁的自然状态来布置和建造寺庙的各部分建筑，设计特别精巧。

耸 sǒng *v.*

耸肩 / 高耸 / 耸立 shrug one's shoulders

●他耸着肩，睁大眼睛，做出一副可怕的样子。

苏醒 sūxǐng *v.*

瞬间苏醒 / 万物苏醒 / 苏醒过来 come back to life

●春天到了，万物苏醒。

隧道 suìdào *n.*

一条隧道 / 黑暗的隧道 / 隧道尽头 tunnel

●如果放弃阅读，就等于自愿走在黑暗的隧道里。

损坏 sǔnhuài *v.*

损坏公物 / 严重损坏 / 不得损坏 damage, break

●冰雹是一种严重的自然灾害，通常发生在夏秋两季，其降落时经常砸毁大片农作物，损坏建筑物。

太空 tàikōng *n.*

遥远的太空 / 太空飞行 / 太空船 outer space

●我梦想飞上太空。

摊 tān *n.*

水果摊 / 杂货摊　vendor's stand, stall

●我家楼下有个水果摊。

坦白 tǎnbái *adj.*

坦白罪行 / 坦白地说 / 坦白交代　frank, outspoken

●坦白地讲，我觉得自己的运气很好。

探讨 tàntǎo *v.*

共同探讨 / 探讨问题 / 深入探讨　inquire into

●我们一起探讨一下这个策划案吧。

陶醉 táozuì *v.*

令人陶醉 / 深深陶醉 / 陶醉不已　be enchanted, revel in

●优美的音乐使人陶醉。

讨好 tǎohǎo *v.*

讨好的微笑 / 费力讨好　curry favor with

●他说尽甜言蜜语来讨好女朋友。

特意 tèyì *adv.*

特意请假 / 特意过来　specially

●为了婚礼那天显得帅气些，他特意定做了一身西装。

天伦之乐 tiānlúnzhīlè *idiom*

享受天伦之乐　family happiness

●他现在退休在家，享受天伦之乐。

条款 tiáokuǎn *n.*

违背条款 / 合理的条款 clause, provision

●我觉得这份合同的第五条条款有问题。

条理 tiáolǐ *n.*

条理清晰 / 有条理 proper arrangement

●哥哥办事很有条理。

停顿 tíngdùn *v.*

停顿状态 / 停顿整改 / 中间停顿 pause

●比赛推迟了，但训练不能停顿。

通俗 tōngsú *adj.*

通俗易懂 / 通俗的语言 / 文字通俗 common, popular

●流行音乐歌唱的大多是男女爱情，歌词贴近生活，通俗易懂，易于传唱，受到欢迎不足为怪。

低频

统统 tǒngtǒng *adv.*

统统消灭 / 统统上交 totally, all

●他决定把所有的烦恼统统抛在脑后，专注于眼前的工作。

投机 tóujī *v.*

投机取巧 speculate

●任何抱有投机心理的人都是不可能成

功的。

投票 tóupiào *v.*

投票选举 / 投票结果 vote

● 同学们通过投票选举心目中最喜爱的老师。

徒弟 túdi *n.*

带徒弟 / 小徒弟 apprentice

● 老师傅把自己的本领向徒弟和盘托出。

推测 tuīcè *v.*

无法推测 / 推测结果 / 相关推测 infer, deduce

● 果然下雨了，你推测得真准。

推翻 tuīfān *v.*

推翻政权 / 推翻统治 overthrow

● 人们曾经认为鱼的记忆只能维持三秒，但科学家的最新研究却推翻了这一观点。

推论 tuīlùn *n.*

错误的推论 / 证明推论 / 仔细推论 inference

● 事实证明，他的推论是正确的。

拖延 tuōyán *v.*

拖延时间 / 故意拖延 / 从不拖延 delay, put off

● 老师按时下课，从不拖延时间。

歪曲 wāiqǔ *v.*

歪曲事实 / 严重歪曲 distort, misrepresent

● 这篇报道严重地歪曲了事实。

丸 wán *m.w.*

一丸药 / 药丸 / 丸子 / 肉丸 pills, bolus

● 我最喜欢吃妈妈做的炸肉丸子。

完毕 wánbì *v.*

筹备完毕 / 复习完毕 finish, complete

● 战士们集合完毕，马上出发。

妄想 wàngxiǎng *v.*

痴心妄想 indulge in wishful thinking

● 他整天妄想天上能掉下馅饼。

威力 wēilì *n.*

爆发威力 / 可怕的威力 might, power

● 这次爆炸的威力很大。

微不足道 wēibùzúdào *idiom*

too trivial or insignificant to mention

微不足道的力量 / 微不足道的付出

● 虽然我的这点钱微不足道，但我还是希望能帮你渡过难关。

违背 wéibèi *v.*

违背承诺 / 违背命令 / 违背法律 violate, run counter to

低频

●现在许多家长违背孩子意愿给孩子报了很多学习班。

文雅 wényǎ *adj.*

举止文雅 / 文雅的姑娘 elegant, refined

●要举止文雅、得体、大方，人们才乐意与你交谈。

问世 wènshì *v.*

新作品问世 / 一经问世 be published, come out

●他的作品终于问世了。

污蔑 wūmiè *v.*

污蔑好人 / 造谣污蔑 slander

●污蔑他人是不道德的行为，而且还可能触及法律。

诬陷 wūxiàn *v.*

被人诬陷 / 遭到诬陷 make a false charge against

●王先生受到他人的诬陷。

无非 wúfēi *adv.*

●他这么做，无非是想要钱。 nothing but

无精打采 wújīngdǎcǎi *idiom*

无精打采的样子 / 整日无精打采 in low spirits, downcast

●他无精打采地喝着咖啡。

低频

无忧无虑 wúyōu-wúlǜ *idiom*

be free from all worries and cares

无忧无虑的成长 / 无忧无虑地玩耍 / 生活无忧无虑

● 每个人都梦想能过上无忧无虑的生活。

武器 wǔqì *n.*

新武器 / 武器装备 / 放下武器 weapon, arms

● 现代武器杀伤力很强。

侮辱 wǔrǔ *v.*

侮辱人格 / 侮辱他人 / 公然侮辱 insult, humiliate

● 侮辱别人人格是不道德的。

夕阳 xīyáng *n.*

夕阳下 / 夕阳西下 / 夕阳的光辉 the evening sun

● 夕阳染红了傍晚的天空。

溪 xī *n.*

小溪 / 溪流 / 溪水 creek, stream

● 大伙儿来到一条弯曲的小溪边，各自找了溪旁的石头坐下。

熄灭 xīmiè *v.*

无法熄灭 / 熄灭灯光 stop burning, extinguish

● 有些人的兴趣火花只能持续几天，很快便熄灭了。

膝盖 xīgài *n.*

膝盖受伤 / 柔软的膝盖 / 弯膝盖 knee

● 严寒的气候加剧了我膝盖的疼痛。

峡谷 xiágǔ *n.*

大峡谷 / 峡谷的景色 / 穿越峡谷 canyon, valley

● 这座桥横跨了矮寨大峡谷，是渝湘高速公路大动脉中的一段。

狭隘 xiá'ài *adj.*

心胸狭隘 / 狭隘自私 / 保守狭隘 narrow

● 如果整天唉声叹气，怨天尤人，患得患失，那么这个人往往是一个心胸狭隘、自私自利的人。

闲话 xiánhuà *n.*

说闲话 / 闲话少说 / 惹人闲话 gossip

● 在别人背后说闲话是一件不道德的事情。

弦 xián *n.*

弦音 / 和弦 / 琴弦 bowstring

● 吉他有六根弦，属于弦乐器。

现成 xiànchéng *adj.*

现成的答案 / 现成的结论 ready-made, readily available

● 包饺子，擀皮很麻烦的，他们可以去超市买现成的。

低频

陷阱 xiànjǐng *n.*

掉进陷阱 / 诱人的陷阱 trap, pitfall

● 猎人穿行在树林中，查看前几天挖下的陷阱，可惜一无所获。

相辅相成 xiāngfǔ-xiāngchéng *idiom.*

supplement and complement each other

二者相辅相成

● 权利和义务相辅相成，缺一不可。

响亮 xiǎngliàng *adj.*

响亮的声音 / 歌声响亮 / 特别响亮 loud and clear, resounding

● 人们常常说"行动比语言更响亮"。

想方设法 xiǎngfāng-shèfǎ *idiom*

想方设法地做 / 想方设法完成 think up every possible method

● 能够客观认识自己的缺点、不怕暴露自己短处的人更容易成功；而想方设法"藏短"、不敢正视自己缺点的人就很难取得成就了。

潇洒 xiāosǎ *adj.*

性格潇洒 / 英俊潇洒 / 潇洒大方 natural and unrestrained

● 新来的经理又英俊又潇洒。

屑 xiè *n.*

头屑 / 面包屑 crumbs, scrap

●孩子的衣服上满是面包屑。

心疼 xīnténg *v.*

心疼极了 / 十分心疼 love dearly

●哥哥最心疼我。

兴致勃勃 xìngzhì-bóbó *idiom*

兴致勃勃地观看 / 兴致勃勃跑过来 be cheerful and energetic

●今天，同学们兴致勃勃地参观了自然博物馆。

凶手 xiōngshǒu *n.*

抓捕凶手 / 凶手落网 murderer

●警察正在抓捕凶手。

胸怀 xiōnghuái *n.*

广阔的胸怀 / 胸怀宽广 mind, heart

●地球上最宽阔的是海洋，比海洋更宽阔的是天空，而比天空更宽阔的是人的胸怀。

雄厚 xiónghòu *adj.*

资金雄厚 / 雄厚的实力 abundant, rich

●他拥有一家资金雄厚的房地产公司。

酗酒 xùjiǔ *v.*

酗酒闹事 drink alcohol excessively

●他因为嗜赌酗酒而声名狼藉。

悬念 xuánniàn *n.*

设置悬念 / 一丝悬念 / 毫无悬念 suspense

● 小说开头设置的悬念吸引我一直读下去。

悬殊 xuánshū *adj.*

水平悬殊 / 悬殊的实力 of great disparity

● 双方兵力有点儿悬殊。

悬崖峭壁 xuányá-qiàobì *idiom*

● 这个小村庄坐落在群山之中，周围全是悬崖峭壁。 steep cliff

炫耀 xuànyào *v.*

炫耀成绩 / 四处炫耀 show off, flaunt

● 随着环保概念不断深入人心，动物皮草已不再是炫耀奢华的装饰。

压岁钱 yāsuìqián *n.*

money given to children as new year present

发压岁钱

● 给压岁钱是长辈对晚辈的一种关爱，有平安吉祥的寓意。

压缩 yāsuō *v.*

空气压缩 / 压缩时间 / 压缩功能 compress

● 政府机关的改革要压缩庞大的机构，精简多余的人员。

低频

亚军 yàjūn *n.*

runner-up, second place winner in a contest

获得亚军 / 屈居亚军

● 他是奥运会举重亚军获得者。

烟花爆竹 yānhuā bàozhú *n.*

燃放烟花爆竹 firework

● 那场大火是燃放烟花爆竹导致的。

严峻 yánjùn *adj.*

严峻的形势 / 严峻考验 / 十分严峻 severe, stern

● 全球环境污染的形势很严峻。

样品 yàngpǐn *n.*

样品检测 / 实验样品 / 抽查样品 sample

● 如果你有兴趣购买我们的产品，我们可以先给你寄一些样品。

液体 yètǐ *n.*

流动的液体 / 补充液体 / 液体压强 liquid

● 声音并不是仅仅通过空气传递，固体、液体同样可以。

一流 yīliú *adj.*

世界一流 / 一流的技术 first-class, top-grade

● 我们工厂拥有一流的生产设备。

低频

依托　yītuō　*v.*

有了依托 / 依托别人 / 生命的依托　rely on, depend on

●他什么都没有，只能依托这个城市的社会福利生存。

意图　yìtú　*n.*

意图清晰 / 明显的意图　intention, purpose

●我只是想帮助你，没有别的意图。

毅然　yìrán　*adv.*

毅然决然 / 毅然出走 / 毅然回国　firmly, resolutely

●他总能在一个个巅峰毅然做出新的选择，而这些选择又是一次次成功地自我超越。

音响　yīnxiǎng　*n.*

音响效果 / 一套音响　hi-fi system

●音乐厅的音响效果非常好。

引擎　yǐnqíng　*n.*

发动引擎 / 引擎声 / 搜索引擎　engine

●引擎是发动机最重要的组成部分。

引用　yǐnyòng　*v.*

引用文献 / 引用文章　quote, cite

●他喜欢引用个别事例为自己辩护。

英勇 yīngyǒng *adj.*

英勇无畏 / 英勇的斗争 / 英勇献身 brave, heroic

● 英勇的猎人带着猎物回家了。

盈利 yínglì *v.*

保证盈利 / 盈利能力 gain, profit

● 作为一个视频网站，你们的盈利模式是什么呢？

应酬 yìngchou *v.*

交际应酬 / 擅长应酬 engage in social activities

● 您白天应酬、工作之后，晚上是怎样进入写作状态的？

庸俗 yōngsú *adj.*

庸俗的生活 / 过于庸俗 vulgar

● 很多时候，我们都把工作的目的等同于赚钱，于是工作就成为一种庸俗的劳动。

踊跃 yǒngyuè *adj.*

踊跃报名 / 十分踊跃 vying with one another

● 在拍卖会场中，一开始就竞价的人到后来可能并不踊跃。

优先 yōuxiān *v.*

优先权 / 女士优先 / 优先发展 have priority

● 因为他在面试中表现优秀，所以被优先

录取了。

预先 yùxiān *adv.*

预先通知 / 预先布置 / 预先安排 beforehand

●没有人能预先知道未来。

元首 yuánshǒu *n.*

国家元首 / 元首来访 head of state

●两国元首在诚挚友好的气氛中进行了会谈。

元宵节 Yuánxiāo Jié *n.*

元宵节到了 / 庆祝元宵节 / 元宵节灯会 Lantern Festival

●元宵节是中国的传统节日，大部分地区的习俗都是差不多的。

原始 yuánshǐ *adj.*

原始人 / 原始社会 / 非常原始 original, primitive

●他在村子里住了一年多，画了近千张速写，用最原始的方法来表现当地的风土人情。

酝酿 yùnniàng *v.*

充分酝酿 / 酝酿成熟 / 酝酿了好久 ferment, make preparations

●他昨晚酝酿了一肚子的话，但今天一见到她，却什么都说不出来。

熨 yùn *v.*

熨烫 / 熨平 　iron, press

●他的衣服必须熨过才会穿。

杂技 zájì *n.*

杂技表演 / 耍杂技 / 表演杂技 　acrobatics

●中国吴桥国际杂技艺术节创办于1987年，是以“中国杂技之乡”河北省吴桥县来命名的。

再接再厉 zàijiē-zàilì *idiom*

continue to work hard

●虽然这次活动办得很成功，但是我们不可以骄傲，要再接再厉，把下一个活动办得更精彩。

攒 zǎn *v.*

攒钱 / 攒下来 　accumulate, save

●我一直想攒够钱雇船前往，但至今都没实现。

责怪 zéguài *v.*

无法责怪 / 责怪他人 / 一脸责怪 　blame

●知道孩子犯了错，他不但没有责怪孩子反倒安慰起他来。

帐篷 zhàngpeng *n.*

一顶帐篷 / 搭帐篷 　tent

●下周我们去露营，要买一顶帐篷。

低频

着迷 zháomí *v.*

令人着迷 / 非常着迷 be fascinated by

● 孩子们很容易对电脑游戏着迷。

沼泽 zhǎozé *n.*

沼泽地 / 一片沼泽 / 陷入沼泽 marsh, swamp

● 沼泽里有很多蚊子。

照耀 zhàoyào *v.*

照耀四方 / 阳光照耀下 shine

● 旭日东升，光明照耀着整个村庄。

折腾 zhēteng *v.*

折腾不起 / 整天折腾 toss and turn

● “伤不起”是一个新的网络流行语，意思是屡屡受伤，伤痕累累，已经经不起折腾，经不起伤害了。

遮挡 zhēdǎng *v.*

遮挡阳光 / 无力遮挡 shelter from, keep out

● 前面的楼遮挡了阳光，我们的屋子显得很暗。

折磨 zhémó *v.*

饱受折磨 / 折磨别人 / 精神折磨 / 病痛的折磨 torture, torment

● 胃病特别折磨人，你还是早点儿治吧。

振奋 zhènfèn *v.*

振奋人心 / 令人振奋 / 精神振奋 stir oneself up, inspire

●今天我得到了一个振奋人心的消息。

振兴 zhènxīng *v.*

振兴国家 / 民族振兴 rejuvenate

●从根本上说，科技的发展，经济的振兴，乃至整个社会的进步，都将取决于劳动者素质的提高和大量合格人才的培养。

震撼 zhènhàn *v.*

令人震撼 / 强烈的震撼 / 震撼人心 shock

●这就是真正的震撼的魔术。

争端 zhēngduān *n.*

避免争端 / 发生争端 / 国际的争端 dispute

●为避免不必要的争端，大国之间应加强对话合作。

争气 zhēngqì *v.*

要争气 / 不争气 / 争气的孩子 try to win honor

●经济不景气，心情就要更争气。

争先恐后 zhēngxiān-kǒnghòu *idiom*

striving to be first and fearing to lag behind

争先恐后地报名 / 跑起来争先恐后

●同学们争先恐后地报名参加运动会。

整顿 zhěngdùn *v.*

整顿军队 / 整顿纪律 / 进行整顿 rectify

● 政府下令整顿市容市貌。

正当 zhèngdāng *adj.*

正当工作 / 正当手段 appropriate, upright

● 他的公司做的是正当生意。

正经 zhèngjǐng *adj.*

正经人 / 十分正经 / 一本正经 decent

● 请放心，他是正经人，不会做非法的事。

值班 zhíbān *v.*

值班工作 / 值班的看守 be on duty

● 今天晚上我值班，不能陪你了。

指望 zhǐwàng *v.*

一切指望 / 指望别人 / 没有指望 count on

● 这幅画根本不值这么多钱，我只是喜欢它，根本不指望靠它来赚钱。

志气 zhìqi *n.*

有志气 / 志气高 aspiration, ambition

● 她从来都是一个志气很高的人。

制服 zhìfú *n.*

一套制服 / 穿制服 / 制服的尺寸 uniform

● 各航空公司的机组制服各有千秋。

制止 zhìzhǐ *v.*

制止犯罪 / 立刻制止 / 无法制止 curb, stop

●遇到违法行为应及时制止。

治理 zhìlǐ *v.*

治理国家 / 长久治理 govern, administer

●治理国家需要道德和良知。

中断 zhōngduàn *v.*

中断合作 / 中断会议 / 中断生产 suspend, discontinue

●因为缺乏资金，我们不得不中断合作。

中立 zhōnglì *v.*

中立的态度 / 保持中立 be neutral

●他态度中立，不发表任何看法。

忠实 zhōngshí *adj.*

忠实的朋友 / 忠实可靠 faithful

●狗是人类忠实的朋友。

种族 zhǒngzú *n.*

种族歧视 / 维护种族发展 race

●种族歧视在现代社会依然存在。

主导 zhǔdǎo *v.*

主导作用 / 主导思想 lead, guide

●我们不应该被外在环境主导，应该保持自己的真心。

拄 zhǔ *v.*

拄着 lean on (a stick, etc.)

- 他拄着一根棍子，一瘸一拐地走过来。

助理 zhùlǐ *n.*

成为助理 / 一名助理 / 助理的工作 assistant

- 他担任经理助理已经两年了。

庄严 zhuāngyán *adj.*

气氛庄严 / 庄严隆重 / 庄严的时刻 solemn, stately

- 平遥没有故宫的庄严和肃穆，它只是一座平民之城。

庄重 zhuāngzhòng *adj.*

庄重大方 / 打扮庄重 grave, solemn, dignified

- 当伯牙弹起赞美高山的曲子时，钟子期说道："真好，雄伟而庄重，就好像泰山一样。"

低频

着想 zhuóxiǎng *v.*

为他人着想 give thought to, consider

- 女儿懂得为他人着想。

着重 zhuózhòng *v.*

着重考虑 / 着重表现 put emphasis on

- 这次考试着重考查大家对古代汉语知识的掌握程度。

自发 zìfā *adj.*

自发组织 / 自发活动 / 自动自发 spontaneous

●同学们自发给生病的同学捐款。

棕色 zōngsè *n.*

深棕色 / 棕色的头发 brown

●她养了一只棕色的小狗。

揍 zòu *v.*

挨揍 / 揍人 beat, hit

●气死我了，我真想揍他一顿。

阻拦 zǔlán *v.*

阻拦下来 / 阻拦他 / 不要阻拦 stop, obstruct

●我见妈妈要上班，于是忙上前阻拦，“妈妈，您发了高烧，好好休息几天吧。”

阻挠 zǔnáo *v.*

敌人的阻挠 / 百般阻挠 / 排除阻挠 obstruct, thwart

●他不顾家人的阻挠，毅然出国了。

罪犯 zuìfàn *n.*

杀人罪犯 / 罪犯出逃 criminal

●罪犯承认了他的所有犯罪事实。

作废 zuòfèi *v.*

作废的支票 / 过期作废 / 一律作废 become invalid

●这张票过期就作废了。

作风 zuòfēng *n.*

作风优良 / 生活作风 / 作风正派 style of work, way

●他因为生活作风问题被政府机关开除。

作息 zuòxī *v.*

作息时间 / 良好的作息 / 调整作息 work and rest

●保持良好的作息才能有健康的身体。

座右铭 zuòyòumíng *n.*

作为座右铭 / 励志的座右铭 motto, maxim

●座右铭本来是指古人写出来放在座位右边的格言，后来泛指人们激励、警戒自己并作为行动指南的格言。

做主 zuòzhǔ *v.*

擅自做主 / 当家做主 decide, take charge of

●自己的事自己做主。

低频

超低频词汇

淋 lín *v.*

淋雨 / 淋湿 pour, drench

❶出门带上雨伞，不要让雨淋着。
❷衣服让雨淋湿了。

暧昧 àimèi *adj.*

暧昧不明 / 关系暧昧 / 暧昧的气氛 dubious, obscure

❶我们的经理跟他的秘书有暧昧关系。
❷她的态度非常暧昧，让人难以捉摸。

安置 ānzhì *v.*

安置妥当 / 安置工作 / 安置费 place, arrange a place for sb.

❶一上车，他赶紧把行李安置好。
❷我要求公司快些安置我的工作。

按摩 ànmó *v.*

舒服的按摩 / 按摩肌肉 massage

❶按摩放松了疲劳的肌肉。
❷因为在那儿坐了很久，我不得不按摩我那僵硬的腿部肌肉。

案件 ànjiàn *n.*

刑事案件 / 发生案件 / 一起案件 legal case

❶这起案件始于大约十年前。

❷你跟我说过案件很简单的。

案例 ànlì *n.*

成功案例 / 案例分析 case, example

❶这位律师引用了一个以前的案例来证实他的论断。
❷这些案例中有什么不同点呢？

巴不得 bābudé *v.*

巴不得你来 / 巴不得不吃 be eager to

❶我巴不得这星期快点儿过完。
❷小男孩儿巴不得让那些欺负人的坏蛋也尝点儿苦头。

巴结 bājie *v.*

巴结权贵 / 巴结别人 curry favor with

❶我不明白他为什么要巴结我。
❷他说，虽然急需钱，他也决不会去巴结他那有钱的兄弟。

疤 bā *n.*

伤疤 / 疤痕 scar

❶你脸上的疤是怎么留下的？
❷警察正在搜寻一个脸上有疤的男人。

把手 bǎshou *n.*

不锈钢把手 / 门把手 handle

❶他停下来，抓住了车门的把手。
❷这款购物袋的把手用透明的钓鱼线制成，看上去你就像什么也没提着而它就这么

飘浮在空中一样！

罢工 bàgōng *v.*

大罢工 / 举行罢工 go on strike

❶老李是这次罢工的领导者。
❷钢铁工人们现在正在罢工。

霸道 bàdào *adj.*

横行霸道 / 霸道行为 overbearing, bullying

❶他对其他小孩儿都很霸道以至于他没有交到一个玩伴儿。
❷她有点儿霸道。

掰 bāi *v.*

掰开 / 掰玉米 / 掰断 break with both hands

❶每天早上，他都会带着一块大面包回家，掰一半下来喂鸡、喂鸟。
❷我们生活的这个世界，一切似乎都那么忙碌，我们恨不得把一分钟掰成两分钟用。

败坏 bàihuài *v.*

败坏名声 / 气急败坏 / 道德败坏 ruin, corrupt

❶我的名声都叫你给败坏了。
❷你不要说那些伤心话败坏大家的兴致。

拜托 bàituō *v.*

拜托你 / 拜托别人 entrust sb. with sth.

❶我家里的事多多拜托了。
❷拜托了，不要再说了。

斑 bān *n.*

斑点 / 色斑 / 斑块 speck, stripe

❶他脸上长了块黑色的斑。
❷这孩子生下来胳膊上就有一块红色的斑。

绑架 bǎngjià *v.*

绑架案 / 发生绑架 / 绑架名人 kidnap

❶暴徒绑架了一名儿童。
❷歹徒绑架总经理的目的是想要钱。

磅 bàng *m.w.*

一磅肉 pound (unit of weight)

❶用两磅毛线可以给你织一件毛衣。
❷今天，一则关于某当红明星的重磅新闻引起了人们的广泛关注。

包庇 bāobì *v.*

包庇行为 / 包庇坏人 / 互相包庇 shield, cover up

❶我设法包庇他，但没有成功。
❷国家机关工作人员不得支持、包庇不正当竞争行为。

保密 bǎomì *v.*

保密行动 / 严格保密 / 保密条款 keep sth. confidential

❶这件事我谁都没有说过，你一定要给我保密。
❷你应该加强保密观念。

保重 bǎozhòng *v.*

保重身体 / 多多保重 take care of oneself

❶其他的事少想，还是保重身体要紧。
❷请多多保重。

报仇 bàochóu *v.*

报仇雪恨 / 为……报仇 revenge

❶你一定要替我报仇。
❷只要能报仇，我什么危险都不怕。

报答 bàodá *v.*

报答恩情 / 好好报答 repay

❶我一定要报答你的恩情。
❷您的养育之恩我一辈子也报答不完。

报复 bàofù *v.*

报复别人 / 报复行为 / 遭到报复 revenge

❶他对写匿名信的人进行了残酷的报复。
❷他可能要报复你，你小心点儿。

报警 bàojǐng *v.*

立即报警 / 报警求助 / 报警电话 call the police, give an alarm

❶强盗中的两人威胁目击者说，如果他去报警就狠揍他。
❷飞行中的驾驶舱突然响起了报警声，警告飞行员要发生碰撞了。

报销 bàoxiāo *v.*

报销费用 / 全部报销 / 不能报销 reimburse

❶你这张发票不能报销。
❷我要去财务处报销差旅费。

暴力 bàolì *n.*

暴力事件 / 采取暴力 violence

❶必须用暴力来对付敌人。
❷他们采取了暴力行动。

曝光 bàoguāng *v.*

曝光度 / 事件曝光 / 曝光丑闻 expose, make public

❶他为读者回信、寄照片、签名，而且还上电视亮相，接受访问，甚至还参加电影演出，可说是尽量曝光。
❷赌博毕竟不是光彩的事，赌客害怕尊容"曝光"也就不足为奇了。

悲惨 bēicǎn *adj.*

悲惨的遭遇 / 悲惨的生活 / 十分悲惨 miserable

❶这部小说描写了一个少女悲惨的命运。
❷看到那悲惨的场面，谁都会落泪。

贝壳 bèiké *n.*

漂亮的贝壳 / 拾拣贝壳 shell

❶我在沙滩上捡到一个特别好看的贝壳。
❷这个贝壳做的工艺品真漂亮。

备份 bèifèn *v.*

自动备份 / 备份资料 copy, duplicate

❶请你把这些资料备份一下。
❷她最近在忙着备份公司数据。

备忘录 bèiwànglù *n.*

一份备忘录 / 提交备忘录 / 重要的备忘录 memorandum

❶备忘录可以在双方会谈时当面递交，也可以作为独立的文件送给有关国家，还可以附在照会、公报、声明等文件后面，作为补充文件。
❷我的备忘录放在办公桌上了。

背叛 bèipàn *v.*

背叛国家 / 背叛朋友 betray

❶他背叛了祖国，背叛了人民，向敌人投降了。
❷他勇敢地背叛了封建家庭。

被告 bèigào *n.*

被告人 / 被告席 defendant

❶他是被告的辩护律师。
❷被告缺席，审判无法进行。

奔驰 bēnchí *v.*

轿车奔驰 / 骏马奔驰 / 在道路上奔驰 run quickly, gallop

❶小轿车在马路上奔驰。
❷我用相机拍下了一匹奔驰的骏马。

崩溃 bēngkuì *v.*

彻底崩溃 / 精神崩溃 / collapse, fall apart

崩溃的边缘

❶他的精神彻底崩溃了。
❷经济崩溃，社会必然发生动乱。

甭 béng *adv.*

甭管 / 甭说 / 甭提了 need not

❶你既然都知道，我就甭说了。
❷甭在外面吃饭，还是回家来吃吧。

逼迫 bīpò *v.*

生活逼迫 / 逼迫行为 / 残忍逼迫 force

❶孩子不喜欢音乐，可是父亲每天逼迫他学小提琴。
❷他数次逼迫我，我始终没答应。

比重 bǐzhòng *n.*

比重增加 / 重要比重 proportion, specific gravity

❶他在我心中的比重减轻了。
❷请帮我查查水银的比重是多少。

边疆 biānjiāng *n.*

守卫边疆 / 边疆地区 border, frontier

❶他是一名边防军人，一直驻守在祖国的边疆。
❷边疆地区的建设发展得很快。

边界 biānjiè *n.*

边界地区 / 骚扰边界 / 边界争端 territorial boundary

❶边界地区，两国人民一直友好来往。
❷在大西北，中国有漫长的边界线。

编织 biānzhī *v.*

编织毛衣 / 编织毛毯 / 精心编织 weave

❶妈妈为我编织了一件毛衣。
❷人们根据民间传说编织成一篇美丽的童话。

鞭策 biāncè *v.*

不断鞭策 / 鞭策激励 / 鞭策自己 spur on

❶我们要经常鞭策自己努力学习。
❷多亏妈妈的鞭策，我才能有这么好的成绩。

贬低 biǎndī *v.*

贬低别人 / 故意贬低 / 自我贬低 degrade, depreciate

❶人民的历史地位不可贬低。
❷他故意贬低别人以抬高自己。

贬义 biǎnyì *n.*

贬义词 / 含有贬义 / 贬义色彩 negative connotation

❶他说的这些话，明显含有贬义。
❷我说的这句话毫无贬义。

变故 biàngù *n.*

家庭变故 / 一场变故 / 突生变故 accident, misfortune

❶由于家庭变故，他不得不退学了。
❷从那以后，黄冬梅家中发生了一系列变故。

便条 biàntiáo *n.*

一张便条 / 写便条 / 留便条 note

❶他让我给你这张便条，通知你开会。
❷他在便条上写了什么？

辩护 biànhù *v.*

辩护工作 / 极力辩护 defend

❶律师在法庭上为被告进行辩护。
❷虽然不是自己的错，但他却不敢为自己辩护。

辫子 biànzi *n.*

扎辫子 / 一条辫子 / 小辫子 plait

❶她梳着一根又黑又亮的辫子。
❷她把头发梳成辫子。

标本 biāoběn *n.*

制作标本 / 植物标本 / 一个标本 sample

❶这个博物馆里有很多鸟类标本。
❷我这次去旅行，采集了许多植物标本。

表决 biǎojué *v.*

表决结果 / 投票表决 / 果断表决 vote

❶主席宣布表决结果。
❷请大家举手表决。

表彰 biǎozhāng *v.*

表彰大会 / 表彰奖励 / 受到表彰 commend

❶科学院表彰了他所做的卓越贡献。
❷市里召开了表彰英雄的大会。

别扭 bièniu *adj.*

闹别扭 / 听着别扭 awkward

❶这种天气真别扭，一会儿冷，一会儿热。
❷这句话念起来有点儿别扭。

濒临 bīnlín *v.*

濒临灭绝 / 濒临绝境 / 濒临破产 be on the verge of

❶由于人们的乱捕乱杀，很多野生动物已经濒临灭绝。
❷公司经营不善，濒临破产。

并列 bìngliè *v.*

两人并列 / 并列前行 / 并列第一 be side by side

❶我们应该重点研究这两个并列的工程项目。
❷两辆汽车并列停在广场上。

波浪 bōlàng *n.*

波浪翻滚 / 巨大的波浪 / 破开波浪 wave

❶黄河波浪翻滚，好似万马奔腾。
❷大风卷起波浪，冲上堤岸。

剥削 bōxuē *v.*

压迫剥削 / 剥削行为 / 残酷的剥削 exploit

❶残酷的剥削和压迫，激起了农民的反抗。
❷他剥削人的手段十分狠毒。

伯母 bómǔ *n.*

aunt (wife of father's elder brother)

❶伯母日夜操劳，终于病倒了。
❷伯母，我来看望您啦。

博览会 bólǎnhuì *n.*

一场博览会 / 出席博览会 / 博览会嘉宾 exposition

❶他在准备一项发明，以参加一年一度的发明博览会。
❷这是首次由中国举办的博览会。

不愧 búkuì *adv.*

live up to

❶获得这个奖项对我来说意味着我会继续努力，用我从社会中获得的一切来回馈社会，这样我才能不愧今晚的荣誉。
❷九寨沟风光不愧是蜀中又一幅新的山水画卷！

不料 búliào *conj.*

不料你来了 / 不料没有了 unexpectedly

❶我以为奶奶会反对出国旅游，不料她竟然同意了。
❷我拿着成绩单忐忑不安地回到了家中，不料竟发现妈妈不在。

不屑一顾 búxiè-yígù *idiom*

对此不屑一顾 / 对他不屑一顾 regard as beneath one's notice

❶他从来不会对我的劳动不屑一顾。
❷最近有调查显示，每天即使喝一小杯酒也会增加得乳腺癌的机会，对于这个说法，很多女性都不屑一顾。

布告 bùgào *n.*

张贴布告 / 一张布告 bulletin

❶请帮我把这些布告贴在墙上。
❷学院在布告牌上登公告。

部署 bùshǔ *v.*

部署军队 / 安排部署 / 重新部署 deploy, arrange

❶他们将部队重新部署在沿海一带。
❷您可以以常规的方式定制和部署这些工作。

裁缝 cáifeng *n.*

tailor

❶他请裁缝为他改做衣服。
❷这个裁缝的技术相当纯熟。

裁员 cáiyuán *v.*

公司裁员 / 裁员力度 / 大量裁员 reduce staff

❶今年公司盈利了，不会裁员了。
❷这些数据反映经济状况，今年，裁员和解雇的步伐已经放缓。

采购 cǎigòu *v.*

疯狂采购 / 大量采购 / 采购货物 purchase

❶学校图书馆采购了一批新书。
❷他们勾销了采购单上的一些项目。

参照 cānzhào *v.*

参照物 / 对比参照 / 参照细则 refer to

❶参照地图能将这条路线看得十分清楚。
❷他们的做法值得参照。

残忍 cánrěn *adj.*

残忍的手段 / 残忍自私 / 性情残忍 cruel

❶歹徒残忍地杀了人质。
❷这是多么残忍的问题！

仓促 cāngcù *adj.*

时间仓促 / 十分仓促 / 仓促决定 hasty, hurried

❶我是在匆忙中仓促决定买下这双价格昂贵的靴子的。
❷他走得仓促，手机都忘记拿了。

苍白 cāngbái *adj.*

脸色苍白 / 苍白无力 pale, wan

❶脸上的苍白使她花容减色。
❷他的面色变得像死人一样苍白。

操劳 cāoláo *v.*

操劳过度 / 日夜操劳 / 操劳一生 work hard, attend to

❶长年的操劳严重地影响了他的健康。

❷我才是那个操劳得快死的人，而不是他。

草案 cǎo'àn *n.*

修改草案 / 宪法草案 draft

❶你一周前寄来的那份协议草案还需要修改。
❷他们设法在大选前把这项决议草案匆匆通过。

插座 chāzuò *n.*

一个插座 / 插座的开关 / 远离插座 socket, outlet

❶这个插座只能插入两脚插头。
❷这个新买的插座给你用吧。

查获 cháhuò *v.*

当场查获 / 查获毒品 hunt down and capture

❶此次行动查获了大量的毒品并抓获了许多犯罪嫌疑人，是一次空前的成功。
❷这个制假窝点最后被警方查获了。

柴油 cháiyóu *n.*

柴油发电 / 生产柴油 diesel fuel

❶几乎所有拖拉机都靠柴油运转。
❷如果柴油发电机也发生故障，你还有一个备用电池组。

颤抖 chàndǒu *v.*

颤抖的声音 / 浑身颤抖 / 颤抖不已 tremble

❶她撒谎时声音颤抖。
❷孩子吓得浑身颤抖。

倡议 chàngyì *n.*

一个倡议 / 响应倡议 proposal, initiative

❶这个倡议没人理睬。
❷他们对我的倡议反应冷淡。

钞票 chāopiào *n.*

数钞票 / 一张钞票 banknote

❶他把一元钞票兑成零钱。
❷对不起，我只带着大面额的钞票，没有零钱付给你。

巢穴 cháoxué *n.*

温暖的巢穴 / 直攻巢穴 nest, hideout

❶那只虎退回巢穴。
❷我们今天去山里找动物的巢穴。

撤销 chèxiāo *v.*

判决撤销 / 撤销诉讼 / 自动撤销 revoke, cancel

❶除非要约人同意，承诺一经做出即不得撤销。
❷因为这起事故，上级撤销了他的职务。

衬托 chèntuō *v.*

绿叶的衬托 / 衬托的手法 / 衬托出 provide a backdrop for

❶那件时装把她的身段衬托得更加优美。

❷在大量的空白区域衬托下，书中的插图仿佛真的可以从页面上跳起来。

称号 chēnghào *n.*

光荣称号 / 授予称号 title

❶国王赐予他“民族英雄”的称号。
❷劳动英雄的称号，他当之无愧。

成天 chéngtiān *adv.*

成天闷闷不乐 / 成天在外奔波 all day long

❶别把孩子们成天关在屋里。
❷你成天无精打采的，是不是生病了？

成效 chéngxiào *n.*

卓有成效 / 显著成效 / 见成效 effect

❶那些试验总算初见成效了。
❷技术革新取得了明显的成效。

成心 chéngxīn *adv.*

成心捣乱 / 成心过不去 / 成心的 on purpose

❶他成心想要破坏这个计划，必须阻止他。
❷对不起，我不是成心的。

诚挚 chéngzhì *adj.*

诚挚邀请 / 诚挚的谢意 / 态度诚挚 sincere

❶会谈是在诚挚友好的气氛中进行的。
❷借此机会，我向你们表示诚挚的谢意并致以良好的祝愿！

承办 chéngbàn *v.*

承办商 / 承办公司 / 一手承办 undertake

❶要是你愿意承办这件事，我将不胜感激。
❷2008 年奥运会由中国北京承办。

承诺 chéngnuò *v.*

兑现承诺 / 随便承诺 / 一生的承诺 promise

❶我承诺会在明天之前完成这项任务。
❷一旦你做出了承诺，就不能反悔了。

澄清 chéngqīng *v.*

澄清事实 / 澄清误会 clarify

❶他当着全班同学的面澄清了他缺席的疑团。
❷他说："我来这里不是为了指责任何人，而是为了澄清事实。"

迟钝 chídùn *adj.*

反应迟钝 / 比较迟钝 slow (in thought or action)

❶自心脏病发作以来，他的动作迟钝多了。
❷勤奋往往能弥补智力的迟钝。

赤字 chìzì *n.*

财政赤字 / 赤字问题 / 削减赤字 deficit

❶为了弥补赤字，他们必须压缩开支。
❷他们已承诺支付该超级市场赤字的一大部分。

重叠 chóngdié *v.*

重叠部分 / 内容重叠 overlap

❶政府部门精简了重叠的机构。
❷他的访问期与我的访问期有几天重叠。

稠密 chóumì *adj.*

人口稠密 dense

❶这个社区人口稠密。
❷闹市区的人口越来越稠密了。

筹备 chóubèi *v.*

筹备工作 / 筹备完毕 / 筹备计划 prepare, arrange

❶他们筹备了一个大型敦煌艺术展览。
❷自我们上次见面以来，她就一直忙着筹备那个展览。

丑恶 chǒu'è *adj.*

丑恶嘴脸 hideous, vile

❶恶意收购在商界相当于没有尊严的核战争，是比较丑恶的一件事情。
❷他的背叛行为太丑恶了。

出卖 chūmài *v.*

出卖朋友 / 低价出卖 betray, sell

❶告密者把他们出卖给了警察。
❷他为了钱而出卖自己的朋友。

初步 chūbù *adj.*

初步判断 / 初步的意见 initial

❶这些问题已经得到初步解决。
❷到现在为止，我们只是初步思考了第一

个问题，第二个问题还没有相关的报告。

处分 chǔfèn *v. & n.*

受到处分 / 一次处分 / 警告处分 punish; punishment

❶他因包庇友人曾受到处分。
❷我虽不是明知故犯，但我情愿接受处分。

处置 chǔzhì *v.*

严厉处置 / 处置方法 handle, deal with

❶我们保留货物等候你们处置。
❷我知道该如何处置你了。

储备 chǔbèi *n. & v.*

储备粮食 / 商品储备 / 充分的储备 reserve; store for future use

❶我们应该有多少现金储备呢？
❷我们要储备过冬的粮食。

触犯 chùfàn *v.*

触犯法律 / 触犯刑法 / 胆敢触犯 offend

❶他的话触犯到你了吗？
❷他触犯了法律。

传单 chuándān *n.*

发送传单 / 派发传单 leaflet

❶飞机散发的传单纷纷落下。
❷他被派出去散发传单。

床单 chuángdān *n.*

洗床单 / 一张床单 / 白色的床单 bed sheet

❶我为你拿一些干净的床单出来。
❷这条床单真漂亮。

吹牛 chuīniú *v.*

爱吹牛 brag, boast

❶他吹牛说他的汽车是最快的。
❷这个江湖骗子吹牛说他能用符咒治好各种疾病。

吹捧 chuīpěng *v.*

盲目吹捧 / 吹捧领导 flatter

❶坚果一直被人高度吹捧为在饮食中获得健康脂肪的一个很好的方式。
❷太阳能被某些人吹捧为世界能源困局的解决方案。

炊烟 chuīyān *n.*

缕缕炊烟 / 炊烟升起 cooking smoke

❶夕阳西下，炊烟冉冉升起。
❷傍晚，炊烟袅袅，孩子们都回家了。

锤 chuí *n.*

锤子 / 木锤 hammer

❶他手里拿着一把铁锤。
❷锤子的发明让人们省力不少。

磁带 cídài *n.*

英语磁带 / 播放磁带 / 一盒磁带 tape

❶我们已经把广播录到了磁带上。
❷留声机已被磁带录音机所取代。

雌雄 cíxióng *n.*

决一雌雄 / 雌雄未决 / 雌雄同体 female and male

❶只有在冬天，雌雄驯鹿同时长有鹿角，而且拥有如此光泽油亮的好皮毛。
❷怎样的雌雄海龟比例才可以维持正常的海龟数量呢？

次品 cìpǐn *n.*

残次品 / 一批次品 defective goods or product

❶这批货里次品太多了。
❷这些次品只能打折销售。

次序 cìxù *n.*

按次序 / 先后次序 order, sequence

❶请大家排队按次序上车。
❷请按次序排队就餐。

伺候 cìhou *v.*

精心伺候 / 朝夕伺候 / 难伺候 serve

❶她同时伺候两位顾客。
❷我有选择的权利，我只伺候讲文明的客人。

凑合 còuhe *v.*

凑合过 / 凑合一顿 make do with

❶我最艰难的日子是一周做三份不同的

兼职，只能够凑合着生活。

❷我有一点点零用钱就可以凑合着过日子了。

窜 cuàn *v.*

窜到床下 / 流窜 / 逃窜 scurry, scamper

❶狐狸刚一窜出洞，猎人就命令他的猎犬冲了过去。

❷有一天，他正和另一个男孩儿在那边钓鱼，突然从灌木丛里窜出一个看守。

摧残 cuīcán *v.*

遭受摧残 / 严重的摧残 / 精神摧残 ruin, spoil

❶洪水毁坏家园，阻断生计，损毁农业和基础设施，带来疾病，并摧残人们身心。

❷严重的风湿病摧残了他的身体。

搓 cuō *v.*

搓手 / 搓洗 / 搓澡 twist, rub with hands

❶她用许多条线搓成这条绳子。

❷天很冷，他使劲儿搓着双手。

磋商 cuōshāng *v.*

反复磋商 / 加强磋商 consult

❶他们退到另一房间秘密磋商。

❷磋商可以通过预约安排在其他时间。

搭档 dādàng *n.*

老搭档 partner

❶我对我的搭档感到失望。
❷当我对我的搭档做了这个尖锐的评论时，他对我很生气。

答辩 dábiàn *v.*

论文答辩 / 从容不迫地答辩 defend oneself

❶现在该轮到你对这些指控进行答辩了。
❷你的答辩应当与自己最初的论点保持一致。

答复 dáfù *v.*

给予答复 / 肯定的答复 reply

❶我们都希望你对此询问尽早答复。
❷他的答复是含糊的。

打包 dǎbāo *v.*

全部打包 / 打包剩菜 / 打包行李 pack

❶他们还没有打包行李箱。
❷别犹豫不决了，只要你把东西打包，然后我们就可出发了！

打官司 dǎ guānsi

file a lawsuit

❶她受不了这种天天打官司的生活。
❷张律师尽力做好法律服务和法律援助工作，为困难群众打官司提供有效帮助。

打架 dǎjià *v.*

打架闹事 / 寻衅打架 / 打架事件 fight

❶别的孩子撺掇他去打架。

超低频

❷他煽动那个男孩儿与他们打架。

大不了 dàbuliǎo *adj. & adv.*

没什么大不了的 serious; at worst

❶在煤矿里发现化石并不是什么大不了的事。
❷在大学，逃课似乎没什么大不了的。

大肆 dàsì *adv.*

大肆宣传 / 大肆渲染 / 大肆挥霍 recklessly

❶传闻是真实的吗？或者这只是为了策动并购而进行的大肆宣传？
❷他们大肆宣传他们的产品特性。

大体 dàtǐ *adv.*

识大体 / 大体轮廓 / 大体正确 in general

❶他开始徒步穿越岛上大大小小的山脉，朝着大陆的大体方向进发。
❷我只能指出摇滚乐中的一个大体潮流。

歹徒 dǎitú *n.*

凶恶的歹徒 / 抓捕歹徒 gangster, scoundrel

❶歹徒们以暴力相威胁，强迫店主把钱拿出来。
❷那些歹徒打伤了受害人。

逮捕 dàibǔ *v.*

逮捕罪犯 / 被警察逮捕 arrest

❶警察逮捕了窃贼。
❷你有足够的罪证来逮捕他吗？

担保 dānbǎo *v.*

寻求担保 / 担保能力 / 资金担保 guarantee

❶你能担保不会事与愿违吗？
❷我担保她能做好这项工作。

胆怯 dǎnqiè *adj.*

没有丝毫的胆怯 / 胆怯的性格 timid

❶他嘲笑他朋友的胆怯。
❷这小女孩儿在晚会上一直胆怯地远离人群。

诞辰 dànchén *n.*

birthday (of a respected person)

❶去年夏天，为纪念我父亲的百岁诞辰，我和我的兄长先后回到了久违的家乡，与在家的姐妹们重逢。
❷我打算给我妈妈买一个手镯作为诞辰礼物。

淡季 dànjì *n.*

旅游淡季 / 进入淡季 off season

❶按说现在是蔬菜的淡季，可是你们这里供应还不错。
❷许多航空公司都提供淡季打折。

当面 dāngmiàn *adv.*

当面交代 / 当面一套 / 当面讲 in one's presence

❶他们当面夸奖他。
❷有意见请当面直言，不要背地嘀咕。

当前 dāngqián *n.*

当前的任务 / 大敌当前 present time

❶该书分析了当前金融危机的原因。
❷只要我们同心协力，就能克服我们当前的困难。

当务之急 dāngwùzhījí *idiom*

urgent matter

❶提高老百姓的生活水平是政府的当务之急。
❷在他看来,应对气候变化同样是当务之急。

当选 dāngxuǎn *v.*

当选了 / 高票当选 / 光荣当选 be elected

❶他以绝对优势当选工会主席。
❷他当选为委员。

党 dǎng *n.*

党中央 / 党组织 / 党员 party

❶他背叛了他的党和国家。
❷他忠于他的党。

档次 dàngcì *n.*

分档次 / 三个档次 / 高档次 / 上档次 grade, class

❶分数被划分为三个档次：优、良和及格。
❷如果把低档次的石榴榨汁后推向日益壮大的国际市场，农业的产值会更高。

导弹 dǎodàn *n.*

一枚导弹 / 发射导弹 missile

❶导弹的威力很大。
❷我军的导弹击中了敌舰。

导航 dǎoháng *v.*

导航灯 / 导航指引 navigate, pilot

❶灯塔是用来导航的。
❷我开车的时候需要导航仪的导航。

稻谷 dàogǔ *n.*

金黄的稻谷 / 稻谷粒 paddy, rice

❶稻谷是主要的粮食，鱼也是饮食中常有的重要组成部分。
❷六月，稻谷播种时，他为地里的农民而歌。

登录 dēnglù *v.*

登录网页 / 登录账号 log in

❶这些文件包含用户登录和系统数据日志。
❷请登录邮箱。

蹬 dēng *v.*

蹬车 / 蹬腿 pedal, tread

❶他蹬着车子消失在雨里。
❷在经过那段陡坡时，他弓着身子奋力向前蹬车。

堤坝 dībà *n.*

一道堤坝 / 加固堤坝 / 抢修堤坝 dam

❶他们筑起堤坝制服了那条奔腾的河流。
❷他们沿海岸筑起一道堤坝以拦住海水。

敌视 díshì *v.*

敌视的眼光 / 敌视的态度 be hostile to

❶人们对这种事情有一种敌视的情绪。
❷他用敌视的眼光看着我。

抵达 dǐdá *v.*

抵达目的地 / 安全抵达 arrive

❶我估计他将于中午抵达上海。
❷他们于午夜抵达北京并住进北京饭店。

抵制 dǐzhì *v.*

抵制诱惑 / 坚决抵制 resist

❶你应当抵制这种诱惑。
❷我们必须抵制冲动。

递增 dìzēng *v.*

连年递增 increase successively

❶这所大学的注册人数比去年递增了10%。
❷他们往往假定机会成本是递增的。

颠倒 diāndǎo *v.*

颠倒黑白 / 颠倒事实 reverse, turn upside down

❶你不能颠倒事实。
❷为什么不把它上下颠倒呢？

电源 diànyuán *n.*

关闭电源 / 电源线 / 手机电源 power supply

❶出门的时候请把电源关闭。
❷我忘了带我的手机电源。

惦记 diànjì *v.*

惦记事情 / 惦记他人 / 时刻惦记 be concerned about

❶我一直惦记着这件事。
❷你会梦到你妈妈，那是因为你潜意识里惦记着她。

吊 diào *v.*

吊起来 hang, suspend

❶灯吊在天花板上。
❷门前吊着两盏红灯。

丢人 diūrén *v.*

太丢人了 / 真是丢人 lose face

❶你这样大吵大闹太丢人了。
❷偶尔做出愚蠢的决定并不丢人，那是我们人性的一部分。

东张西望 dōngzhāng-xīwàng *idiom*

不断东张西望 look in all directions

❶小偷紧张地东张西望。
❷小鸭子们好奇地东张西望。

动荡 dòngdàng *adj.*

动荡的世界 / 动荡不安 turbulent

❶世界在动荡中前进。
❷当前的国际局势依然紧张动荡。

动身 dòngshēn *v.*

动身出发 / 明日动身 set out

❶一旦天气许可，我们就动身。
❷幸亏在我们动身前雨停了。

动员 dòngyuán *v.*

动员大家 / 动员讲话 mobilize, call out

❶她的父亲动员了一个团队去搜寻这个失踪的女孩儿。
❷学校动员大家给困难的同学捐款。

冻结 dòngjié *v.*

立刻冻结 / 冻结工资 / 冻结成冰 freeze

❶马在坚硬冻结的路上嘚嘚地跑过。
❷我正好应当涨工资，他们却实行了工资冻结。

兜 dōu *n.*

裤兜 / 衣兜 pocket

❶他从衣兜里掏出一把糖。
❷一个男人当场抓住了扒手，他对扒手说："你掏我的兜不觉得惭愧吗？"

独裁 dúcái *v.*

独裁者 / 独裁统治 / 反对独裁 exercise dictatorship

❶没有人喜欢独裁统治。
❷独裁政权被人们推翻了。

堵塞 dǔsè *v.*

堵塞交通 / 堵塞道路 / 堵塞水管 block

❶一到晚上下班时间就会交通堵塞。

❷抽水马桶一直堵塞。

赌博 dǔbó *v.*

禁止赌博 gamble

❶有些警察纵容赌博。
❷他们已经制定法律，禁止赌博。

端正 duānzhèng *adj.*

相貌端正 / 为人端正 / 端正的态度 regular, upright, proper

❶她是一个五官端正的姑娘。
❷爸爸品行端正，从来不搞歪门邪道。

短促 duǎncù *adj.*

十分短促 / 时间短促 / 呼吸短促 very brief

❶人生十分短促。
❷走在人群中，格外思念那段甜蜜而短促的相逢。

断定 duàndìng *v.*

难以断定 / 断定是非 conclude, determine

❶我们断定你们是不敢的。
❷我们有理由可以断定，会议推迟了。

断绝 duànjué *v.*

断绝关系 / 断绝往来 / 断绝联系 sever

❶我断绝了和她的来往。
❷当她发现他和我恋爱后，她就断绝了和他的联系。

堆积 duījī *v.*

堆积起来 / 堆积如山 / 堆积货物 pile up

❶他离开期间工作堆积起来了。
❷仓库里堆积着大量货物。

兑现 duìxiàn *v.*

兑现承诺 / 成功兑现 / 兑现支票 cash, fulfill

❶你可以为我兑现这张支票吗？
❷他没有兑现他的承诺。

哆嗦 duōsuo *v.*

直打哆嗦 / 不停哆嗦 tremble

❶他冻得直哆嗦。
❷从冰镇苏打水上传来的寒意传遍了我的脸颊，我不禁打了个哆嗦。

恶心 ěxin *v.*

真恶心 / 感到恶心 / 令人恶心 / 恶心极了 feel sick, feel nauseous

❶我什么也不想吃，我有点儿恶心。
❷我感到恶心，但总算没把吃下去的东西吐出来。

遏制 èzhì *v.*

遏制敌人 / 遏制发展 / 不断遏制 restrain, check

❶我们必须遏制这类武器的扩散和使用。
❷为了遏制疾病向别国扩散，我们必须加强我们的公共卫生系统。

恩怨 ēnyuàn *n.*

有恩怨 / 个人恩怨 / 恩怨分明 — gratitude and grudges

❶ 我跟他们没有个人恩怨。
❷ 我们没有花太多时间在过去的恩怨上，而是更多地讨论将来。

发财 fācái *v.*

发财致富 / 恭喜发财 — make a fortune

❶ 他的父亲是经营香蕉发财的。
❷ 你什么时候发财也盖上洋房了呢？

法人 fǎrén *n.*

公司法人 / 法人代表 — legal entity, legal person

❶ 作为一个"法人"，股份公司能够借钱、还钱，能够起诉或者被起诉。
❷ 他是公司的法人。

繁体字 fántǐzì *n.*

traditional Chinese character

❶ 香港使用繁体字。
❷ 很多人都看不懂繁体字。

反问 fǎnwèn *v.*

反问句 / 反问语气 — ask (a question) in reply

❶ 经过我的反问，他终于理屈词穷了，承认了自己的错误。
❷ 老王问我喜欢不喜欢这个话剧，我反问他一句："你呢？"

泛滥 fànlàn *v.*

泛滥成灾 / 洪水泛滥 inundate

❶最近半个月都在下雨，河水泛滥了。
❷我们必须治理那些每年泛滥的河流。

方言 fāngyán *n.*

一种方言 / 地方方言 dialect

❶他会说好几种方言。
❷我的方言是粤语。

方圆 fāngyuán *n.*

方圆几百里 / 方圆一公里 circumference

❶那个湖方圆八百里。
❷方圆四百里以内栖息的鸟类一定有数十万之多。

方针 fāngzhēn *n.*

教育方针 / 指导方针 policy, guiding principle

❶这和我们的方针相抵触。
❷他们没有自己的指导方针。

纺织 fǎngzhī *v.*

纺织技术 / 纺织品 spin and weave

❶我们非常高兴向您介绍我们纺织部的进口经理王有先生。
❷这是一个纺织品进出口公司。

放射 fàngshè *v.*

放射治疗 / 放射光芒 radiate

❶她的眼中、微笑中和笑声中放射出自

己的自信和人格。
❷她需要接受放射治疗。

飞禽走兽 fēiqín-zǒushòu *idiom*

birds and beasts

❶一切飞禽走兽都是生物。
❷动物园里有很多飞禽走兽。

非法 fēifǎ *adj.*

非法财物 / 非法交易

illegal

❶他们把财产从非法占有者手里收回来了。
❷警察收缴了他们的非法枪支。

诽谤 fěibàng *v.*

诽谤他人 / 诽谤罪 / 随意诽谤

slander

❶我们谴责一切诽谤中伤的言论。
❷不管他们怎样诽谤我们，我们决不让步。

废墟 fèixū *n.*

一片废墟 / 变成废墟

ruins

❶这座塔倒塌了，成为一堆废墟。
❷在猛烈轰炸以后，城镇成了一片废墟。

沸腾 fèiténg *v.*

热血沸腾 / 沸腾起来

boil, seethe with excitement

❶水沸腾时变成蒸汽。
❷听到这个消息，我的血液在沸腾。

分寸 fēncùn *n.*

把握分寸 / 适当的分寸 /

sense of propriety

乱了分寸

❶如果一定要和大的机构打交道，把握好分寸，不要惹是生非。

❷他和领导谈话时总能掌握好分寸。

坟墓 fénmù *n.*

一座坟墓 / 清扫坟墓 tomb

❶他找到了那个大坟墓。

❷坟墓很快被填好。

粉色 fěnsè *n.*

粉色花朵 / 粉色房子 pink

❶那座粉色的楼房与周围的景色很搭配。

❷我喜欢粉色的玫瑰。

丰盛 fēngshèng *adj.*

丰盛的晚餐 / 丰盛的食物 rich, sumptuous

❶她准备好了一顿丰盛的晚餐，还生上了火。

❷妈妈给我准备了丰盛的晚餐。

敷衍 fūyǎn *v.*

不敷衍 / 敷衍回答 act in a perfunctory manner

❶请你不要敷衍我。

❷他敷衍着回答我的问题。

服气 fúqì *v.*

不服气 / 很服气 be convinced

❶你服气吗？

❷他对这个决定感到不服气。

俘虏 fúlǔ *n.*

一个俘虏 / 优待俘虏 captive

❶俘虏的日子并不好过。
❷他是二战的俘虏。

抚摸 fǔmō *v.*

轻轻抚摸 / 来回抚摸 / 深情地抚摸 stroke, caress

❶她轻轻地抚摸着孩子。
❷抚摸是表达爱的一种方式。

抚养 fúyǎng *v.*

抚养孩子 / 抚养的义务 bring up

❶他决定收养并抚养这个可怜的孩子。
❷感谢父母对我的抚养。

腐烂 fǔlàn *v. & adj.*

腐烂的食物 / 开始腐烂 decay; rotten

❶这些水果都腐烂了。
❷他吃了腐烂的食物，于是生病了。

附和 fùhè *v.*

附和别人 / 附和他的想法 parrot, echo

❶别总是附和别人的说法，你有什么意见？
❷我们应声附和。

附件 fùjiàn *n.*

两个附件 / 相关附件 / 发附件 attachment

❶附件是我给你的文件，请查收。
❷我把图片发附件给你。

附属　fùshǔ　*v. & adj.*

附属品 / 附属条件 / 附属单位　be affiliated to; auxiliary

❶他提出了很多附属条件。
❷妈妈给我办了一张附属信用卡。

复活　fùhuó　*v.*

复活节 / 全部复活　come back to life

❶人死了不能复活。
❷春天来了，小草又复活了。

复兴　fùxīng　*v.*

文艺复兴 / 复兴运动　revive

❶这是一场文艺复兴运动。
❷我们的时代可以成为一个从匮乏和恐惧走向价值、公正、自由的新的复兴时代。

腹泻　fùxiè　*v.*

轻微腹泻 / 腹泻不止　suffer from diarrhea

❶如果你腹泻或呕吐，千万不要为他人准备食物。
❷在大多数情况下，感染只造成轻度腹泻或根本没有症状。

盖章　gài zhāng　*v.*

签字盖章 / 需要盖章　affix a seal

❶双方都在合同上签字盖章。
❷这份证明已经盖章了。

干预 gānyù *v.*

干预计划 / 人工干预 / 没法干预 — meddle, intervene

❶我不敢干预你的计划。
❷他总是干预我们的行动。

纲领 gānglǐng *n.*

一份纲领 / 纲领文件 / 发布纲领 / 行动纲领 — guideline, program

❶新一届政府发布了施政纲领。
❷我们公司的纲领是为客户提供高质量的产品和服务。

港口 gángkǒu *n.*

一个港口 / 小港口 — port

❶我们的船在港口加了水。
❷这个港口容得下巨型邮轮和货轮。

稿件 gǎojiàn *n.*

一份稿件 / 最初的稿件 / 审阅稿件 — draft, manuscript

❶请你把这篇稿件抄一下。
❷编辑已审阅过这篇稿件。

隔离 gélí *v.*

隔离病人 / 马上隔离 — separate, isolate

❶传染病人被立即隔离。
❷我们知道如何隔离家禽。

超低频

跟随 gēnsuí *v.*

跟随他人 / 禁止跟随 follow

❶那男孩儿跟随他父亲出去了。
❷她从小跟随名师学习书法，现在已经到了登峰造极的境界了。

耕地 gēngdì *n.*

一块耕地 / 占用耕地 / 耕地面积 arable land

❶防护林可以使耕地和农作物免受风沙的侵蚀。
❷为了确保粮食安全，必须保护和合理利用耕地。

公安局 gōng'ānjú *n.*

public security bureau

❶他们将我领进公安局大楼。
❷中国的网络用户一旦虚拟财产被盗，可以向当地公安局的网络部门报案。

公道 gōngdào *n.*

主持公道 / 讨回公道 justice

❶我们将给决定辞职的员工一笔相当公道的补偿金。
❷他的最终目标是为大学生讨回公道。

公告 gōnggào *n. & v.*

张贴公告 / 公告栏 public notice; announce

❶办公室秘书把一张公告贴在墙上。
❷他想将这个好消息公告天下。

公关 gōngguān *n.*

公关问题 / 网络公关 / 危机公关 public relations

❶很小的事件通过网络能迅速演变为大型公关问题。
❷你可以从公司巨头那里学到危机管理，因为并非所有的公关都会有愉快的结果。

公民 gōngmín *n.*

公民的义务 / 一个公民 citizen

❶每个公民都应当维护宪法。
❷每个公民都可以要求受到法律的保护。

公然 gōngrán *adv.*

公然否认 / 公然干涉 publicly

❶几个歹徒公然在光天化日之下抢夺财物。
❷他们公然否认与恐怖集团有任何联系。

公正 gōngzhèng *adj.*

判决公正 / 公正执法 / 公正地解决 fair, impartial

❶问题得到公正解决。
❷我相信你会是公正的。

公证 gōngzhèng *v.*

做公证 / 进行公证 / 公证文件 notarize

❶这个合同需要进行公证。
❷协议是不需要有人做公证的，也不需要由律师来执笔。

攻克 gōngkè *v.*

彻底攻克 / 不断攻克 conquer, capture

❶ 我可以彻底攻克英语学习中的难题。
❷ 经过大家的努力，终于攻克了这个技术难题。

恭敬 gōngjìng *adj.*

态度恭敬 / 恭恭敬敬 respectful

❶ 他是一个好学生，恭敬、诚恳、听话，而且学得很快。
❷ 倾听者应该静静地坐着，恭敬地倾听，而不要打断讲述人的话。

共和国 gònghéguó *n.*

republic

❶ 你是我们中的一员，你有资格成为这个共和国中的一分子。
❷ 国王退位了，该国变成了共和国。

共计 gòngjì *v.*

费用共计一百元 / 共计十个 add up to, total

❶ 两个行李箱共计 25 公斤。
❷ 这些手工作品的数量共计 500 个。

勾结 gōujié *v.*

内外勾结 / 互相勾结 collude with

❶ 市场上有人勾结起来抬高价钱。
❷ 几个小偷勾结在一起偷汽车。

钩子 gōuzi *n.*

铁钩子 / 挂满钩子 hook

❶墙上大部分的钩子都不要很高，以便孩子们可以够得到。

❷我用金属衣架做了一个钩子，小心翼翼地把它系到一根加重的绳子上。

姑且 gūqiě *adv.*

姑且认为 / 姑且不说 / 姑且这样 tentatively

❶她不得不姑且相信他的决定有理。

❷当用望远镜仰望天空的时候，你可以看到数以万计的星星，让我们姑且称之为“银河”吧。

股东 gǔdōng *n.*

大股东 / 股东大会 shareholder

❶他的请求未能使在场的大多数股东动心。

❷该损失董事们要向股东做出交代。

骨干 gǔgàn *n.*

核心骨干 / 骨干教师 backbone, mainstay

❶我们的一名业务骨干被另一家公司挖走了。

❷富有经验的雇员是行业的骨干。

鼓动 gǔdòng *v.*

鼓动大家 / 鼓动群众 / 鼓动朋友 arouse, agitate

❶他总是鼓动那孩子做坏事。

❷我将鼓动我所有的朋友从养老基金会转出他们的养老金。

固体 gùtǐ *n.*

固体材料 / 固体表面 solid object

❶一切物质，不论它们是气体、液体还是固体，都是由原子构成的。
❷气体不同于固体是因为它没有固定的形状。

固有 gùyǒu *adj.*

固有习俗 / 固有文化 intrinsic, inherent

❶人的正确思想不是自己头脑中固有的。
❷我们应该尊重每个民族固有的习俗。

顾问 gùwèn *n.*

做顾问 / 课程顾问 / 法律顾问 adviser, consultant

❶我要去和我的顾问商议。
❷我们聘请你当法律顾问。

雇佣 gùyōng *v.*

临时雇佣 / 雇佣劳动力 employ

❶我们为什么要雇佣你？
❷这个特工人员是外国雇佣的。

关照 guānzhào *v.*

多多关照 / 互相关照 / 特别关照 take care of

❶每台设备都必须彻底检查至少一次，有些设施还需要特别的关照。
❷越来越多的成年人发现自己不仅要照顾好孩子，而且还要关照好自己的父母。

管辖 guǎnxiá *v.*

管辖地区 / 负责管辖 / 管辖范围 administer

❶这个案件属于低一级法院的管辖范围。
❷他们有权管辖他们自己的内部事务。

归根到底 guīgēn-dàodǐ *idiom*

in the final analysis

❶归根到底，也许罪恶感是个好东西。
❷青春归根到底是什么？

归还 guīhuán *v.*

归还图书 / 统一归还 / 如期归还 return, give back

❶他们决定把它归还原主。
❷他把归还的书交给图书管理员。

棍棒 gùnbàng *n.*

一根棍棒 / 手持棍棒 cudgel, stick

❶他用一根棍棒表演武术。
❷矿工们手持棍棒冲过了警戒线。

国防 guófáng *n.*

国防建设 / 加强国防 national defense

❶常备不懈的国防力量是国家安全的保证。
❷我们的国防建设完全是为了自卫。

国务院 guówùyuàn *n.*

State Council (PRC), State Department (USA)

❶麦积山石窟被中国国务院列为文物保护单位。

❷美国国务院会马上处理此事件。

过奖 guòjiǎng *v.*

过奖了 overpraise

❶你过奖了。
❷哎呀，你真是过奖了！

过滤 guòlǜ *v.*

过滤一遍 / 仔细过滤 filter

❶你需要把饮用水过滤。
❷秋天的空气特别新鲜，好像被过滤过一样。

过问 guòwèn *v.*

不过问 / 亲自过问 concern oneself with

❶我已经过问此事了。
❷经理亲自过问销售的情况。

嗨 hāi *interj.*

●加油干呐，嗨哟！ hi

海滨 hǎibīn *n.*

海滨城市 / 海滨度假 / 美丽的海滨 seaside

❶他们驾车沿海滨行驶。
❷我在海滨找到了她，像往常一样她又在那儿发呆。

寒暄 hánxuān *v.*

寒暄一下 / 不断寒暄 exchange greetings

❶宾主寒暄了一阵后，便转入正题。
❷我的对面站着一个高大的中年男人，我

跟他寒暄了几句天气。

捍卫 hànwèi *v.*

捍卫尊严 / 捍卫权利 defend, safeguard

❶为了捍卫国家的尊严，我们不得不诉诸武力。
❷他们不能阻挠我们捍卫工人的权利。

豪迈 háomài *adj.*

很豪迈 / 豪迈的歌声 bold and generous

❶在经济全球化的大潮中，中国将以更加豪迈的姿态走向世界。
❷她是一个豪迈的女子。

号召 hàozhào *v.*

号召大家 / 响应号召 / 政府的号召 call on

❶我的号召发出后，有好几个人挺身而出。
❷工会号召其会员参加会议。

耗费 hàofèi *v.*

耗费时间 / 耗费精力 / 耗费大量资源 consume, spend

❶修建铁路需要耗费大量钢材。
❷这个工作耗费了我许多时间和精力。

合伙 héhuǒ *v.*

合伙投资 / 合伙创业 collaborate

❶从现在起你是我的合伙人了。
❷她过去曾遇到过员工以及合伙问题。

合算 hésuàn *adj.*

价钱合算 / 不合算 worthwhile

❶这样做不合算。
❷打折时买这件衣服很合算。

和解 héjiě *v.*

达成和解 / 双方和解 become reconciled

❶这场危机趋于和解。
❷他不愿意与我和解。

和气 héqi *adj.*

对人和气 / 伤和气 friendly, gentle

❶他对邻居很和气。
❷从你嘴里说出一句和气的话就会是他最好的良药。

嘿 hēi *interj.*

hey

❶嘿，这球扣得真漂亮！
❷嘿，你看这庄稼长得多好！

狠心 hěnxīn *adj.*

狠心抛弃 / 狠心扔掉 merciless

❶那个狠心的男人舍弃了妻小。
❷这个狠心的女人把自己的儿子推向一辆正在行驶的汽车，她真是疯了。

恨不得 hènbude *v.*

恨不得飞过来 be anxious to

❶我恨不得马上去那儿。
❷我恨不得马上就甩掉这些赘肉！

烘 hōng *v.*

烘衣服 / 烘干 / 烘烤 bake

❶他想找个地方把衣服烘干。
❷扇贝能够用好几种方式烹饪，烘、烤、炒。

后顾之忧 hòugùzhīyōu *idiom*

解决后顾之忧 disturbance in the rear

❶朋友帮我解除了后顾之忧。
❷一些人不愿意消费是因为他们有后顾之忧。

后勤 hòuqín *n.*

后勤工作 / 后勤保障 / 学校后勤 logistics

❶后勤工作是非常重要的。
❷该公司还将提供辅助支持设备、备用零部件和维修以及后勤支持。

候选 hòuxuǎn *v.*

候选人 / 候选名单 / 候选阶段 be on the candidate list

❶你最喜欢哪个候选人就投哪个候选人的票。
❷根据选举程序，现在已进入候选阶段。

呼唤 hūhuàn *v.*

呼唤妈妈 / 亲切地呼唤 call

❶远处有人在呼唤我们。
❷妈妈亲切地呼唤着我的名字。

呼啸 hūxiào *v.*

北风呼啸 / 呼啸而过 / 大声呼啸 scream, whistle

❶冬天寒风呼啸着吹过街道。
❷列车呼啸而过。

胡乱 húluàn *adv.*

胡乱模仿 / 胡乱吃东西 at will, casually

❶他们向人群胡乱开枪，然后就跑了。
❷快迟到了，他胡乱吃了两口就走了。

胡须 húxū *n.*

剃胡须 / 打理胡须 / 很长的胡须 beard

❶你需要刮刮胡须。
❷他的胡须蓬乱，他有一个星期没刮胡子了。

花蕾 huālěi *n.*

玫瑰花蕾 (flower) bud

❶玫瑰的花蕾正在开放。
❷这些淘气的孩子把所有玫瑰花蕾都摘掉了。

华侨 huáqiáo *n.*

海外华侨 overseas Chinese

❶众所周知，华侨是吃苦耐劳的。
❷我的爷爷是华侨。

超低频

画蛇添足 huàshé-tiānzú *idiom*

draw a snake and add feet to it—ruin the effect of sth. with superfluous details

真是画蛇添足 / 画蛇添足的想法

❶这件事明明完成了，你又去找些岔子来，真是画蛇添足，多此一举。
❷美国南部州郡有一条可以称得上是画蛇添足的法规，规定是这样的：蒙眼开车违法。

黄昏 huánghūn *n.*

黄昏时刻 / 接近黄昏 dusk

❶秋天的黄昏逐渐变短。
❷他转身往家走时，已是黄昏时分。

挥霍 huīhuò *v.*

挥霍人生 / 挥霍金钱 / 挥霍无度 squander

❶她的挥霍无度使她负债累累。
❷在过去一段时间，他把大量的金钱挥霍在了赌博上。

汇报 huìbào *v.*

汇报工作 / 汇报进展 report

❶经理向董事长汇报了公司的财务状况。
❷我向父母汇报学习成绩。

会晤 huìwù *v.*

举行会晤 / 前去会晤 / 会晤的时间 meet

❶我们在预定的时间会晤。
❷你能安排一次与总理的会晤吗？

贿赂 huìlù *n. & v.*

贿赂别人 / 贿赂行为 / 收到贿赂 bribery; bribe

❶他受到贿赂的诱惑。
❷他们用贵重的礼物贿赂他。

昏迷 hūnmí *v.*

昏迷中 / 昏迷两天 / 持续昏迷 be in a coma

❶病人已昏迷三天了。
❷那次意外使他昏迷了几星期。

荤 hūn *n.*

荤菜 / 荤食 meat or fish dishes

❶饮食要营养均衡，荤素搭配。
❷他每天中午都吃一荤一素两个菜。

混合 hùnhé *v.*

男女混合双打 / 混合在一起 mix up

❶这两种药不能混合着吃。
❷我们用甘菊和香红茶混合调制成花草茶。

混浊 húnzhuó *adj.*

混浊的水 / 混浊的眼睛 turbid

❶沙尘吹来，空气变得十分混浊。
❷爷爷混浊的目光显得他更加衰老了。

活该 huógāi *v.*

活该受罪 / 活该如此 serve sb. right

❶他得到什么报应都是活该！
❷他开始怀疑自己，甚至觉得自己活该。

火焰 huǒyàn *n.*

火焰冲天 / 扑灭火焰 flame

❶火焰吞没了那座博物馆。
❷火焰一下子窜到了天花板。

机灵 jīling *adj.*

机灵鬼 / 机灵的小伙 smart, intelligent

❶这孩子非常机灵。
❷我跟一个很机灵的小伙子谈得非常投机。

级别 jíbié *n.*

级别很高 / 干部级别 level, grade

❶他的领章表明他的级别。
❷我们需要提升这种讨论的级别。

极限 jíxiàn *n.*

挑战极限 / 极限运动 limit

❶你的极限在哪儿?
❷他们已经被压榨到了极限。

急剧 jíjù *adj.*

急剧下降 / 急剧变化 / 急剧变大 rapid and drastic

❶进入五月，气温急剧升高。
❷飞机驾驶员为使飞机急剧上升而加大发动机的油门。

籍贯 jíguàn *n.*

native place

❶你的籍贯是什么地方?
❷我的籍贯是上海。

纪要 jìyào *n.*

一份纪要 / 会议纪要 summary (of minutes)

❶经理要看上次的谈判纪要。
❷你必须学会做会议纪要。

忌讳 jìhuì *v. & n.*

忌讳谈论 / 避开忌讳 / 交谈的忌讳 avoid as a taboo; taboo

❶校园里忌讳讨论这个话题。
❷在饮食上我没什么忌讳。

季军 jìjūn *n.*

获得季军 / 夺得季军 third place winner in a contest

❶他是奥运会季军获得者。
❷我在这次比赛中拿到了季军。

迹象 jìxiàng *n.*

种种迹象 / 迹象表明 sign, indication

❶这一带地广人稀，我们驱车行程数十里，不见一个村落，却看见野兽出没的迹象。
❷根据某些迹象，我们可以预报酷热和下雨。

家常 jiācháng *n.*

拉家常 / 家常菜 / 家常话 daily life of a family

❶不要在家常琐事上浪费时间。
❷再加些可口的调味品，可以让你的家常午餐更漂亮。

家伙 jiāhuo *n.*

小家伙 / 好家伙 / 粗鲁的家伙 fellow, guy

❶我不能容忍那个粗鲁的家伙。
❷一个可疑的家伙正在透过栅栏窥视我们。

家属 jiāshǔ *n.*

病人家属 / 看望家属 family member

❶他们把这个消息告诉了她的家属。
❷自他去世后，他的家属一直靠救济过日子。

尖端 jiānduān *adj. & n.*

尖端技术 / 尖端领域 / 尖端行业 / 针的尖端 most advanced; pointed end

❶这些年轻人初生牛犊不惧虎，敢于承担尖端的科研项目。
❷冰山的尖端露出水面。

监视 jiānshì *v.*

密切监视 / 暗中监视 monitor, watch

❶我已通知了他们监视嫌犯。
❷警察监视那家伙好几天了。

煎 jiān *v.*

煎鸡蛋 / 煎牛排 fry

❶我正在做煎鸡蛋。
❷我们可以把这些肉片煎一下作为中饭。

剪彩 jiǎncǎi *v.*

cut the ribbon (at a launching or opening ceremony)

剪彩仪式 / 剪彩嘉宾 / 开业剪彩

❶首先我必须做个简短的开幕辞，接着剪彩，然后回答一些记者的提问。
❷当地的名人都参加了商场的剪彩仪式。

简化 jiǎnhuà *v.*

简化程序 / 简化工作 / 简化汉字 simplify

❶他们需要简化程序。
❷该程序还可以进一步地简化。

简陋 jiǎnlòu *adj.*

十分简陋 / 简陋的房子 simple and crude

❶我们为孩子们临时拼凑着搭了一个简陋的栖身之处。
❷她优雅地将我领进了她简陋的公寓。

简体字 jiǎntǐzì *n.*

simplified Chinese character

❶她将繁体字与简体字间的不同点做总结介绍。
❷本文论述了简体字的各种结构模式及其发展情况。

简要 jiǎnyào *adj.*

简要介绍 / 简要内容 brief

❶她向律师简要介绍了这个案子。
❷时间有限，请说得简要一些。

间谍 jiàndié *n.*

一名间谍 / 抓间谍 spy

❶他们已经追捕到那个间谍。

❷她向警方告发他是一个间谍。

舰艇 jiàntǐng *n.*

一艘舰艇 / 海军舰艇 naval vessel

❶一艘舰艇在海上航行。
❷我是海军舰艇艇长。

溅 jiàn *v.*

飞溅 / 溅到各处 splash

❶每个人身上都溅满了泥点。
❷船头溅起的浪花吟唱着欢乐的歌儿。

鉴别 jiànbié *v.*

鉴别真假 / 鉴别文件 / 仔细鉴别 distinguish

❶我们对任何食物都要用鼻子嗅一嗅，鉴别其好坏。
❷雇主们将电话面试作为一种鉴别和招聘员工的方式。

将就 jiāngjiu *v.*

无法将就 / 将就看看 make do with

❶在质量方面不能将就，要精益求精。
❷我不能将就和他在一起。

僵硬 jiāngyìng *adj.*

态度僵硬 / 僵硬的身体 stiff

❶他慢慢地弯曲他那僵硬的手臂。
❷这种气候下，攀登者用僵硬的四肢爬上悬崖。

奖赏　jiǎngshǎng　*v.*

奖赏现金 / 受到奖赏　reward

❶他因学习成绩优秀而受到学校的奖赏。
❷无论是在爱情中或在股票市场，胜利者终会被奖赏。

降临　jiànglín　*v.*

灾难降临 / 突然降临 / 降临好运　befall

❶一旦冰雪降临，这船将不得不在一个地方度过整个冬天。
❷暴风雨突然降临，我从沉睡中惊醒。

娇气　jiāoqì　*adj.*

娇气的公主　squeamish, delicate

❶猫是很娇气的动物，容易得的病很多。
❷某些娇气的衣料、衬里、装饰等经不住水洗。

侥幸　jiǎoxìng　*adj.*

侥幸通过 / 侥幸心理　lucky, by luck

❶他侥幸通过了口语考试。
❷他做事踏实，从不存侥幸心理。

搅拌　jiǎobàn　*v.*

搅拌果汁 / 使劲搅拌　stir, mix

❶把这油和漆掺在一起，好好搅拌。
❷把酱油、醋和糖搅拌在一起，一会儿我们会用到。

缴纳　jiǎonà　*v.*

缴纳税款 / 积极缴纳 / 按时缴纳　pay

❶成千上万的人拒绝缴纳税款。
❷他们由于不缴纳会费而被俱乐部除名。

较量　jiàoliàng　*v.*

较量实力 / 较量较量　compete

❶我和他曾经在运动会上较量过。
❷你要是不服气，咱们就较量较量。

节制　jiézhì　*v.*

节制一下 / 节制饮食 / 没有节制　control, restrict

❶偶尔有节制地来一杯咖啡，会比你将它当成每天必不可少的维生素和水来饮用要健康得多。
❷锻炼、节制饮食、新鲜空气和必要的休息是最好的医生。

结算　jiésuàn　*v.*

结算工资 / 结算清楚 / 结算方式　settle a bill

❶贸易合同规定余额以人民币结算。
❷我要退房了，请帮我结算房费。

截至　jiézhì　*v.*

截至目前 / 截至今日　be up until

❶监测部门正在密切关注已使用这一疫苗的人群，截至目前，尚未收到不良反应报告。
❷组织者称，截至目前，没有发生大规模

暴力冲突事件。

解散 jiěsàn *v.*

解散队伍 / 解散公司 dissolve, dismiss

❶ 总裁解散了公司。
❷ 政府企图解散那个非法组织。

解体 jiětǐ *v.*

经济解体 / 飞机解体 / 彻底解体 disintegrate, fall apart

❶ 如果飞机以那么快的速度飞行就会解体。
❷ 由于一场误会，这个幸福的家庭几乎解体。

紧迫 jǐnpò *adj.*

时间紧迫 / 紧迫的任务 urgent, pressing

❶ 他的要求很紧迫。
❷ 我有更紧迫的事情要做。

锦上添花 jǐnshàng-tiānhuā *idiom*

add flowers to embroidery—embellish what is already beautiful

❶ 你这件衣服很漂亮，如果能够再贴上胸花，那可以说是锦上添花了。
❷ 她本来就很漂亮，现在这么一打扮，确实锦上添花。

近来 jìnlái *n.*

recently, lately

❶ 这家广播电台近来连续播放流行音乐。

❷我不知道她近来为什么对朋友们很冷淡。

浸泡 jìnpào *v.*

浸泡一下 / 浸泡双脚 / 浸泡衣服 soak

❶洗蔬菜前应先用水浸泡一下。
❷洗这些衣服之前应浸泡一刻钟。

经纬 jīngwěi *n.*

经纬度 / 经纬仪 meridian and parallel lines

❶这个文件包含有经纬度数据，记录了手机的坐标。
❷经纬度系统可能是最为人熟知的地理坐标设计方法。

惊动 jīngdòng *v.*

惊动世界 / 惊动所有人 startle, disturb

❶不要惊动敌人。
❷这个消息惊动了全城。

精简 jīngjiǎn *v.*

精简流程 / 精简公司 streamline, simplify

❶你需要将这些事情精简优化。
❷改革的首要任务是精简机构。

颈椎 jǐngzhuī *n.*

颈椎病 / 颈椎问题 / 拉伸颈椎 cervical vertebra

❶我高度怀疑是颈椎病，但你要拍个颈椎片才清楚。
❷他跳水时发生意外，造成颈椎断裂。

竞选 jìngxuǎn *v.*

竞选总统 / 竞选资格 / 竞选演讲 campaign for office

❶他在竞选获胜后开始变得保守起来。
❷他们为他争取了如此之多的选票，使他赢得了市长竞选。

敬礼 jìnglǐ *v.*

向警察敬礼 / 崇高的敬礼 salute

❶警官利索地向他敬礼。
❷门口的警卫向他敬礼。

救济 jiùjì *v.*

救济穷人 / 救济灾民 provide relief to

❶穷人和残疾人依靠政府的救济维持生计。
❷我们希望用这些钱救济生活困难的人。

就近 jiùjìn *adv.*

就近入学 / 就近供应 nearby

❶本地实行适龄儿童就近入学。
❷我们就近找了个小店住了一晚上。

就职 jiùzhí *v.*

就职演讲 / 就职仪式 take office

❶今天，新任校长发表了就职演讲。
❷他远远没有做到他就职演说上所承诺的事情。

鞠躬 jūgōng *v.*

向他鞠躬 / 深深鞠躬 bow

❶他潇洒地向她一鞠躬。
❷虽然她在公众面前道歉了，但是我认为她只是向钞票鞠躬。

咀嚼 jǔjué *v.*

咀嚼食物 / 不停咀嚼 / 咀嚼的声音 chew

❶如果你正在咀嚼食物，那么就等咽下食物后再开口说话。
❷大家都埋头吃饭，只听见咀嚼的声音。

举世瞩目 jǔshì-zhǔmù *idiom*

举世瞩目的成就 attract worldwide attention

❶中东是举世瞩目的多事地区。
❷中国改革开放和现代化建设取得了举世瞩目的成就。

觉醒 juéxǐng *v.*

觉醒了 / 意识觉醒 / 渐渐觉醒 awaken, come to realize

❶中国像一个从沉睡中觉醒的巨人。
❷那个无家可归的人，因为一次觉醒，变成一个奋发向上的人。

卡通 kǎtōng *n.*

卡通人物 / 卡通电影 cartoon

❶卡通形象醒目、生动，老少咸宜，容易在最短时间内给受众留下最深刻印象。
❷在一项关于成年人最喜爱的卡通明星的调查中，汤姆和杰瑞在排行榜首你追我赶。

开采 kāicǎi *v.*

开采石油 / 任意开采 extract, exploit

❶他们曾在小山坡上开采锡矿。
❷露天开采毁掉了风景。

刊登 kāndēng *v.*

刊登文章 / 刊登广告 publish, carry

❶报纸上每年都会刊登一些荒唐的故事，其中有一些是真的。
❷这个发现被刊登在《自然》杂志里。

刊物 kānwù *n.*

专业刊物 / 学术刊物 publication, journal

❶我一般只在专业刊物上发表学术文章。
❷申请人应该选择最适合自己的学校，不应该只听从某些刊物的看法。

勘探 kāntàn *v.*

勘探地形 / 勘探石油 / 大型勘探 explore, prospect

❶一个大规模的石油勘探计划正在近海展开。
❷他们正在采用一种新的勘探方法寻找石油。

侃侃而谈 kǎnkǎn'értán *idiom*

speak with ease and fluency

❶他在讲台上侃侃而谈。
❷姐姐说话的时候总是侃侃而谈，让人敬佩。

砍伐 kǎnfá *v.*

砍伐树木 / 过度砍伐 / 随意砍伐 chop, hack

❶ 我们将砍伐这些树。
❷ 我们应当停止砍伐森林。

抗议 kàngyì *v.*

抗议政府 / 强烈抗议 / 抗议不公 protest

❶ 这引起了一些抗议和愤慨。
❷ 他的退场只能被理解为是一种抗议。

考核 kǎohé *v.*

全面考核 / 考核学业 / 考核业务 appraise, examine

❶ 为了这次会见，我做了适度的打扮，我以为是对我进行年度考核呢。
❷ 上周，我们办公室里流传着一封电子邮件，就如何改进我们的绩效考核体系征求意见。

靠拢 kàolǒng *v.*

互相靠拢 / 慢慢靠拢 draw close to

❶ 中士叫士兵们靠拢。
❷ 我们正在向世界先进水平靠拢。

磕 kē *v.*

磕头 / 磕碰 / 磕破皮 knock

❶ 他把烟灰从烟斗里磕出来。
❷ 弟弟不小心磕破了腿。

可恶 kěwù *adj.*

真可恶 / 太可恶了 / 可恶的小偷 repulsive

❶ 好在你现在已经摆脱了这个可恶的人，你应该感到高兴，孩子。
❷ 那个人的态度真可恶。

克制 kèzhì *v.*

努力克制 / 克制情感 / 克制自己 restrain, curb

❶ 你们应该采取克制的态度，不要争吵。
❷ 你应当克制自己，不要做无原则的争论。

刻不容缓 kèbùrónghuǎn *idiom*

brook no delay

❶ 保护传统文化刻不容缓。
❷ 为了满足国家建设的需要，提高教学质量已是刻不容缓。

恳切 kěnqiè *adj.*

言辞恳切 / 态度恳切 sincere, earnest

❶ 我恳切地请求你原谅。
❷ 在我恳切地劝了他一上午以后，他接受了我的建议。

恐怖 kǒngbù *adj.*

恐怖分子 / 恐怖的叫声 / 白色恐怖 terrifying

❶ 以后再也不要带我去看恐怖电影了，我简直被吓得魂不附体。
❷ 他的梦里充满了奇怪而又恐怖的幻想。

恐吓 kǒnghè *v.*

恐吓敌人 / 用暴力恐吓 intimidate

❶他吼叫着发出恐吓。
❷如果你想用威胁来恐吓我们，后果将会严重到出乎你的意料。

口气 kǒuqì *n.*

严肃的口气 / 口气不小 / 好大的口气 tone, manner of speaking

❶你最好缓和一下你的口气。
❷这封信以乐观的口气收尾。

口腔 kǒuqiāng *n.*

口腔疾病 / 清洗口腔 / 口腔医院 oral cavity

❶吃口香糖可以清洁口腔，去除异味。
❷家长要特别注意孩子的口腔卫生。

口音 kǒuyīn *n.*

北京口音 / 口音浓重 / 纯正的口音 accent

❶他有很重的美国口音。
❷他略微有些山东口音。

枯萎 kūwěi *adj.*

树木枯萎 / 枯萎的花朵 withered, shrivelled

❶干旱使幼苗枯萎了。
❷因为好几天没有浇水，植物枯萎了。

苦涩 kǔsè *adj.*

苦涩的命运 / 充满苦涩 bitter and astringent

❶他的心中充满了苦涩。
❷尽管咖啡是苦涩的，但它是全世界最受欢迎的饮品之一。

款待 kuǎndài *v.*

热情款待 / 款待客人 / 进行款待 entertain

❶我们用最好的饭菜款待老朋友。
❷他在他的乡间别墅款待了朋友们。

筐 kuāng *n.*

一筐苹果 / 竹筐 / 车筐 basket

❶我们买了一筐桃子。
❷树下都已设置了废物筐，但是人们仍到处扔垃圾。

旷课 kuàngkè *v.*

无故旷课 / 旷课的原因 / 旷课记录 play truant

❶这些年轻人经常旷课，没人知道他们的行踪。
❷我听到老师在责备汤姆昨天旷课。

亏待 kuīdài *v.*

亏待自己 / 不能亏待 treat unfairly

❶她总是向我抱怨她在工作中如何被亏待。
❷跟着我干吧，我不会亏待你的。

扩散 kuòsàn *v.*

扩散开 / 大面积扩散 / 扩散出去 spread, proliferate

❶空气中的污染物已经扩散了。
❷墨水在水中扩散。

喇叭 lǎba *n.*

喇叭声 / 按喇叭 / 大喇叭 loudspeaker, horn

❶喇叭在远处嘟嘟响着。
❷在这条路上，开车不能按喇叭。

来历 láilì *n.*

来历不明 / 查清来历 / 端午节的来历 source, origin

❶这辆卡车来历不明。
❷关于元宵节的来历有很多传说。

狼狈 lángbèi *adj.*

狼狈逃窜 / 狼狈不堪 / 非常狼狈 in an awkward situation

❶我忍住眼泪，不愿在他面前露出狼狈相。
❷我记得他当时非常狼狈。

狼吞虎咽 lángtūn-hǔyān *idiom*

eat like wolves and tigers, wolf down

❶昨天我看见一个乞丐在街上狼吞虎咽地吃一块面包。
❷这孩子吃东西总是狼吞虎咽的。

唠叨 láodao *v.*

唠叨声 / 不停地唠叨 / 妈妈的唠叨 nag, chatter

❶我们也都讨厌整天唠叨的人。
❷我的同屋一天到晚不停地唠叨。

黎明 límíng *n.*

黎明时分 / 黎明的天空 dawn

❶我们将于黎明时与敌人交战。

❷黎明时分，我们的村庄完全笼罩在晨雾之中。

礼尚往来 lǐshàngwǎnglái *idiom*

courtesy requires reciprocity

❶朋友请你吃饭，不要觉得理所当然，请礼尚往来，否则你的名声会越来越差。
❷朋友之间不可避免地要有礼尚往来。

理睬 lǐcǎi *v.*

不理睬 / 不予理睬 / 无人理睬 heed

❶他们对他毫不理睬。
❷他们俩闹了矛盾，谁都不理睬谁。

理所当然 lǐsuǒdāngrán *idiom*

naturally, needless to say

❶你是客人，我请客理所当然。
❷虽然我也当你是好朋友，可是我却无法把你对我的恩惠当成理所当然。

力所能及 lìsuǒnéngjí *idiom*

力所能及的工作 / 力所能及的帮助 within one's capability

❶你已经做了你力所能及的。
❷在每个发展阶段孩子都能做到他力所能及的事情，如果你替孩子做了，你并不是在帮助他，反而是拖了他的后腿。

历来 lìlái *adv.*

always, constantly

❶中国历来主张国家不分大小，应该一律平等。

❷ 中华民族历来爱好自由和和平。

立交桥 lìjiāoqiáo *n.*

一座立交桥 / 修建立交桥 / 复杂的立交桥 flyover

❶ 立交桥改变了城市的面貌。
❷ 他们在一座立交桥的上方又建了一座立交桥。

立足 lìzú *v.*

立足点 / 立足之地 / 无法立足 gain a foothold

❶ 我们所有的行动和项目都立足于这个使命和愿景。
❷ 登山者在融化的冰上找不到多少立足之处。

利害 lìhài *n.*

利害关系 / 利害冲突 advantages and disadvantages

❶ 这两个国家之间不存在利害冲突。
❷ 你可以辞职，但要考虑好利害。

连年 liánnián *v.*

连年丰收 / 连年战争 / 连年亏损 be in consecutive years

❶ 我知道庄稼连年收成不好，那里的日子过得很艰难。
❷ 连年战乱后，这个国家开始慢慢恢复。

连锁 liánsuǒ *adj.*

连锁店 / 连锁品牌 / 连锁反应 chain

❶他开设了自己的连锁商店。
❷这家酒店虽属于同一连锁公司，但不是我们所预订的那家。

联络 liánluò *v.*

失去联络 / 电话联络 contact

❶他们用无线电跟总部联络上了。
❷一支小型车队负责在本地区进行联络。

联盟 liánméng *n.*

瓦解联盟 / 经济联盟 / 企业联盟 union

❶他声称他是所有联盟的反对者。
❷第一个工人联盟就这样产生了。

廉洁 liánjié *adj.*

公正廉洁 / 一生廉洁 / 廉洁的官员 incorruptible, clean

❶国家公务员应该具有廉洁的品德。
❷建设廉洁的政府是一项持久而又紧迫的任务，是人民的殷切期望。

谅解 liàngjiě *v.*

表示谅解 / 互相谅解 / 谅解对方 reach an understanding

❶如果你不能做这件事，我可以谅解。
❷他找不到任何可以求得谅解的理由。

晾 liàng *v.*

晾衣服 / 晾晒 / 晾衣架 dry in the air

❶床单晾在绳子上。

❷你的衣服正晾在树上。

列举 lièjǔ *v.*

一一列举 / 列举例子 / 列举一二 list

❶我们的历史老师枯燥地列举了一大堆日期。

❷这样的例子还有许多，我就不一一列举了。

临床 línchuáng *v.*

临床实验 / 临床症状 / 临床医学 diagnose and treat diseases

❶疲倦和无力是缺乏维生素C的早期临床症状。

❷他正在做临床实验。

伶俐 língli *adj.*

聪明伶俐 / 口齿伶俐 / 伶俐的小姑娘 clever, witty

❶伶俐的狐狸逃过了猎人的追捕。

❷这孩子聪明伶俐，大家都喜欢他。

零星 língxīng *adj.*

零星几个 / 零星地点缀 / 零星小雪 fragmentary, sporadic

❶除了几个零星的小山村之外，这个地区杳无人烟。

❷他们试图根据一些零星资料设想出犯罪的情景。

领事馆 lǐngshìguǎn *n.*

consulate

❶我哥哥在领事馆工作。
❷正式手续一办完，领事馆就很快签发了工作许可证。

领袖 lǐngxiù *n.*

伟大的领袖 / 领袖人物 / 精神领袖

leader

❶他写了一首赞美领袖的诗歌。
❷他们以宣誓来表示他们对领袖的忠诚。

流浪 liúlàng *v.*

流浪汉 / 被迫流浪 / 流浪的生活

lead a vagrant life, roam about

❶他是流浪汉，惯于风餐露宿。
❷他们总是漫无目的地四处流浪。

流氓 liúmáng *n.*

小流氓 / 一群流氓 / 闹事的流氓

hooligan, gangster

❶警察对那个嚣张的流氓已给予严厉惩处。
❷女孩儿奋起自卫，打了流氓的鼻子一拳。

聋哑 lóngyǎ *adj.*

天生聋哑 / 聋哑人 / 聋哑学校

deaf and dumb

❶这男孩儿天生聋哑。
❷老师教孩子们一些手语，以与聋哑人士进行交流。

超低频

垄断 lǒngduàn *v.*

市场垄断 / 打破垄断 / 垄断地位 monopolize

❶这家公司最后垄断了整个香烟行业。
❷这家公司生产的茶叶垄断了全国一大半的市场。

搂 lǒu *v.*

搂着 / 搂住 / 搂抱 hold or embrace in one's arms

❶我搂着老爸对他说他是一个多棒的老爸。
❷妈妈把孩子搂在怀里。

炉灶 lúzào *n.*

专用炉灶 / 另起炉灶 / 修理炉灶 stove

❶厨房里炉灶上的食物还有很多，你们要努力吃呀！
❷厨房的炉灶安装好了，可以用了。

履行 lǚxíng *v.*

履行义务 / 认真履行 / 履行合同 fulfill, carry out

❶一个国家的公民必须履行他们对国家和社会的责任。
❷你已经履行了自己给别人的承诺了吗？

轮船 lúnchuán *n.*

一艘轮船 / 行驶的轮船 / 轮船的结构 steamship

❶轮船上的汽笛呜呜叫。

❷当轮船驶入大海后，我就一直呕吐不止。

轮廓 lúnkuò *n.*

清晰的轮廓 / 轮廓流畅 / 画出轮廓 outline

❶浓雾使飞机轮廓模糊不清。
❷画完轮廓后，你就可以画阴影了。

轮胎 lúntāi *n.*

汽车轮胎 / 轮胎被刺破 / 更换轮胎 tire

❶汽车有一个轮胎爆裂了。
❷我家附近有一个轮胎制造厂。

论坛 lùntán *n.*

论坛的内容 / 热闹的论坛 / 各大论坛 forum

❶如果你还有问题，就加入我们的帮助论坛吧。
❷我们在反馈论坛中已经尝试开始一些比较有趣的讨论。

啰唆 luōsuo *adj. & v.*

啰唆不停 / 真啰唆 / 啰唆半天 garrulous; overelaborate

❶她真是个唠叨、啰唆的伙伴。
❷经理没必要对这一点啰唆。

麻痹 mábì *v. & adj.*

麻痹神经 / 麻痹思想 numb; negligent

❶这种草药可以麻痹人的神经。
❷对待困难，我们千万不能麻痹大意。

超低频

麻醉 mázuì *v.*

全身麻醉 / 进行麻醉 anaesthetize

❶手术前要麻醉病人，以减轻痛苦。
❷你丈夫麻醉后还没有苏醒。

埋葬 máizàng *v.*

埋葬过去 / 把……埋葬 bury

❶他们埋葬好同伴的尸体，擦干身上的血迹，又继续战斗了。
❷他们在教堂墓地里把死者埋葬了。

脉搏 màibó *n.*

跳动的脉搏 / 脉搏微弱 / 病人的脉搏 pulse

❶他虽然还在昏迷，但脉搏跳得平稳。
❷当我看到这个可怕的景象时，我的脉搏跳得更快了。

茫然 mángrán *adj.*

茫然的样子 / 一片茫然 at a loss

❶他茫然地看着我。
❷我呆呆地坐在座位上，茫然地盯着他的身影。

冒充 màochōng *v.*

冒充内行 / 冒充专家 / 禁止冒充 pretend to be

❶如果没有身份验证，任何用户都可以冒充管理员。
❷他只是个冒充大人物的小人物而已。

冒犯 màofàn *v.*

无意冒犯 / 多有冒犯 / 冒犯对方 offend

❶他的行为冒犯了她。
❷他的话冒犯了在场的所有人。

美满 měimǎn *adj.*

幸福美满 / 美满的生活 / 美满的婚姻 blissful, happy

❶祝你们生活幸福美满！
❷你将会破坏一个美满的家庭。

萌芽 méngyá *n. & v.*

种子萌芽 / 萌芽状态 / 开始萌芽 germ; sprout

❶树上的萌芽是春天来临的征兆。
❷春回大地，种子开始萌芽。

弥漫 mímàn *v.*

烟雾弥漫 / 雾气弥漫 / 战场上弥漫着硝烟 be suffused with

❶鞭炮的巨响和火硝味弥漫在空气中。
❷这声响似乎弥漫了整个屋子。

谜语 míyǔ *n.*

猜谜语 riddle

❶你能猜出这个谜语吗？
❷这个谜语终于得到了解答。

棉花 miánhuā *n.*

摘棉花 / 一团棉花 / 雪白的棉花 cotton

❶棉花已摘下来，并已称重。

❷ 大捆大捆的棉花堆积在仓库里。

勉励 miǎnlì *v.*

互相勉励 / 勉励自己 encourage, exhort

❶ 我们应该互相勉励。
❷ 老师勉励我不要灰心。

藐视 miǎoshì *v.*

藐视敌人 / 藐视的态度 despise

❶ 我藐视这种人，他们没骨气。
❷ 他向来很藐视那些吝啬的人。

民主 mínzhǔ *adj. & n.*

发扬民主 / 民主的国家 democratic; democracy

❶ 他们誓为争取民主权利而斗争。
❷ 民主制度是创始于雅典吗？

名额 míng'é *n.*

争取名额 / 名额有限 / 珍贵的名额 quota (of people)

❶ 你这次能够拿到这个名额真的是不可思议啊。
❷ 英国没有足够的名额让所有中学生进入大学，因此，这些入学考试具有很强的竞争性。

明明 míngmíng *adv.*

明明很好 / 明明去过 obviously

❶ 这事明明是她干的嘛！
❷ 这话明明是她说的。

磨合 móhé *v.*

磨合得很好 / 相互磨合 wear in

❶别开得太快，这辆车还没有磨合好。
❷经过不断与外商磨合，我们的合作进入了最佳时期。

魔鬼 móguǐ *n.*

战胜魔鬼 / 恐怖的魔鬼 / 魔鬼般的存在 devil, demon

❶这幅漫画把总统画成了魔鬼。
❷他生气时像个魔鬼。

抹杀 mǒshā *v.*

抹杀不了 / 被抹杀 / 抹杀功绩 erase, write off

❶这一功绩彪炳史册，是任何人也抹杀不了的。
❷谁也不能抹杀他的成绩。

墨水儿 mòshuǐr *n.*

一瓶墨水儿 / 沾上墨水儿 / 蓝墨水儿 ink

❶她的衣服被墨水儿弄脏了。
❷一滴墨水儿在纸上形成了一片墨迹。

母语 mǔyǔ *n.*

native language

❶她很容易地学会了德语，就好像德语是她的母语。
❷许多学生发生这种错误是由于母语的干扰。

耐用 nàiyòng *adj.*

结实耐用 / 经久耐用 / 耐用的商品 durable

❶这套家具结实耐用，我已经用了十年了。
❷市场上已经有一些效果不错的炉具，但我们可以把它们设计得更耐用、高效，经济实惠，并能扩大生产，投放大众市场。

难堪 nánkān *adj.*

令人难堪 / 感到难堪 / 难堪的场面 embarrassed

❶这件事情让他感到很难堪，脸都涨红了。
❷你工作时有人严密监视着，好像你不可靠似的，这真叫人难堪。

内幕 nèimù *n.*

内幕消息 / 黑暗的内幕 / 有内幕 inside facts

❶他将内幕消息泄露给新闻界了。
❷这件事的内幕非常复杂。

逆行 nìxíng *v.*

正在逆行 / 车辆逆行 / 不可逆行 go against the traffic

❶这是单行道，你逆行了。
❷警察抓住了一个逆行司机。

年度 niándù *n.*

年度总结 / 年度汇报 / 下一年度 year

❶他被评为本年度最佳运动员。
❷下一年度的预算将大幅度削减。

宁肯 nìngkěn *adv.*

宁肯不吃 / 宁肯不要 would rather

❶他宁肯不吃，也不愿借债。
❷我宁肯同你和父亲留在家里。

宁愿 nìngyuàn *adv.*

would rather

❶我宁愿自己做这件事也不愿去求他。
❷那些爱国者宁愿战斗到死，也不愿投降。

纽扣儿 niǔkòur *n.*

一粒纽扣儿 / 扣紧纽扣儿 / 衬衫纽扣儿 button

❶他扣不上衣服最上面的这粒纽扣儿。
❷我的那件外衣装有纽扣儿，而这件有拉链。

奴隶 núlì *n.*

奴隶社会 / 奴隶制 / 买卖奴隶 slave

❶他用皮鞭把奴隶抽打得浑身青一块紫一块。
❷十年前他是个奴隶，后来被一位有钱的老太太用钱赎了出来。

虐待 nüèdài *v.*

百般虐待 / 残忍地虐待 / 虐待俘虏 abuse, maltreat

❶小女孩儿受到继母的虐待。
❷她向法院控诉了丈夫对她的虐待。

哦 ò *interj.*

oh

❶哦，我想起来了。
❷哦，我明白了！

超低频

殴打　　ōudǎ　　*v.*

疯狂地殴打 / 不停地殴打 / 殴打罪犯　beat up

❶殴打比自己弱的人是一种残忍的表现。
❷他们残暴地殴打她，把她的牙齿全部敲落。

排练　　páiliàn　　*v.*

紧张地排练 / 排练过程 / 排练戏剧　rehearse

❶他们正在排练时，两名警察走了进来。
❷他对这角色虽然只排练了几次，但是他出人意料地演得非常成功。

派别　　pàibié　　*n.*

政治派别 / 不同派别 / 学术派别　faction, sect

❶该党已分裂成几个派别。
❷这个单位派别很多，矛盾很大。

派遣　　pàiqiǎn　　*v.*

紧急派遣 / 听候派遣 / 派遣部队　send, dispatch

❶他们派遣了一个代表去谈判。
❷日本说他们要派遣一支地震救援队去灾区救灾。

畔　　pàn　　*n.*

湖畔 / 耳畔 / 身畔　bank

❶李爷爷住在鸭绿江畔。
❷江畔上绿树成荫。

抛弃 pāoqì *v.*

抛弃旧思想 / 彻底抛弃 / 被抛弃 　abandon, discard

❶你有没有过怕被你的家人、朋友和你的配偶抛弃的恐惧心理?
❷在危险时刻，我不能抛弃朋友。

泡沫 pàomò *n.*

肥皂泡沫 / 白色的泡沫 　foam, bubble

❶巨浪使沙滩覆盖了泡沫。
❷这个高脚杯盖满了泡沫。

配备 pèibèi *v.*

人员配备 / 配备齐全 / 配备设施 　equip

❶每个微型机器人将配备一个传感器，可能是视频摄像机或化学剂探测器。
❷该系统还配备了一个紫外线灯。

批发 pīfā *v.*

批发市场 / 批发贸易 / 批发商品 　wholesale

❶农贸批发市场整天人声鼎沸。
❷这家商店只批发不零售。

屁股 pìgu *n.*

屁股痛 / 打屁股 / 老虎的屁股摸不得 　butt, hips

❶如果你还不停止捣乱的话，你的屁股就该挨打了。
❷爸爸轻轻拍了一下孩子的屁股。

偏差 piānchā *n.*

出现偏差 / 认知偏差 / 稍有偏差 error, deviation

❶你可以用这种方法计算标准偏差。
❷轻微的偏差或犹豫都会危及士兵的生命。

偏僻 piānpì *adj.*

偏僻的山区 / 十分偏僻 / 地处偏僻地区 remote

❶那个偏僻山区过去是刀耕火种。
❷现在连偏僻的山区也用上了拖拉机。

偏偏 piānpiān *adv.*

only, unexpectedly

❶怎么偏偏今天下雨？
❷他来看我，偏偏我不在家。

飘扬 piāoyáng *v.*

迎风飘扬 / 在空中飘扬 / 飘扬的红旗 flutter

❶为什么旗子会飘扬？
❷旗子在风中飘扬。

破例 pòlì *v.*

破例帮忙 / 破例一次 / 不能破例 make an exception

❶这个制度执行很多年了，谁也不能破例。
❷我不能为你破例。

凄凉 qīliáng *adj.*

一片凄凉 / 凄凉的景象 / 声音凄凉 desolate

❶村里空无一人，显得很凄凉。
❷在这样一个凄凉的环境下欣赏这样华美的音乐，似乎有点儿不合时宜。

期限 qīxiàn *n.*

没有期限 / 按照期限 / 最后期限 alloted time, deadline

❶实习期限暂定半年。
❷在最后期限前我会给你答复的。

欺负 qīfu *v.*

被人欺负 / 好欺负 / 欺负弱小 bully

❶当时如果我在场,我是不会让他欺负你的。
❷有时我认为她就是在欺负我。

齐心协力 qíxīn-xiélì *idiom*

make concerted efforts

❶我们齐心协力，勇于面对挑战。
❷让我们继续齐心协力，为全体人民创造一个更光明的前程和更美好的家园。

歧视 qíshì *v.*

性别歧视 / 种族歧视 / 受人歧视 discriminate against

❶你们不应歧视少数民族。
❷他公开表示反对种族歧视。

旗袍 qípáo *n.*

制作旗袍 / 穿旗袍 cheongsam

❶这件旗袍相当漂亮。

❷你的身材好，穿上旗袍真漂亮。

岂有此理 qǐyǒucǐlǐ *idiom*

absurd, outrageous

❶岂有此理！他不说一声就突然离开了。
❷岂有此理！你怎么能那样对他呢？这真是太过分了！

企图 qǐtú *n. & v.*

企图掩饰 / 逃跑的企图 / 不良企图

attempt; attempt to

❶他们诈骗钱财的企图没能得逞。
❷不要企图用非法的手段达到目的。

启程 qǐchéng *v.*

再度启程 / 启程的时间 / 重新启程

set out on a journey

❶他辞别了妻子便启程了。
❷我们已经准备好周三一早就启程。

启事 qǐshì *n.*

寻人启事 / 招聘启事 / 征稿启事

announcement, notice

❶他仔细地看了一些报纸，寻找杂志的征稿启事。
❷今天早报刊登你们的招工启事，我想找一份兼职工作。

起哄 qǐhòng *v.*

纷纷起哄 / 众人起哄 / 瞎起哄

jeer

❶苏西一起哄，她的朋友也都加入了。
❷人群中有人开始起哄。

气概 qìgài *n.*

男子气概 / 英雄气概 / 气概不凡 lofty quality, mettle

❶中华民族有同敌人血战到底的气概。
❷她是个有男子气概的女人。

气功 qìgōng *n.*

qigong, a system of deep breathing exercises

健身气功 / 练气功 / 气功表演

❶他每天都练气功。
❷身体、呼吸及冥想是气功练习的三根主支柱。

掐 qiā *v.*

掐灭 / 掐断 / 掐掉 pinch, nip

❶他把植物的顶端掐掉。
❷园林工人掐掉植物上发育不良的芽。

千方百计 qiānfāng-bǎijì *idiom*

use all possible means

❶我们要千方百计提高单位面积产量。
❷我千方百计地搞到了我所需要的资料。

牵扯 qiānchě *v.*

牵扯不清 / 牵扯面广 / 牵扯进来 involve

❶这里面牵扯许多大问题。
❷我从没有想到过我和他会有什么牵扯。

牵制 qiānzhì *v.*

相互牵制 / 牵制敌军 / 受人牵制 tie up, contain

❶部队以强大的步兵进攻来牵制敌人，使其不能离开。
❷我们每个人都应该坚持走自己的道路，不被权威所吓，不受过时的观点所牵制，也不为时尚所迷惑。

签署 qiānshǔ *v.*

签署文件 / 秘密签署 / 尽早签署 sign, endorse

❶我要同董事长商量一下再签署这些文件。
❷这个护照必须先行签署，官方才能确认其有效。

抢劫 qiǎngjié *v.*

公然抢劫 / 抢劫珠宝 rob, plunder

❶他们正在策划一场抢劫。
❷他们埋伏在树林里要抢劫旅客。

窍门 qiàomén *n.*

小窍门 / 找到窍门 key, knack

❶你管理开销有什么窍门吗？
❷看这个节目可以学到许多生活小窍门。

钦佩 qīnpèi *v.*

admire, look up to

❶我钦佩你的直率。
❷我钦佩他们的苦干精神。

亲热 qīnrè *adj. & v.*

很亲热 / 亲热地交谈 / 特别亲热 affectionate; show affection to

❶ 这张照片是她八年前照的，她坐在父母中间，他们亲热地搂着她。
❷ 我一回到家，小狗就会摇着尾巴向我扑过来，跟我亲热一番。

勤俭 qínjiǎn *adj.*

勤俭节约 / 勤俭持家 / 勤俭的美德 hardworking and frugal

❶ 他的成功是由于他的勤俭。
❷ 办任何事都要勤俭。

勤劳 qínláo *adj.*

勤劳的美德 / 勤劳的人们 / 勤劳勇敢 hardworking

❶ 她是一个好姑娘，将来会成为一个勤劳忠贞的贤内助。
❷ 中华民族以勤劳勇敢著称。

清真 qīngzhēn *adj.*

清真寺 / 清真饭店 Muslim

❶ 这里有一家清真餐馆。
❷ 我喜欢吃清真糕点。

请柬 qǐngjiǎn *n.*

制作请柬 / 结婚请柬 / 开业请柬 invitation card

❶ 我收到了一份参加开业庆典的请柬。

超低频

❷我们有三张请柬。

请示 qǐngshì *v.*

请示领导 / 请示汇报 / 未经请示 ask for instructions

❶我们用无线电向北京请示。
❷我给你讲了多少次啦,请假前必须先请示。

请帖 qǐngtiě *n.*

宴会的请帖 / 发出请帖 / 结婚请帖 invitation card

❶我收到了请帖。
❷所有的结婚请帖都发出去了。

屈服 qūfú *v.*

屈服于强权 / 向别人屈服 / 绝不屈服 surrender to, submit to

❶他们不做抵抗就屈服了。
❷我们绝不会向侵略者屈服。

取缔 qǔdì *v.*

依法取缔 / 立即取缔 / 取缔非法机构 ban, suppress

❶独裁者取缔批评他政权的报刊书籍。
❷取缔这些工厂,等于关闭了一条摆脱贫困的道路。

圈套 quāntào *n.*

设圈套 / 中圈套 trap

❶他的提议明显是一个圈套。

超低频

❷我中了他的圈套。

权衡 quánhéng *v.*

权衡利弊 / 反复权衡 / 仔细地权衡 weigh, consider

❶她试着权衡这个问题的每一个方面。
❷你必须权衡利弊。

缺口 quēkǒu *n.*

大坝的缺口 / 存在缺口 / 堵住缺口 gap, deficit

❶该书解释了消除这个缺口的技术。
❷我们必须弥补资金缺口。

瘸 qué *v.*

瘸腿 / 瘸脚 / 一瘸一拐 be crippled

❶老人拄着拐杖一瘸一拐地走开了。
❷我的腿明显有点儿瘸。

确立 quèlì *v.*

确立目标 / 正式确立 / 确立制度 establish, set up

❶他确立了自己的学说。
❷这家公司已在商界牢固地确立了自己的地位。

确信 quèxìn *v.*

确信无疑 be convinced

❶我确信这事不难解决。
❷我确信我完全能养活我的妻儿老小。

群众 qúnzhòng *n.*

人民群众 / 群众的拥护 / 群众路线 the masses

❶ 我们把希望寄托于广大群众。
❷ 群众向演讲者一连提了一个多小时的问题。

嚷 rǎng *v.*

大声嚷嚷 / 吵嚷 / 叫嚷 shout, yell

❶ 不要对我大嚷大叫。
❷ 她嚷道："你背叛了我们！"

让步 ràngbù *v.*

决不让步 / 做出让步 concede

❶ 我们在这个问题上不能过于让步。
❷ 为了会谈有所进展，我们双方都得做出一些让步。

惹祸 rěhuò *v.*

到处惹祸 / 惹祸上身 invite disaster

❶ 我的弟弟总是在学校惹祸。
❷ 他那最容易惹祸的年龄已经过去了。

热泪盈眶 rèlèi-yíngkuàng *idiom*

感动得热泪盈眶 one's eyes brimming with tears

❶ 她对难民经历的描述让我们热泪盈眶。
❷ 他在比赛中获胜的消息使我们热泪盈眶。

人道 réndào *n.*

人道主义 / 不人道 humanity

❶ 这是在我们提供的紧急人道援助基础上

附加的援助。
❷感谢你们为人道主义援助提供了便利。

人质 rénzhì *n.*

发现人质 / 解救人质 hostage

❶他劫持了一名女孩子作人质。
❷警察把人质从恐怖分子手中营救出来。

认定 rèndìng *v.*

认定目标 / 认定资格 firmly believe

❶我认定这是错的。
❷我们已经考察过这些孩子了，可以认定他们就是优秀人才。

任性 rènxìng *adj.*

任性的孩子 / 做事很任性 willful

❶这孩子很聪明，就是有点儿任性。
❷他太任性了，没有人能说服他。

任重道远 rènzhòng-dàoyuǎn *idiom*

there is tough work ahead and a long way to go

未来任重道远

❶我们深知建设国家任重道远。
❷这是个任重道远的任务。

容器 róngqì *n.*

倒进容器 / 封闭的容器 container

❶他把容器里积存的油全部倒出来了。
❷这个容器可以用来装水或者其他液体。

儒家 rújiā *n.*

儒家思想 / 儒家主张 Confucianism

❶ 自古以来，这里一直盛产诗人、画家、儒家学者和政府官员。
❷ 儒家思想把人当作自然的有机组成部分。

嫂子 sǎozi *n.*

elder brother's wife

❶ 我嫂子很能干。
❷ 我们得知嫂子患了晚期脑瘤后很震惊，也为她感到难过。

刹车 shāchē *v.*

紧急刹车 / 刹车失灵 / 踩刹车 brake

❶ 道路结冰时要缓慢地刹车。
❷ 快刹车！前面有只小狗。

擅自 shànzì *adv.*

擅自做主 / 擅自更改 / 擅自离开 without permission

❶ 未经警方人员的允许，任何人不得擅自离开这所房子。
❷ 这件事我不能擅自做主。

商标 shāngbiāo *n.*

食品商标 / 商标图案 / 申请商标 trademark

❶ 当地法院受理了这起专利和商标侵权的案件。
❷ 注册商标的有效期多长？

上任 shàngrèn *v.*

新官上任 / 刚上任 / 上任后 take office

❶ 他上任没几天，就成了公司里最不得人心的人。

❷ 这一届新政府从上任之日起就明白了这次经济危机的严重性。

上瘾 shàngyǐn *v.*

容易上瘾 / 玩上瘾 become addicted

❶ 如果你对什么东西上瘾，你就要在生活中与之斗争。

❷ 上瘾并非是一种大脑状态，它指的是行为。

上游 shàngyóu *n.*

去上游 / 力争上游 / 长江上游 upper reaches

❶ 那鸟鼓翅向河上游飞去。

❷ 河水从上游流到下游。

尚且 shàngqiě *conj.*

❶ 大人尚且举不起来，何况小孩子。 even

❷ 这个问题经理尚且解决不了，何况我们呢？

捎 shāo *v.*

捎带 / 捎信 / 捎来 bring sth. to sb.

❶ 你能帮我把这个袋子捎给她吗？

❷ 我给她捎了点儿吃的。

梢 shāo *n.*

树梢 / 末梢 / thin end of a long narrow thing

发梢

❶想起品学兼优的儿子，父亲不禁喜上眉梢。
❷树梢上有一只小鸟。

申报 shēnbào *v.*

申报项目 / 申报材料 / 纳税申报 / 项目申报 report (to the authorities)

❶我没什么要申报的。
❷你最好把照相机向海关官员申报纳税。

呻吟 shēnyín *v.*

无病呻吟 / 微弱的呻吟 / 不停地呻吟 moan

❶那个生病的女孩儿呻吟了一会儿就睡着了。
❷那个伤员呻吟不止。

深情厚谊 shēnqíng-hòuyì *idiom*

建立了深情厚谊 / 怀着深情厚谊 profound friendship

❶世界各国人民的深情厚谊，中国人民将永远铭记！
❷我们不会忘记俄罗斯人民在去年中国抗震救灾中表达的深情厚谊。

神气 shénqì *n. & adj.*

神气的样子 / 神气十足 expression; conceited

❶他脸上显出得意的神气。
❷他越是神气，我们越不买账。

神仙 shénxiān *n.*

神仙显灵 / 活神仙 / 神仙伴侣 immortal

❶生病后要去找医生，不要去求神仙。
❷他退休后到处旅游，像神仙一样逍遥自在。

审查 shěnchá *v.*

亲自审查 / 停职审查 / 审查报告 check, investigate

❶现在入境审查很严格。
❷你的申请已经初步通过，现在将由委员会审查。

审理 shěnlǐ *v.*

审理案子 / 审理结束 / 重新审理 handle (a case)

❶现在，该案件的审理已经变得很明确。
❷让他获得公正和无偏见的审理是很重要的。

审判 shěnpàn *v.*

审判罪犯 / 接受审判 bring to trial

❶他因盗窃罪受到审判。
❷战争罪犯将受到审判。

渗透 shèntòu *v.*

渗透进去 / 被渗透 / 慢慢渗透 permeate

❶汗水渗透了衣服。
❷侦察兵渗透到敌人阵地后面去了。

生肖 shēngxiào *n.*

any of the twelve Chinese zodiac animals, used to symbolize the year in which a person is born

十二生肖 / 生肖的来源 / 生肖属牛

❶ 中国人每个人都有属于自己的生肖，有的人属牛，有的人属龙，这是怎么回事呢？

❷ 如今中国邮政机构仍在大张旗鼓地发行以生肖为主题的邮票。

生效 shēngxiào *v.*

立即生效 / 合同生效 / 已经生效 go into effect

❶ 这项命令已经生效。

❷ 合约从即日起生效。

声明 shēngmíng *n.*

发布声明 / 多次声明 / 郑重声明 / 一则声明 declaration

❶ 政府发表了一项声明，否认了这些谣言。

❷ 发言人提及一则声明。

声势 shēngshì *n.*

声势浩大 / 虚张声势 / 壮大声势 momentum

❶ 她现在以强大声势进入选举攻坚阶段。

❷ 工人们举行了一次声势浩大的游行活动。

牲畜 shēngchù *n.*

圈养牲畜 / 驱赶牲畜 domesticated animals

❶ 牲畜被牢牢地隔在篱笆外面。

❷ 在大农场，牲畜通常是打烙印的。

省会 shěnghuì *n.*

省会所在地 / 广东省省会 provincial capital

❶辽宁省的省会是沈阳。
❷云南省省会昆明是一个美丽的城市。

盛产 shèngchǎn *v.*

盛产粮食 / 盛产美酒 / 盛产桃子 produce in abundance

❶这个国家盛产水果，尤以香蕉著称。
❷茅台镇以盛产美酒而驰名。

尸体 shītǐ *n.*

一具尸体 / 敌人的尸体 / 掩埋尸体 dead body

❶遇难者的尸体还没有找到。
❷他看见那具残缺不全的尸体，吓得脸色煞白。

失踪 shīzōng *v.*

失踪多年 / 神秘失踪 be missing

❶他们在湖中打捞失踪女孩儿的尸体。
❷他们找到失踪的男孩儿没有？

师范 shīfàn *n.*

师范学校 / 师范专业 / 师范生 normal school

❶这所学校附属于师范学院。
❷这个大学的前身是女子师范学校。

时而 shí'ér *adv.*

occasionally

❶蔚蓝色的天空中，时而飘过几朵白云。

超低频

❷他时而打个电话，走开，又回来。

时事 shíshì *n.*

时事新闻 / 评论时事 / 畅谈时事 current affair

❶他们随时注意时事。
❷总理发表时事广播演说。

实惠 shíhuì *n. & adj.*

经济实惠 / 价格实惠 / 实惠的选择 real benefit; substantial

❶惠农政策使农民得到了实惠。
❷该机器人代表了新一代的装配机器人，它们更轻、更安全，且比以前更实惠。

示范 shìfàn *v.*

正确的示范 / 示范动作 / 认真示范 demonstrate

❶这个发音太难了，请您再示范一遍好吗？
❷武术课上，老师认真示范，学生仔细模仿。

示威 shìwēi *v.*

游行示威 / 示威活动 hold a demonstration

❶为了争取更好的待遇，工人们已经示威好几天了。
❷连日的示威给城市居民的生活带来困扰。

事迹 shìjì *n.*

英雄事迹 / 感人的事迹 / 先进事迹 merit, achievement

❶他的先进事迹都上了电视了。

❷他的英雄事迹受到所有人赞扬。

逝世 shìshì *v.*

因病逝世 / 逝世多年 / 逝世的消息 pass away

❶我们哀悼他的逝世。
❷他的逝世标志着一个时代的结束。

收音机 shōuyīnjī *n.*

打开收音机 / 收音机的按钮 / 全新的收音机 radio

❶我是从收音机听到这个消息的。
❷他在半夜还开着收音机。

受罪 shòuzuì *v.*

活受罪 / 花钱受罪 suffer hardships

❶我几乎不忍看到他如此受罪。
❷他有些想法颇有远见，有些却让他的国民受罪。

书面 shūmiàn *adj.*

书面语 / 书面检讨 / 书面申请 written

❶你认为你的英语书面语和口语熟练程度如何？
❷在提交书面报告之前，请先征询指导老师的意见。

疏忽 shūhu *v.*

疏忽大意 / 一时疏忽 / 小小的疏忽 neglect

❶我使用这个词是由于疏忽。
❷这次事故是由于疏忽所致。

束 shù *m.w.*

一束鲜花 / 一束光 bundle

❶ 一束红玫瑰花散发出浓郁的芳香。
❷ 杰克送给他女友一束花。

数额 shù'é *n.*

具体数额 / 数额巨大 / 公布数额 amount

❶ 你应当尝试争取谈到一个较低的数额。
❷ 不管你做什么，你都要卖出一定数额才能达到收支相抵。

涮火锅 shuàn huǒguō *v.*

boil slices of meat and vegetables in a pot

❶ 我喜欢涮火锅。
❷ 在中国，涮火锅有很多种。

水利 shuǐlì *n.*

水利工程 / 兴修水利 / 水利灌溉 water conservancy

❶ 要想发展农业，就必须重视水利。
❷ 三峡工程是举世闻名的水利工程。

水龙头 shuǐlóngtou *n.*

关水龙头 / 坏掉的水龙头 / 水龙头的开关 water tap

❶ 我家的水龙头坏了。
❷ 他给浴室装了一个很华丽的水龙头。

司法 sīfǎ *n.*

administration of justice

❶ 他们中的一些

人在司法或当地政府部门供职。
❷这个案件已经进入司法程序。

司令 sīlìng *n.*

总司令 / 部队司令 / 司令的命令 commanding officer

❶舰队司令按作战计划进行舰队演习。
❷"对不起，司令。"那个卫兵说。

私自 sīzì *adv.*

私自外出 / 私自占有 / 私自挪用 without authorization

❶院方承认这名学生并未得到正规医生的指导而私自开出处方。
❷私自携带笔记进入考场或抄袭他人答案也是禁止的。

斯文 sīwén *adj.*

很斯文 / 有辱斯文 / 长相斯文 refined, gentle

❶他看起来很斯文。
❷面对外人他很斯文，但实际上他是一个粗鲁的人。

肆无忌惮 sìwújìdàn *idiom*

肆无忌惮地大笑 / 简直肆无忌惮 be unscrupulous

❶看到老师突然进来，他肆无忌惮的大笑戛然而止。
❷网络中肆无忌惮的广告、病毒都能破坏你的电脑。

诉讼 sùsòng *v.*

提起诉讼 / 离婚诉讼 / 诉讼程序 file a lawsuit

❶他们以诉讼来威胁他。
❷他提出了诉讼请求。

素食 sùshí *n.*

素食主义 / 素食者 / 清淡的素食 vegetarian diet

❶我决定要成为一个素食主义者。
❷饭后我让他们填了关于这顿素餐和对素食主义的大致认识的调查问卷。

算数 suànshù *v.*

说话算数 / 一向算数 hold, carry weight

❶他说话不算数，我们不理他了。
❷合同得盖章以后才算数。

索取 suǒqǔ *v.*

索取赔偿 / 不断索取 / 一味地索取 claim, demand

❶许多人来信索取样品。
❷我们索取的比我们付出的多。

索性 suǒxìng *adv.*

索性不来了 / 索性不吃了 simply, might as well

❶她一生气索性撕破面子了。
❷教室里太吵了，别看书了，索性出去散散步吧。

塔 tǎ *n.*

一座塔 / 灯塔 / 斜塔 / 高塔 tower, pagoda

❶这座塔向东倾斜。
❷塔的影子倒映在水中。

贪婪 tānlán *adj.*

自私贪婪 / 贪婪的商人 / 贪婪成性 greedy

❶他被贪婪的私欲所左右。
❷他的贪婪常常受到朋友们的嘲笑。

贪污 tānwū *v.*

贪污受贿 / 贪污了十万 / 贪污腐败 embezzle

❶由于贪污，这个公司的经理已被撤职查办。
❷贪污造成该政府的政治腐败。

瘫痪 tānhuàn *v.*

瘫痪在床 / 全身瘫痪 / 交通瘫痪 be paralysed

❶医生对恢复我双腿的功能已无能为力。瘫痪是完全的，不可逆转的。
❷罢工使整个巴黎陷于瘫痪。

探望 tànwàng *v.*

亲自探望 / 探望老人 / 经常探望 call on, visit

❶上星期他们骑马来探望我们。
❷暑假里，妈妈带我特地去北京探望外婆。

陶瓷 táocí *n.*

精美的陶瓷 / 陶瓷工艺 / 生产陶瓷 pottery and porcelain

❶你看这几个陶瓷茶杯怎么样？
❷我喜欢陶瓷制品。

体裁 tǐcái *n.*

文学体裁 / 一种体裁 / 体裁形式 types of literature

❶诗歌是中国出现最早的一种文学体裁。
❷这种体裁对我来说很独特。

天然气 tiānránqì *n.*

天然气发电 / 天然气的价格 / 开发天然气 natural gas

❶小区正在安装天然气管道。
❷天然气供过于求怎么办？

条约 tiáoyuē *n.*

不平等条约 / 签订条约 treaty, pact

❶他们已经加入了那个条约。
❷你能保证他们会执行该条约吗？

调剂 tiáojì *v.*

服从调剂 / 调剂生活 adjust, regulate

❶咱们看部轻松的影片调剂一下吧。
❷我们要懂得调剂生活，让生活更加丰富多彩。

调料 tiáoliào *n.*

火锅调料 / 调料包 / 调料齐全 seasoning, condiment

❶点菜时可以要求把沙拉调料和其他调味

料放在边上，这样你就能控制加多加少。
❷这种肉肠放了红辣椒和别的辣味调料，通常是熏过的，非常美味。

挑拨 tiǎobō *v.*

挑拨离间 / 挑拨是非 / 一再挑拨　instigate, incite

❶他在朋友中间挑拨离间。
❷他们被起诉的罪名包括使用暴力、挑拨矛盾和试图推翻政府。

挑衅 tiǎoxìn *v.*

挑衅行为 / 公开挑衅 / 言语挑衅　provoke

❶他们必须停止一切挑衅。
❷这种行为增强了其邻国为维护地区和平与稳定及防范一切挑衅行为进行合作的决心。

停泊 tíngbó *v.*

免费停泊 / 停泊在港口　anchor, berth

❶轮船已停泊在纽约港。
❷我们在河口湾停泊等待涨潮。

通货膨胀 tōnghuò péngzhàng

抑制通货膨胀 / 严重的通货膨胀　inflation

❶我们正与通货膨胀和失业做斗争。
❷请问，你打算怎样解决当前的通货膨胀问题？

通缉 tōngjī *v.*

order the arrest of a criminal at large

全城通缉 / 遭到通缉 / 警方通缉

❶你认识那个被通缉的抢银行的人吗？
❷他因涉嫌抢劫而遭通缉。

通用 tōngyòng *v.*

be in common use

通用语言 / 国际通用 / 通用的办法

❶标准化零件可以通用。
❷英语几乎在世界各国通用。

同胞 tóngbāo *n.*

sibling, compatriot

同胞兄弟 / 遇难同胞

❶她们亲密得简直像同胞姊妹。
❷祖国人民对海外同胞深为关怀。

同志 tóngzhì *n.*

comrade

好同志 / 关心同志

❶有三个同志在会上发了言。
❷他在最后一分钟出卖了他的同志们。

统治 tǒngzhì *v.*

rule, govern

统治天下 / 皇帝的统治 / 封建统治

❶统治者决定不向其他国家求援。
❷他们用高压手段统治该城。

投诉 tóusù *v.*

complain

投诉商家 / 客户投诉

❶他到老板那儿去投诉，但老板态度冷淡。
❷新闻机构应当邀请读者参加评论，并鼓励他们提出问题和投诉。

透露 tòulù *v.*

透露心事 / 透露去向 / 对外透露 disclose, reveal

❶她向他透露了自己的心事。
❷如果你把你的想法透露给我，我愿意尽全力帮助你。

秃 tū *adj.*

秃头 / 光秃秃 bald

❶刚刚进入春天，大多数山仍然光秃秃的。
❷他忍不住拿自己的秃头开起了玩笑。

吞吞吐吐 tūntūntǔtǔ *adj.*

说话吞吞吐吐 / 吞吞吐吐的样子 / 吞吞吐吐地解释 muttering and mumbling

❶别吞吞吐吐的，有话就说吧。
❷我俩既然是好朋友，就应赤诚相见，不必吞吞吐吐。

托运 tuōyùn *v.*

托运行李 / 托运货物 / 请人托运 consign (goods)

❶邮递员在包裹的顶部贴上托运标签。
❷货物已交铁路托运。

妥当 tuǒdang *adj.*

安排妥当 / 用词妥当 appropriate, proper

❶你认为怎么妥当就怎么办。
❷我们对问题要做全面的分析，才能解决得妥当。

妥善 tuǒshàn *adj.*

妥善保管 / 妥善解决 / 妥善处理 appropriate, proper

❶自己的护照一定要妥善保管。
❷对待这些问题和摩擦，我们主张双方应在平等协商的基础上寻求妥善解决。

唾弃 tuòqì *v.*

让人唾弃 / 受世人唾弃 conspue, spurn

❶他的投机行为被人们所唾弃。
❷他在电影里扮演一个被人唾弃的乞丐。

哇 wa *onom.*

wow

❶今天的天气真好哇！
❷快走哇，要迟到了。

瓦解 wǎjiě *v.*

土崩瓦解 / 彻底瓦解 / 瓦解矛盾 collapse

❶他们瓦解了工人运动。
❷这是关系瓦解的第一个信号吗？

外行 wàiháng *adj. & n.*

外行看热闹 / 外行话 / 完全外行 lay; layman

❶种庄稼他可不外行。
❷我是个外行，我说的话可能贻笑大方，可我还是要说几句。

完备 wánbèi *adj.*

功能完备 / 完备无缺 / 完备的设施 perfect, complete

❶你办理签证的材料很完备。
❷这个计划不够完备。

玩弄 wánnòng *v.*

随意玩弄 / 玩弄权术 play with, employ

❶男孩儿们玩弄着他们的玩具火车。
❷超级大国正在玩弄强权政治。

玩意儿 wányìr *n.*

小玩意儿 / 新鲜玩意儿 thing, trick

❶这是什么玩意儿?
❷为什么你要去浪费时间参加那玩意儿?

挽救 wǎnjiù *v.*

挽救局势 / 极力挽救 / 挽救生命 save, remedy

❶他冒着生命危险挽救那个快要淹死的孩子。
❷他为挽救这家企业，不惜冒险投入他的全部金钱。

惋惜 wǎnxī *adj.*

令人惋惜 / 惋惜地摇头 sympathenic, regretful

❶我没有什么可惋惜的。
❷我替你感到惋惜。

往常 wǎngcháng *n.*

和往常一样 / 不同于往常 / former times

往常的规矩

❶他到得比往常早。
❷我们像往常一样在那个停车场里坐着。

威风 wēifēng *adj. & n.*

威风凛凛 / 好不威风 awe-inspiring, might

❶不愧为百兽之王，老虎威风地吼了一声。
❷我们的守门员威风不减当年。

威望 wēiwàng *n.*

很有威望 / 威望极高 / 崇高的威望 prestige

❶他依然有人气，只是威望在不断地下降。
❷金融危机之后，政府的威望一落千丈。

威信 wēixìn *n.*

失去威信 / 威信扫地 / 教师的威信 prestige, public trust

❶总理的崇高威信在人民的心中树立起来。
❷她在群众中享有很高威信。

微观 wēiguān *adj.*

微观经济 / 微观生物学 / 微观世界 microscopic

❶在微观的层次上，你所有的心脏细胞必须一起努力来保持你心脏的搏动。
❷她大学学的专业是微观经济学，后来却从事了新闻行业。

为难 wéinán *adj.*

感到为难 / 左右为难 feel awkward

❶苏珊和艾莉为着同样的一件事情左右为难。
❷你的决定让我很为难。

为期 wéiqī *v.*

为期不远 / 为期一周 last for a certain period of time

❶普通话培训为期一周。
❷为期三天的会议结束了。

伪造 wěizào *v.*

伪造产品 / 伪造数据 / 无法伪造 counterfeit

❶伪造钱币是犯罪行为。
❷你在老师的笔记上伪造我的签名？

委托 wěituō *v.*

委托他人 / 全权委托 / 委托事项 entrust

❶他把他的孩子委托给一位忠实的朋友照料。
❷他们委托一位建筑师设计这座新图书馆。

委员 wěiyuán *n.*

学习委员 / 委员会 / 政协委员 committee member

❶他发表讲话前先提议向全体委员表示感谢。
❷主席一说出他的决定，其他委员就表示了同意。

蔚蓝 wèilán *adj.*

蔚蓝的天空 / 蔚蓝色 / 一片蔚蓝 bright blue

❶我抬起头，仰望蔚蓝的天空，目光随着白云慢慢地移动，一直到天边。
❷蔚蓝的水、金色的沙滩、花岗岩山峰和翻滚的瀑布使该地区成为摄影师的天堂。

慰问 wèiwèn *v.*

慰问老人 / 前去慰问 express sympathy for

❶请向杰克以及他的家人转达我的慰问。
❷在那里，他表达了对受害者及其家人的深深慰问。

文凭 wénpíng *n.*

学历文凭 / 大学文凭 / 拿到文凭 diploma

❶认为有了大学文凭就万事大吉的想法是十分幼稚的。
❷你有大学文凭吗？

文艺 wényì *n.*

文艺工作者 / 文艺创作 / 文艺作品 literature and art

❶这是一部为群众所喜闻乐见的文艺作品。
❷文艺创作的繁盛时期已经来到。

乌黑 wūhēi *adj.*

乌黑的头发 / 乌黑发亮 jet-black

❶她两根乌黑的辫子垂在背上。
❷有些人头发乌黑，有些人头发浅淡。

无偿 wúcháng *adj.*

无偿献血 / 无偿提供 free, unpaid

❶ 她把旧电视机无偿地送给了我。
❷ 无偿献血的血液必须用于临床，不得买卖。

无耻 wúchǐ *adj.*

卑鄙无耻 / 无耻之徒 shameless

❶ 那个男人无耻地遗弃了妻儿，另寻新欢。
❷ 我觉得他太无耻了。

无辜 wúgū *adj.*

无辜的样子 / 无辜的百姓 / 滥杀无辜 innocent

❶ 她大声呼喊她是无辜的。
❷ 他通过可靠的事实证明了他的无辜。

无赖 wúlài *adj. & n.*

地痞无赖 / 无赖的行为 / 过于无赖 shameless; rascal

❶ 这种无赖的条件谁也不会接受。
❷ 他是一个游手好闲的无赖。

无理取闹 wúlǐqǔnào *idiom*

make trouble and refuse to listen to reason

无理取闹的行为 / 不要无理取闹

❶ 他被她的无理取闹激怒了。
❷ 我实在对儿子的无理取闹感到没辙。

无微不至 wúwēibúzhì *idiom*

无微不至的关心 / meticulously, with great care

照顾得无微不至

❶他对她无微不至地照顾，给予她他能付出的一切最好的东西。
❷在疗养院，他得到了无微不至的照顾。

武装 wǔzhuāng *n. & v.*

军事武装 / 武装部队 / 武装力量 armed forces; arm

❶武装强盗袭击了旅游者。
❷机会不会等你武装好自己才来临。

务必 wùbì *adv.*

务必过来 / 务必记得 must

❶你务必要按时到达那里。
❷请务必写信告诉我所有的消息。

物业 wùyè *n.*

物业费 / 物业管理 / 物业公司 real estate, property

❶如果你找到了一个你喜欢的公寓，立刻向业主或者物业经理提出申请。
❷我在大学读了物业管理课程，为从事这项工作做准备。

昔日 xīrì *n.*

昔日的好友 / 昔日的生活 / 昔日的辉煌 former days

❶他这个昔日浪子，今日成了先进工作者。
❷他伸手给昔日的敌人表示友好。

媳妇 xífu *n.*

wife

❶我为我的媳妇感到前所未有的开心。

❷他媳妇总是熬夜等他，直到看到他安然无恙地回家才算放心。

衔接 xiánjiē *v.*

衔接通畅 / 做好衔接 / 衔接工作

link up, connect

❶这条路把机场和火车站衔接起来了。

❷写作文时要注意句子与句子、段落与段落之间的衔接。

宪法 xiànfǎ *n.*

颁布宪法 / 修订宪法

constitution

❶我曾参与了制定宪法的工作。

❷个人向上一级法院提出上诉，这是宪法所赋予的权利。

陷害 xiànhài *v.*

被人陷害 / 陷害他人

frame up

❶被告说他被人陷害了。

❷肯定有人在陷害我们。

馅儿 xiànr *n.*

肉馅儿 / 露出馅儿

stuffing, filling

❶我烤了一个苹果馅儿的馅饼。

❷我们的元宵有黑芝麻馅儿、花生馅儿、五仁馅儿的等等，你要哪种馅儿的？

镶嵌 xiāngqiàn *v.*

镶嵌着珠宝 / 镶嵌在四周 inlay, embed

❶ 据大都会艺术博物馆介绍，这是保存下来的最早和最精美的镶嵌瓷砖工艺品之一。

❷ 璀璨的星星犹如一颗颗宝石镶嵌在空中。

响应 xiǎngyìng *v.*

响应号召 / 得到响应 / 积极响应 respond, answer

❶ 他们对募集资金的呼吁做出了慷慨的响应。

❷ 他的请求得到了响应。

向来 xiànglái *adv.*

向来如此 always, all along

❶ 消防员向来是一种危险职业。

❷ 秋月向来受到诗人和热爱大自然的人们的宠爱。

消毒 xiāodú *v.*

消毒工作 / 做好消毒 / 给手术器材消毒 disinfect

❶ 牙医用酒精给医疗器械消毒。

❷ 我们用漂白粉给饮用水消毒。

消防 xiāofáng *n.*

消防人员 / 消防车 / 消防安全 fight a fire

❶ 消防队员把孩子拽出窗外。

❷ 消防队员正向燃烧的房屋喷水灭火。

销毁 xiāohuǐ *v.*

销毁证据 / 立即销毁 / 一律销毁 destroy

❶这些不合格产品应该立即销毁。

❷她死后我会销毁所有的信件，不能让任何人读到。

肖像 xiàoxiàng *n.*

肖像权 / 个人肖像 / 画肖像 portrait

❶她的肖像比她本人漂亮。

❷我请人给自己画张肖像。

协商 xiéshāng *v.*

协商国家大事 / 协商一致 / 协商解决 consult, negotiate

❶我想与你协商一下分配方案。

❷我希望我们能通过协商找到一个解决这一问题的方案。

协议 xiéyì *v. & n.*

达成协议 / 终止协议 / 合作协议 negotiate; agreement

❶他们中止了与我们的协议。

❷他们就协议的某些细节讨论了好几个钟头。

协助 xiézhù *v.*

出面协助 / 协助工作 / 群众的协助 provide assistance, aid

❶他协助父亲在上海经营一家商店。

❷父母可以协助你做重大的决定并支持你的选择。

泄气 xièqì *adj. & v.*

泄气的皮球 / 不要泄气 discouraged; lose heart

❶她对自己的婚姻感到泄气。
❷他们给他的想法泼冷水时，他并不泄气。

谢绝 xièjué *v.*

谢绝邀请 / 谢绝参观 / 婉言谢绝 decline

❶他有礼貌地谢绝了邀请。
❷非常感谢你们的邀请，但我不得不谢绝。

心甘情愿 xīngān-qíngyuàn *idiom*

be most willing to

❶许多人，甚至是年轻人，都心甘情愿地为他出生入死。
❷他们心甘情愿地承受这种损失。

心眼儿 xīnyǎnr *n.*

小心眼儿 / 打心眼儿里 / 留心眼儿 mind, intention

❶我打心眼儿里羡慕你的工作。
❷他看起来很凶，其实心眼儿挺好的。

欣慰 xīnwèi *adj.*

感到欣慰 / 欣慰的笑容 / 特别欣慰 gratified

❶她对儿子的成功感到欣慰。
❷近年来，非洲局势出现了令人欣慰的进展，但有些地区的冲突仍在继续。

新郎 xīnláng *n.*

帅气的新郎 / 祝福新郎 / 新郎发言 bridegroom

❶新郎将一杯白兰地酒一饮而尽。
❷人们纷纷给新娘和新郎送贺礼。

新娘 xīnniáng *n.*

新娘妆 / 漂亮的新娘 bride

❶新娘穿着雪白的礼服。
❷所有人的眼睛都盯着新娘。

刑事 xíngshì *adj.*

刑事案件 / 刑事犯罪 / 刑事拘留 of criminal case

❶他们正在复查一桩刑事案件。
❷刑事起诉书只涉及指控,不涉及犯罪证据。

兴高采烈 xìnggāo-cǎiliè *idiom*

兴高采烈地迎接 / 个个兴高采烈 happy and excited

❶他们兴高采烈地欢迎总统。
❷他们谈得兴高采烈。

性感 xìnggǎn *adj.*

性感的衣服 / 嘴唇性感 / 穿着性感 sexy

❶她的双唇丰润而性感。
❷上班最好穿正装，穿得太性感并不得体。

胸膛 xiōngtáng *n.*

拍胸膛 / 挺起胸膛 / 坦露胸膛 chest

❶咱们要忘记过去的失败,重新挺起胸膛!
❷他拍着胸膛说这事包在他身上。

羞耻 xiūchǐ *adj.*

不知羞耻 / 羞耻的行为 / 羞耻心 shameful

❶你一点儿羞耻感都没有吗？
❷你应当为自己的愚蠢行为感到羞耻。

须知 xūzhī *n.*

考试须知 / 乘客须知 / 报到须知 notice

❶请大家报名之前仔细看看报名须知。
❷报到须知详细介绍了办理手续的程序。

许可 xǔkě *v.*

许可经营 / 许可证书 / 许可标志 allow, permit

❶我们的旅游计划取决于父亲是否许可。
❷本杂志中的各篇文章未经特殊许可一律不得转载。

序言 xùyán *n.*

精彩的序言 / 写序言 / 修改序言 preface

❶她把序言从头到尾看了三遍。
❷他给这本日记写了序言，简述日记发现的经过。

畜牧 xùmù *n.*

畜牧业 / 畜牧养殖 / 发展畜牧业 animal husbandry

❶他们以畜牧业为生。
❷这里有广阔的草原，适合发展畜牧业。

宣誓 xuānshì *v.*

庄严宣誓 / 宣誓词 / 宣誓仪式 swear an oath

超低频

❶士兵们在国旗下庄严宣誓。
❷总统宣誓就职时，数万人在电视机前观看现场实况。

喧哗 xuānhuá *v. & adj.*

喧哗打闹 / 大声喧哗 / 喧哗声 make an uproar; uproarious

❶她爱市场上的生趣、喧哗与多姿多彩。
❷他不喜欢整天在一个又脏又喧哗的地方做事。

悬挂 xuánguà *v.*

悬挂窗前 / 高高悬挂 / 悬挂着 hang

❶女人和孩子把烟叶悬挂起来在太阳下晒干。
❷为了加大房间的空间并使它显得开阔，可以在墙壁上悬挂一面镜子。

选举 xuǎnjǔ *v.*

选举结果 / 民主选举 / 选举期间 elect

❶法律保护公民选举与被选举的权利。
❷他们选举托马斯作为他们的代表。

学说 xuéshuō *n.*

儒家学说 / 一种学说 / 提出学说 doctrine

❶这门学说的基础很稳固。
❷这位专家详尽阐述了他的学说。

学位 xuéwèi *n.*

获得学位 / 研究生学位 / academic degree

学位论文

❶他大学毕业没有获得学位。
❷她以优异成绩获得学位。

寻觅 xúnmì *v.*

到处寻觅 / 寻觅机会 / 不断寻觅 look for

❶警察正在寻觅罪犯犯罪的蛛丝马迹。
❷你总是在寻觅最好的那个人，却错过了身边能让你真正快乐的人，尽管他们可能没有那么好。

巡逻 xúnluó *v.*

轮流巡逻 / 夜间巡逻 / 加强巡逻 patrol

❶枪声一响，巡逻兵们立即行动起来。
❷他们外出巡逻，几乎每天都会遭遇枪击或者受到进攻。

压榨 yāzhà *v.*

压榨百姓 / 双重压榨 squeeze, exploit

❶工人们正在压榨花生油。
❷这家公司通过压榨供货商来削减批发成本。

压制 yāzhì *v.*

压制悲伤 / 压制情绪 / 受压制 suppress

❶他无法压制自己的愤怒。
❷他坚决与那些认为应该听从民意、而不该压制民意的人站在一边。

超低频

鸦雀无声 yāquè-wúshēng *idiom*

瞬间鸦雀无声 / 鸦雀无声的教室 be in perfect silence

❶最后，整个审判室鸦雀无声了。
❷上课铃声响了，原本还在七嘴八舌交头接耳的学生都静了下来，教室里鸦雀无声。

延期 yánqī *v.*

比赛延期 / 延期举行 / 延期的原因 delay

❶我们得把婚礼延期举行。
❷比赛因天气不好而延期进行。

严禁 yánjìn *v.*

严禁烟火 / 严禁携带危险品 strictly prohibit

❶严禁吸烟！
❷图书馆里严禁打闹。

言论 yánlùn *n.*

错误的言论 / 发表言论 / 言论自由 expression of one's opinion

❶他的言论在报纸上受到了抨击。
❷他们应支持所有人的言论自由。

演习 yǎnxí *v.*

军事演习 / 一场演习 / 完成演习 exercise, drill

❶这是一次出色的救护演习。
❷我们要对这次重要的军事演习严阵以待。

验收 yànshōu *v.*

验收报告 / 验收工程 / check upon delivery

验收车辆

❶尽管天气寒冷，这项水利工程验收时也要严格坚持标准，不能草率收兵。
❷我们的产品都通过验收了。

摇摆 yáobǎi *v.*

摇摆不定 / 不停摇摆 / 随风摇摆 waver

❶舞蹈者随着音乐摇摆着。
❷春天，柳树在微风中摇摆着自己的枝条，尽情舒展着自己的腰身。

摇滚 yáogǔn *n.*

摇滚音乐 / 乡村摇滚 / 强劲的摇滚 rock and roll

❶我也很喜欢摇滚音乐。
❷他请求我们让他去听摇滚音乐会。

遥控 yáokòng *v.*

无线遥控 / 遥控开关 remote control

❶弟弟过生日的时候，我送给他一个遥控汽车。
❷虽然我在国外上学，妈妈还是通过电话或者邮件对我“远程遥控”。

要点 yàodiǎn *n.*

突出要点 / 抓住要点 / 计划的要点 main point

❶他所做的演说紧扣要点，没有多余的话。
❷我已经用线标出我这份报告中的要点。

要命 yàomìng *v.*

害怕得要命 / 真要命 / 难受得要命 be annoying, extremely

❶这活儿可真要命。
❷他跟女朋友分手了，心烦得要命。

野蛮 yěmán *adj.*

野蛮行为 / 野蛮轰炸 / 野蛮成性 barbarous

❶很多人都认为独生子女野蛮、霸道，其实不然，他们也很孝顺、听话。
❷那个野蛮的强盗团伙被警方一网打尽。

衣裳 yīshang *n.*

一件衣裳 / 衣裳湿透 / 旧衣裳 clothes

❶小心点儿，别湿了衣裳。
❷她的衣裳是量身定做的。

依旧 yījiù *v. & adv.*

景色依旧 / 依旧如此 / 依旧忙碌 remain the same; still

❶尽管老师三番五次地找他谈心，可是他依旧我行我素。
❷几年不见，他依旧红光满面。

遗留 yíliú *v.*

遗留问题 / 遗留物品 / 遗留至今 leave behind

❶许多历史遗迹一直遗留到现代。
❷历史遗留的问题并未解决。

遗失 yíshī *v.*

遗失的物品 / 已经遗失 lose

❶学生遗失图书馆的书会受到处罚。
❷他把你遗失的东西送回来了。

意向 yìxiàng *n.*

求职意向 / 意向书 intention

❶他表达了加入该组织的意向，但还需要进一步了解相关规定和要求。
❷这家银行有对华投资的意向。

阴谋 yīnmóu *n.*

阴谋暴露 / 阴谋诡计 plot, conspiracy

❶这项阴谋的策划者是谁？
❷你们在搞什么阴谋？

隐瞒 yǐnmán *v.*

隐瞒真相 / 故意隐瞒 / 无法隐瞒 conceal, cover up

❶你为什么要隐瞒此事？
❷这件事你隐瞒得再严，也总会有人发现。

隐私 yǐnsī *n.*

尊重别人的隐私 / 难言的隐私 / 隐私权 privacy

❶他有一个绝对不能告诉任何人的隐私。
❷不要打听别人的隐私。

隐约 yǐnyuē *adj.*

隐约可见 / 隐约发现 instinct, vague

❶你要说就说个明白，不要隐约其词。
❷我隐约听到有人敲门。

英明 yīngmíng *adj.*

英明的君主 / 英明决策 / 英明果断 wise

❶我们的领导很英明。
❷当年购买这些股权确实是一个英明的决定。

永恒 yǒnghéng *adj.*

永恒的誓言 / 永恒的爱 / 代表永恒 eternal

❶世界上没有永恒不变的东西。
❷每对恋人都渴望永恒的爱情。

涌现 yǒngxiàn *v.*

涌现出来 / 大量涌现 emerge in large numbers

❶政策开放后，农村涌现出一大批乡镇企业。
❷近年来，新兴事物如雨后春笋般涌现出来。

优异 yōuyì *adj.*

成绩优异 / 优异的表现 exceedingly good

❶他的学习成绩很优异。
❷他以优异的成绩考上了大学。

油腻 yóunì *adj.*

油腻的食物 / 十分油腻 / 少吃油腻食品 greasy

❶他不喜欢油腻的食物。
❷这家饭馆的菜很油腻。

油漆 yóuqī *n.*

一桶油漆 / 刷油漆 paint

❶ 油漆干了。
❷ 别把油漆弄洒了。

幼稚 yòuzhì *adj.*

很幼稚 / 幼稚的想法 / 幼稚可笑 naive

❶ 你当真相信他那幼稚可笑的论点吗？
❷ 经过几番锻炼，他已由一个幼稚的学生成长为成熟的青年教师。

愚昧 yúmèi *adj.*

愚昧无知 / 愚昧的行为 / 思想愚昧 ignorant

❶ 那里是多么愚昧落后啊！
❷ 他们仍然过着原始的愚昧生活。

舆论 yúlùn *n.*

舆论的力量 / 舆论反响 / 强大的舆论 public opinion

❶ 当前的舆论对他当总统很不利。
❷ 竞选的双方都在积极地进行舆论准备。

羽绒服 yǔróngfú *n.*

穿羽绒服 / 厚重的羽绒服 down garment

❶ 中国的棉制品、羽绒服和丝绸颇受当地人的欢迎。
❷ 这将是该公司首次于海外开设羽绒服及男装旗舰店。

预算 yùsuàn *n.*

超出预算 / 预算不够 / 财政预算 budget

❶今年的预算赤字比去年小。
❷今年教育经费的预算增加了。

预言 yùyán *v. & n.*

专家预言 / 预言家 predict; prophecy

❶科学家预言人类在探索宇宙方面将有新的突破。
❷他的预言再一次应验。

预兆 yùzhào *n. & v.*

不祥的预兆 / 毫无预兆 omen; forebode

❶一种不详的预兆萦绕着他。
❷瑞雪预兆来年庄稼的丰收。

冤枉 yuānwang *adj. & v.*

遭受冤枉 / 冤枉人 / 太冤枉了 unfair; treat unjustly

❶同学们冤枉了她，她伤心得哭了。
❷她们都冤枉你了。

原告 yuángào *n.*

plaintiff

❶由此可见，双方争执之土地所有权应属于原告一方。
❷原告撤销了自己的诉讼。

乐谱 yuèpǔ *n.*

复杂的乐谱 musical score

❶你识乐谱?

❷著名作曲家在他的乐谱上亲笔签名。

岳母 yuèmǔ *n.*

探望岳母 / 和蔼的岳母 mother-in-law

❶他太太和岳母同时也气喘吁吁、面容憔悴地赶到了那里。

❷小张不知道第一次去看望岳父和岳母该带点儿什么礼物。

运算 yùnsuàn *v.*

运算方法 / 熟练运算 / 快速运算 perform calculations

❶这种数学运算往往是十分复杂的。

❷电脑运算比人快得多。

杂交 zájiāo *v.*

杂交水稻 / 杂交实验 / 杂交育种 hybridize, crossbreed

❶这次杂交实验很成功。

❷这两种植物可以采取嫁接的方式进行无性杂交。

咋 zǎ *pron.*

咋了 / 咋来的 / 咋说的 (dialect) how, why

❶你咋不吃？

❷你咋知道你的东西就好？

宰 zǎi *v.*

屠宰 / 宰割 / 宰杀 slaughter, butcher

❶春节快到了，人们杀鸡宰羊准备过年。

❷导游宰客行为将受到严厉处罚。

暂且 zànqiě *adv.*

暂且放下 / 暂且如此 / 暂且等一下 for the time being

❶太晚了，你暂且在我家住一夜，明天再回去吧。
❷既然这样，你暂且不要去了。

遭殃 zāoyāng *v.*

全部遭殃 / 百姓遭殃 suffer calamity

❶他家被盗了，这下可遭殃了。
❷一旦发生战争，老百姓可就遭殃了。

糟蹋 zāota *v.*

糟蹋粮食 / 随意糟蹋 / 自我糟蹋 spoil, waste

❶这场冰雹糟蹋了不少农作物。
❷把这些都吃了，别糟蹋粮食。

扎实 zhāshi *adj.*

扎实的基础 / 用料扎实 / 扎实地开展 firm, sound

❶有了扎实的基础，才能干一番事业。
❷他的绘画功底很扎实。

渣 zhā *n.*

药渣 / 油渣 dregs, crumbs

❶看你，吃块点心掉那么多渣。
❷花生榨油后的渣可以做饲料。

诈骗 zhàpiàn *v.*

诈骗钱财 / 经济诈骗 / 诈骗手段 defraud

❶他到处诈骗，大家都很痛恨他。
❷这个诈骗集团骗取了不少钱财。

摘要 zhāiyào *n.*

文章摘要 / 论文摘要 / 报告摘要 abstract

❶我喜欢读报刊摘要。
❷今天电视上播放了国家主席接见外宾时的谈话摘要。

债券 zhàiquàn *n.*

债券市场 / 抛售债券 bond

❶公司将于下月偿付债券。
❷我们卖掉了全部股票和债券。

沾光 zhān guāng *v.*

benefit from one's association with sb. or sth.

沾他的光 / 沾点儿光

❶你沾了我的光。
❷我们要自力更生，不能指望沾别人的光。

瞻仰 zhānyǎng *v.*

瞻仰烈士 / 供人瞻仰 look at with reverence

❶他去了亚洲，去瞻仰那里的著名寺院。
❷人民英雄纪念碑落成以后，来瞻仰的人络绎不绝。

斩钉截铁 zhǎndīng-jiétiě *idiom*

斩钉截铁地说 / resolute and decisive

办事斩钉截铁

❶他斩钉截铁地说："这事就这么办了。"
❷他斩钉截铁的话语博得大家的掌声。

展望 zhǎnwàng *v.*

展望未来 / 职业展望 / 回顾与展望 prospect, look ahead

❶他展望未来，觉得自己前途无量。
❷他爬上山的最高峰，向四周展望。

战术 zhànshù *n.*

改变战术 / 布置战术 / 灵活的战术 tactics

❶这种战术适用于打阵地战。
❷这盘棋他一直采用防御的战术。

战役 zhànyì *n.*

一场战役 / 战役的规模 / 激烈的战役 campaign, battle

❶这场战役打得十分辛苦。
❷这场战役我们取得了胜利。

章程 zhāngchéng *n.*

通过章程 / 正式章程 regulations

❶这件事要写到我们的章程里。
❷请你把这个章程再修改一下。

招标 zhāobiāo *v.*

招标计划 / 公开招标 / 举行招标 invite bidding

❶这些汽车要用公开招标的办法购买。

❷我们按照公平竞争的原则进行招标。

侦探 zhēntàn *v. & n.*

做侦探 / 侦探小说 spy; detective

❶他喜欢看侦探小说。
❷一名侦探盯上了她。

斟酌 zhēnzhuó *v.*

斟酌很久 / 仔细斟酌 / 反复斟酌 deliberate, think over

❶这件事情斟酌斟酌再定。
❷她的发言经过好几个人的斟酌起草和修改。

阵地 zhèndì *n.*

敌人的阵地 / 靠近阵地 / 阵地安稳 position, front

❶敌军的阵地就在前方。
❷这支医疗队活跃在阵地上。

阵容 zhènróng *n.*

强大的阵容 / 阵容整齐 lineup, battle formation

❶中国代表团派出了最佳阵容。
❷整齐的阵容显示了良好的军事素质。

正月 zhēngyuè *n.*

正月初一 / 正月十五 first month of the lunar year

❶正月十五元宵节是春节的尾声。
❷正月初一也叫大年初一。

超低频

正负 zhèngfù *n.*

正负值 / 正负十点 / 正负相差一个点 — positive and negative

❶此项调查的误差区间为正负5个百分点。
❷该调查的抽样误差为正负1.9个百分点。

正气 zhèngqì *n.*

healthy atmosphere, unyielding integrity

一身正气 / 正气凛然 / 浩然正气

❶我们要树立正气，打击歪风邪气。
❷他一身凛然正气，令敌人退缩三分。

正宗 zhèngzōng *adj.*

正宗川菜 / 味道正宗 — authentic

❶这家饭馆的中国菜很正宗。
❷他虽然是美国人，但是会正宗的中国功夫。

郑重 zhèngzhòng *adj.*

郑重宣布 / 郑重其事 — solemn, serious

❶我郑重地宣布，从今日起你们结为夫妇。
❷经理这番话说得非常郑重。

政权 zhèngquán *n.*

新政权 / 建立政权 / 政权斗争 — political power, regime

❶新的政权机关已经建立。
❷国家政权应该掌握在人民手里。

之际 zhī jì

危难之际 / 用人之际 / 盛行之际 at the time of

❶ 危急存亡之际常能产生天才的领袖。
❷ 离别之际，他禁不住想：未来会发生什么事呢？

支流 zhīliú *n.*

江河的支流 / 主要支流 / 支流的去向 tributary

❶ 黄河有很多支流。
❷ 珠江是澜沧江的支流。

支援 zhīyuán *v.*

支援工作 / 前往支援 / 大力支援 provide assistance

❶ 工程动工以后，得到了当地民众的大力支援。
❷ 支援灾区的物资急需运出。

支柱 zhīzhù *n.*

坚强的支柱 / 精神支柱 / 支柱产业 backbone, pillar

❶ 军队是一个国家治国安民的支柱。
❷ 石油工业是该国的支柱产业。

知觉 zhījué *n.*

恢复知觉 / 毫无知觉 consciousness, feeling

❶ 病人的知觉尚未恢复。
❷ 我的脚被冻木了，一点儿知觉也没有。

侄子 zhízi *n.*

nephew

❶他有两个侄子。
❷那个人是我一个远房侄子。

职能 zhínéng *n.*

履行职能 / 职能管理 / 自身职能 function

❶政府职能的转变是机构改革的关键环节。
❷今天下午开会，请通知到各职能部门。

殖民地 zhímíndì *n.*

夺取殖民地 / 掠夺殖民地 / 殖民地的资源 colony

❶殖民地国家的人民希望独立。
❷这个国家原来是殖民地，后来独立了。

指定 zhǐdìng *v.*

指定路线 / 特别指定 / 指定人选 assign, designate

❶你指定一个旅游路线。
❷群众代表应由大家来指定。

指甲 zhǐjia *n.*

修长的指甲 / 长指甲 / 剪指甲 fingernail

❶孩子的指甲长得很快。
❷我的指甲劈了。

制裁 zhìcái *v.*

法律制裁 / 受到制裁 / 制裁别人 punish, impose sanctions on

❶群众要求制裁他们。

❷ 美欧等国对俄罗斯进行新一轮的经济制裁。

治安 zhì'ān *n.*

治安管理 / 社会治安 / 危害治安 public security

❶ 这一带的治安情况不错。
❷ 流动人口大量增加，影响了城市的治安。

致辞 zhìcí *v.*

新年致辞 / 嘉宾致辞 / 发表致辞 deliver a speech

❶ 在酒会上，公司领导致辞，向一年来辛勤劳动的全体职工表示感谢。
❷ 校长在毕业典礼上致辞，勉励即将走上社会的毕业生。

智能 zhìnéng *n. & adj.*

人工智能 / 智能手机 / 智能机器人 intelligence; intelligent

❶ 随着科学技术的发展，高科技应用到生活的各个方面，智能家居也应运而生。
❷ 今天的智能手机市场和十年前的电脑时代相比，已经有了非常多的相似之处。

滞留 zhìliú *v.*

滞留机场 / 滞留的状态 be held up, be stranded

❶ 由于天气原因，这个春节我要滞留他乡了。
❷ 这场罢工使成百上千的游客滞留在机场。

衷心 zhōngxīn *adj.*

衷心的祝福 / 衷心希望 wholehearted, heartfelt

❶请接受我衷心的祝福。
❷我代表大家对你表示衷心的谢意。

肿瘤 zhǒngliú *n.*

长了肿瘤 / 恶性肿瘤 tumor

❶他的胃里有一个肿瘤。
❷恶性肿瘤早点儿发现也能治好。

周年 zhōunián *n.*

一周年 / 一百周年 / 周年庆 anniversary

❶后年将是我的母校建校一百周年。
❷这个商店为纪念开业十周年，优惠酬宾三天。

周折 zhōuzhé *n.*

几经周折 / 颇费周折 twists and turns, setbacks

❶没想到办理住院手续会有这么多的周折。
❷几经周折，才解决了这个问题。

粥 zhōu *n.*

喝粥 / 绿豆粥 / 一碗粥 porridge

❶晚上喝小米粥，好吗？
❷广东皮蛋瘦肉粥好吃极了。

诸位 zhūwèi *pron.*

仅供诸位参考 / 诸位的承诺 / everyone

诸位友人

❶诸位有什么意见，欢迎提出来。
❷我有件事想请教诸位。

主办 zhǔbàn *v.*

主办奥运会 / 联合主办 host, sponsor

❶他们几个单位联合主办一个技术经验交流会。
❷这个展览会的主办单位有三个。

主权 zhǔquán *n.*

主权完整 / 尊重主权 / 主权国家 sovereignty

❶每个国家的主权都是神圣不可侵犯的。
❷互相尊重主权和领土完整是国与国之间最基本的交往原则。

住宅 zhùzhái *n.*

一片住宅 / 住宅区 / 漂亮的住宅 residence, dwelling

❶那片花园住宅准备出售。
❷那座住宅盖得真别致。

注射 zhùshè *v.*

注射药物 / 尽快注射 inject

❶手术前，医生为她注射了麻醉药。
❷注射用的针管都是一次性的。

注释 zhùshì *n. & v.*

文章的注释 / 标注释 / 注释的内容 annotation; annotate

❶文章的注释写在每一页的最下边。
❷这本古书没有注释，很难看懂。

驻扎 zhùzhā *v.*

驻扎军队 / 临时驻扎 / 驻扎下来 garrison (troops)

❶这里曾经是部队驻扎过的营房。
❷这里曾经驻扎过八路军。

铸造 zhùzào *v.*

铸造辉煌 / 铸造青铜器 / 共同铸造 cast, found

❶老工人给参观者介绍铸造编钟的方法。
❷最常用来铸造的金属是铁、钢、铝等。

专程 zhuānchéng *adv.*

专程跑一趟 / 专程探望 / 派人专程邀请 on a special trip

❶我是专程来看你的。
❷为了朋友的事，我专程跑到那家公司。

转达 zhuǎndá *v.*

向领导转达 / 转达上级指示 / 无法转达 pass on, convey

❶我保证把大家的意见转达给领导。
❷他向我们转达了上级的意思。

转让 zhuǎnràng *v.*

转让店铺 / 相互转让 / 技术转让 transfer the ownership of

❶这项专利不许转让。

❷他离开北京时，把这套家具转让出去了。

装卸 zhuāngxiè *v.*

assemble and disassemble, load and unload

装卸货物 / 野蛮装卸 / 装卸方案

❶这种机器装卸很容易。
❷这车上都是电器，要轻轻地装卸。

壮烈 zhuàngliè *adj.*

heroic

壮烈牺牲 / 壮烈献身

❶他壮烈地牺牲了。
❷那场战斗打得非常壮烈。

追悼 zhuīdào *v.*

express one's mourning for

❶学校组织了清明节追悼先烈的活动。
❷追悼会会场庄严肃穆。

准则 zhǔnzé *n.*

standard, norm

行为准则 / 坚持准则 / 做人的准则

❶说假话是违背我的行为准则的。
❷这个准则制定得很详细。

卓越 zhuóyuè *adj.*

outstanding, remarkable

卓越人才 / 卓越贡献

❶他们为国家做出了卓越的贡献。
❷我国培养了一批卓越的科技人才。

着手 zhuóshǒu *v.*

立即着手 / 着手准备 / 从小处着手 start, set about

❶这项工作已经着手好几个月了。
❷有关这方面的资料已在着手整理。

资助 zīzhù *v.*

资助贫困学生 / 资助大学生 / 提供资助 provide financial aid

❶俱乐部已试探向本地一家公司寻求资助。
❷好几个大企业资助了这次演出。

滋味 zīwèi *n.*

胜利的滋味 / 美妙的滋味 / 难受的滋味 taste, experience

❶汤里放点儿味精，可以增加汤的滋味。
❷思念亲人的滋味真是难以忍受。

宗旨 zōngzhǐ *n.*

活动的宗旨 / 演讲的宗旨 aim, tenet

❶医务人员应该以治病救人、救死扶伤为事业的宗旨。
❷这次比赛的宗旨是为了互相学习提高，增进友谊。

踪迹 zōngjì *n.*

寻找踪迹 / 遍布踪迹 / 逃犯的踪迹 trace

❶警犬嗅来嗅去，终于找到了踪迹。
❷人们在各个角落都找遍了，仍然不见他的踪迹。

总和 zǒnghé *n.*

人口总和 / 计算总和 / 产量总和 sum, total

❶今年产量总和是去年的两倍。
❷三角形的三个角的总和是 180 度。

纵横 zònghéng *v. & adj.*

纵横交错 / 街道纵横 / 纵横沙场 crisscross; with great ease

❶这个城市的地铁纵横交错，四通八达。
❷她的诗歌意境深远，笔意纵横。

走漏 zǒulòu *v.*

走漏风声 / 走漏消息 / 走漏出去 leak, disclose

❶这事很重要，千万别走漏风声。
❷这是机密，谁也不许走漏出去。

走私 zǒusī *v.*

走私集团 / 走私毒品 / 走私货物 smuggle

❶这些电器是走私来的。
❷公安人员截获了一只走私船。

租赁 zūlìn *v.*

租赁合同 / 租赁房屋 / 租赁设备 rent

❶麻烦您在租赁合同上签字。
❷请提供您的租赁合同。

祖父 zǔfù *n.*

祖父的生日 / 祖父去世了 (paternal) grandfather

❶祖父年纪大了，但非常健康。
❷这是我祖父用过的手表。

祖国 zǔguó *n.*

祖国母亲 / 建设祖国 / 祖国的怀抱 motherland

❶我们的祖国日益繁荣强大。
❷我热爱自己的祖国。

嘴唇 zuǐchún *n.*

厚嘴唇 / 嘴唇干裂 lip

❶他气得说不出话来，只有嘴唇微微颤抖着。
❷观察嘴唇的颜色可以判断一个人的健康状况。

作弊 zuòbì *v.*

作弊行为 / 考试作弊 / 作弊的手段 cheat (in an exam)

❶考试作弊是一种可耻的行为。
❷他在期终考试中作弊使他失掉了毕业的机会。

拼音检索

C

D

E

F

H

K

Q

R

T

Y

Z

出 版 人：王君校
策划编辑：张　超
责任编辑：杨　晗
封面设计：深圳市维梦品牌科技有限公司
排　　版：北京颂煜文化传播有限公司
印刷监制：汪　洋

图书在版编目（CIP）数据

新 HSK 分级分频词汇 . 6 级 / 杨莹，傅思泉主编 . -- 北京：华语教学出版社，2023.12
ISBN 978-7-5138-2483-5

Ⅰ . ①新… Ⅱ . ①杨… ②傅… Ⅲ . ①汉语 – 词汇 – 对外汉语教学 – 水平考试 – 自学参考资料 Ⅳ . ① H195.4

中国国家版本馆 CIP 数据核字 (2023) 第 231445 号

新 HSK 分级分频词汇（6 级）（汉英）

杨莹 傅思泉 主编

*

© 教育部中外语言交流合作中心
华语教学出版社有限责任公司出版
（中国北京百万庄大街 24 号　邮政编码 100037）
电话：(86)10-68320585, 68997826
传真：(86)10-68997826, 68326333
网址：www.sinolingua.com.cn
电子信箱：hyjx@sinolingua.com.cn
唐山玺诚印务有限公司印刷
2024 年（32 开）第 1 版
2024 年第 1 版第 1 次印刷
（汉英对照）
ISBN 978-7-5138-2483-5
008900